AF168273

Charlemagne - une légende?

ou

La reconstruction de l'histoire selon Heribert Illig

Un changement de paradigme dans notre conception de la chronologie

Edition:

BoD.fr – Books on Demand

12/14, rond-point des Champs Élysées

F-75008 PARIS

Impression : BoD – Books on Demand, Norderstedt, Allemagne

ISBN: 978-2-322-12760-3

Dépot legal: février 2019

Illustrations pages de couverture (références cf. p.237)

Statuette équestre "Charlemagne ou Charles le Chauve"; Louvre (IXe siècle, datée au XIIe siècle par Illig)

Buste de Charlemagne: Cathédrale d'Aix-la-Chapelle; vers 1350

Le couronnement de Charlemagne – tableau de Joseph Keren, d'après une esquisse d'Alfred Rethel, vers 1860; Aix-la-Chapelle, salle du couronnement, détruite en 1944 par les bombardements des alliés.

Préface de Heribert Illig

C'est à peine concevable. Voilà un homme, dans ce cas mon ami Robert Soisson, qui se fraie son chemin à travers de milliers de pages d'une lecture passionnante, bien que laborieuse, pour faire un résumé de ma conception d'une chronologie critique pour les lecteurs francophones. Ceci ne peut être l'œuvre d'un homme qui s'est consacré à part entière à ce sujet. Mais Robert a encore d'autres points d'intérêt dont je peux citer son dévouement pour le réseau des anciens étudiants de l'université de Heidelberg[1], la promotion du dessin humoristique au Luxembourg[2] et son engagement pour les droits de l'enfant[3]. A eux

Figure 1 Heribert Illig

seuls, ces trois domaines devraient être plus que suffisants pour son emploi du temps. Mais non, Robert s'intéresse également à la « critique de la chronologie », une discipline à peine connue dans les pays francophones.

Et pourtant, depuis la création du monde ou la naissance de Jésus, à travers toutes les périodes de crise des temps et des peuples, il aurait été surprenant de voir alignés correctement et nettement tous les jours du passé sur l'axe du temps. Mais comment l'histoire a-t-elle été assemblée ? A un moment, le savant Varro a établi un calcul pour déterminer la naissance de Rome en l'an -753 (« ab urbe condita ») officialisé 750 ans plus trad sous Auguste et qui sert de base pour la chronologie actuelle. Beaucoup d'archéologues auraient préféré une autre date comme p.ex. le début du -6e siècle. Ainsi les aléas et les incertitudes se prolongeaient.

---

[1] Soisson, Robert e. a.: 10 Jahre Heidelberg Alumni Luxemburg, publé par Heidelberg Alumni Luxemburg à Luxembourg en septembre 2016, ISBN: 978-99959-0-263-6

[2] Soisson, Robert & Leurs, Pol : Humoristic Luxembourg. 31 portraits de c artoonistes contemporains. Textes en Français, allemand et anglais. Publié par CartoonArt.lu a.s.b.l., 2017, ISBN 978-2-9199469-0-7

[3] Soisson, Robert : Das Echternach-Syndrom, tome 1 : Kinderrechte in Luxemburg (les droits de l'enfant au Luxembourg) publié par Books on Demand, Norderstedt, ISBN : 987-3-7448-1356-3: www.bod.de, août 2017

Le sommet de ces incertitudes est atteint après l'ère des Romains à l'ouest. Ammianus Marcellinus, le dernier historien romain connu, nous a laissé des œuvres jusqu'en l'an 378. Après lui, c'est Grégoire de Tours qui publie ses « Dix livres d'histoire » à la fin du 7e siècle mais qui ne sont pas des chroniques au sens propre du terme. Puis, Fredegar, ainsi nommé au 16e siècle, saute dans la brèche et qui rend compte jusqu'en 642. Ses successeurs, tout aussi anonymes, le font jusqu'en 727. Quelques années plus tard, les « annales regni Francorum » semblent donner un témoignage fiable de la période entre 741 et 829, continué en Franconie occidentale jusqu'en 882, dans la partie orientale jusqu'en 901. Mais est-ce qu'on peut se fier à ces « annales » qui rapportent des événements astronomiques - constellations stellaires et indications des degrés - avec une précision qui ne réapparait qu'à la fin du 12e siècle à Paris ?

Ici apparaissent clairement des besoins de recherche après que les médiévistes, selon leur propre avis, ne se sont plus penchés sur la chronologie depuis plus de 100 ans. Nulle part au monde, il existe une chaire de chronologie dans les universités. Le premier à réviser l'histoire de l'antiquité était Velikovsky, qui en 1945 a mis en question l'axe du temps, un aspect de son œuvre qui va survivre à mon avis. Depuis 1991, j'ai commencé à examiner de près l'axe du temps du moyen âge. Les résultats que j'ai obtenus vont être présentés en détail dans ce livre de Robert.

Ces résultats sont en contradiction aigue avec les vues des historiens compétents. Depuis un siècle, ils n'ont pas remis en question la version officielle du courant de l'histoire après la parution en 1914 du 3e tome du « Manuel de la chronologie mathématique et technique : les méthodes chronologiques des peuples » de Friedrich Carl Ginzel. Lors d'un face-à-face avec des médiévistes, on me reprocha de ne pas suivre leur méthode. Il s'agit de la méthode de la « critique radicale »[4] développée au 18e et au 19e siècle pour l'analyse de textes historiques. Mais à cette époque, les résultats de l'archéologie étaient peu nombreux et peu connus. Cela a changé radicalement après la 2e guerre mondiale. A ce moment-là, du moins en Allemagne, on a fait des fouilles systématiques dans les centres-villes mais les résultats de ces fouilles n'ont pas été incorporés à la méthode de la critique radicale.

Les habitations du haut moyen âge, où ont été rédigés et conservés les documents écrits à l'époque étaient quelquefois construites en pierre ou pour la plupart d'entre elles en bois. Mais pour la période qui nous intéresse plus précisément dans ce livre, les découvertes archéologiques sont quasi inexistantes. Un archéologue

---

[4] https://fr.wikipedia.org/wiki/critique_radicale

peut dater un bout de pilier contenu dans un trou du sol avec précision, mais quand il n'y en a pas … C'est pourquoi, j'ai pu sous-titrer mon livre sur la Bavière « L'archéologie réfute les documents du haut moyen-âge »[5]. Aucun médiéviste ne m'a pu expliquer jusqu'à ce jour ce qui n'est pas correct dans mon approche. Au contraire. Le professeur Michael Borgolte de l'Université Humboldt à Berlin décrétait déjà en 1999, qu'on avait suffisamment parlé de moi et qu'il faillait dorénavant m'ignorer. Mais même sa faculté ne l'a pas suivi, car pour l'opinion publique, l'affaire était trop passionnante. Toutefois, il a réussi à empêcher la publication d'articles dans les journaux et magazines spécialisés. En même temps les archéologues sont financés généreusement pour faire des fouilles visant à falsifier mes thèses. Je ne mentionne ici que la recherche futile de la tombe de Charlemagne à Aix-la-Chapelle ainsi que les fouilles continuelles près de la « Fossa Carolina ».

Ici, il faut mentionner une nouvelle discipline de recherche : La datation scientifique à l'aide d'isotopes de carbone (^{14}C) et la dendrochronologie. Ceci fonctionne selon le procédé bien connu de la boîte noire : Un morceau de bois fait son chemin au laboratoire, et un jour ou l'autre, le résultat est publié sur une feuille de papier. Lors des fouilles dans le centre-ville de Hambourg, ça pouvait durer jusqu'à une année entière. Un prélèvement à la chapelle palatine d'Aix fut l'un des plus étonnants : Là, dans la maçonnerie de la coupole existe un canal circulaire, dans lequel se trouvait au début des travaux un ancre en bois qui pouvait moisir parce que les ancres de fer assuraient plus tard la stabilité. De ce bois, on retrouvait un petit reste qui avait la consistance d'un bout d'ouate. Malgré cela, on lui trouvait des cernes annuels. Mais il ne remplissait plus la cavité entière du canal. C'est pour cela qu'on coulait du béton dans le canal pour ensuite compter les cernes à partir de la coulée de béton. Et, qui l'aurait cru, le résultat indiquait comme on l'espérait, une date proche de 810, ± 10 ans. Depuis, le monde pour les médiévistes est de nouveau en ordre.

Les sceptiques comme moi-même ne se laissent pas intimider par de telles pratiques. En analysant d'avantage de périodes du moyen âge, de plus en plus d'indices font jour : le manque strident de découvertes archéologiques dans le monde byzantin et le monde islamique pour la période du haut moyen âge comme p.ex. à Cordoue, où des fouilles ont été faites au centre-ville, contrairement à Bagdad. S'y ajoutent les études qui ont mené à une réduction drastique des listes des rois en Suède, en Pologne et partiellement aussi en Bohème, des listes qui remontaient parfois jusqu'au 6ᵉ siècle et qui maintenant débutent au 10ᵉ siècle. Ces mêmes études remontent parfois à l'époque des Lumières. Et pourquoi les raids meurtriers des Vikings sur le 'continent' n'ont pas été chantés par les bardes comme à l'Âge de Vendel, une époque de l'histoire de la Suède avec ses rois légendaires. Il y a donc toujours plus d'indices, non seulement archéologiques, qui plaident en faveur d'une construction historique erronée.

---

[5] Voil le chapitre 6 : « La preuve à l'exemple : La Bavière » p. 165 ff.

11

C'est pourquoi que je suis très content que maintenant la France, pays des Francs comme l'Allemagne, va avoir la possibilité de s'informer sur ces recherches. Cela se passe de la même manière comme dans les pays anglo-saxons, où Emmet Scott a résumé le nombre croissant de résultats de recherche et les a présentés au public anglophone. Entretemps, une traduction d'un de mes livres en italien attend d'être imprimée, en Hongrie, des traductions circulent depuis 2002. Pour les Hongrois, l'intérêt est de taille : Apparemment, le roi Árpád a envahi la Pannonie, bien que Charlemagne y ait laissé le 'désert des Avares'. La solution de ce problème historique se résout, si on élimine 297 années : Avares, Slaves et Hongrois se disputent le territoire au 6ᵉ siècle et les Hongrois s'imposent. Ceci explique aussi pourquoi il y a tellement peu d'objets laissés par les Avares et pourquoi il y a tellement peu de noms de localités au Burgenland d'origine avare. Et une partie de l'histoire bavaroise apparaît sous un autre angle : En 906, la noblesse bavaroise a été si radicalement évincée lors de la bataille de Presbourg, qu'il est difficile de faire le lien entre les carolingiens et les ottoniens. Ainsi la noblesse inventée du moyen-âge inventé est détachée du moyen-âge réel.

Pour tout le reste, je vous renvoie au livre de Robert Soisson, qui a condensé tous ces évènements, un travail pénible, pour lequel je tiens à le remercier.

Dr. Heribert Illig, 20. 8. 2018

1.1.1   Note de l'auteur

Charlemagne a-t-il réellement vécu ? Les dynasties mérovingiennes et carolingiennes ont-elles été purement et simplement inventées ? Par qui et pourquoi ? Où sont les tombes de leurs souverains ? Peut-on parler d'une architecture ou d'une « renaissance carolingienne » ? Où sont les traces des palais de Charlemagne ? Notre chronologie est-elle exacte ? Les pyramides ont-elles été bâties en plein âge de pierre ? Comment et par qui ? Quelle influence la bible a-t-elle eu sur la construction de notre chronologie ?

Voilà seulement quelques questions auxquelles l'historien allemand Heribert Illig et ses collaborateurs réunis autour du magazine "Zeitensprünge" ("Sauts dans le temps") ont tenté de donner une réponse. Tout ce qui est exprimé dans ce livre est puisé dans les quelques 25.000 pages publiées par Illig et ses adeptes au courant des 30 années passées. Il ne s'agit donc pas de travaux de recherche, d'idées ou d'opinions personnelles de ma part sauf dans le cas où elles sont marquées comme telles. Parfois, j'ai ajouté les idées d'auteurs qui, souvent en toute indépendance, ont exprimé des théories proches de celles d'Illig. Les sujets abordés dans ce livre ne sont donc pas traités d'une manière exhaustive. Mon intention est d'en donner un bref aperçu, invitant le lecteur à lire les textes d'origine, à faire éventuellement des recherches personnelles et à lire – ou à relire - les manuels d'histoire sous une perspective différente.

Le livre de Heribert Illig sur le « Moyen-âge inventé », qui en est à sa 23e (!) édition, a largement contribué à sa renommée en Allemagne. Sa thèse que presque 300 ans sont de trop dans notre chronologie et que, par conséquent, tous les personnages qui y figurent sont plus ou moins fictifs, y inclus Charlemagne, a provoqué la colère des historiens outre-Rhin. Mais 30 ans après, il apparait que le moyen-âge inventé n'est qu'une seule pièce dans le puzzle de la chronologie mondiale que l'historien tente de compléter.

J'ai rencontré Heribert Illig il y a quelques années à Munich et par la suite, je l'avais invité à Luxembourg pour une conférence, suivi d'un séminaire où nous avions l'occasion d'approfondir nos échanges sur ses théories. Depuis, nous sommes en échange permanent via les "Zeitensprünge" et par e-mail.

Robert Soisson

Dans l'histoire, telle qu'elle nous est présentée dans les livres d'histoire à l'école et dans de nombreux livres écrits par de nombreux historiens à formation académique, on parle de périodes « noires ». Ce fait est bien connu de tous, mais personne n'y prête vraiment attention. Personne ?

En Allemagne, un groupe de chercheurs autour de l'historien Heribert Illig y consacre depuis presque trente ans un formidable travail de recherche et de documentation. A part les conclusions sensationnelles de ces chercheurs, combattues sans merci par les historiens « établis », l'originalité de leur travail consiste dans une approche multidisciplinaire intégrant les disciplines voisines de l'histoire : l'histoire de l'art, l'archéologie, l'astronomie, la géologie, la littérature etc. En fait, leur approche n'exclut aucune contribution qui peut participer à la reconstruction de l'histoire sur l'axe du temps.

Le présent livre veut porter à la connaissance d'un public francophone les découvertes de ce groupe qui s'est donné lui-même le nom de « Zeitenspringer » (sauteurs dans le temps), mot emprunté à leur bulletin d'information qui s'appelle « Zeitensprünge ». Personnellement, je caractériserais ces découvertes comme un changement copernicien dans la perception de l'histoire. Comme tous les changements de paradigme dans les sciences[6], celui-ci est également combattu vigoureusement par « l'establishment » des historiens, du moins pour le moment en Allemagne.

En quoi consistent donc les hérésies formulées par Illig et ses amis ? Il y en a beaucoup, en non des moindres ! Il est bien sûr trop tôt pour l'instant d'entrer dans les détails, mais voici les principaux axes de leurs réflexions et les conclusions (entre autres) qui s'en déduisent :

- Révision complète de la chronologie de la Mésopotamie : les Sumériens en tant que peuple sont une fiction
- Révision complète de l'histoire de l'ancienne Égypte : Les pyramides de Gizeh ont été construites au 1er millénaire avant notre ère
- Révision de l'histoire de l'hellénisme : il existe un trou de 200 ans avant notre ère
- Révision de l'histoire du Moyen Age : Charlemagne est un personnage fictif
- Trous noirs dans les histoires des civilisations en Asie, Afrique et Amériques
- Révision complète de la protohistoire : Stonehenge date du 1er millénaire avant notre ère
- Etc.

---

[6] Voir à ce sujet les réflexions de l'américain Thomas Kuhn, sur lequel je reviendrai à la fin de ce livre au chapitre « Thomas Kuhn et les révolutions scientifiques » p. 227 ff. dans: Gerhard Anwander : Nachrichten aus der Geschichte der Naturwissenschaften – Paradigma-Begriff bei Thomas Kuhn ; Zeitensprünge 2/2003, P. 349-375

Plusieurs raisons sont souvent invoquées pour expliquer les résultats des chercheurs :

- L'incongruence entre diplomatique et trouvailles archéologiques : Des périodes entières sont sans vestiges archéologiques ce qui remet en question la véracité de beaucoup de documents d'époque qui apparaissent comme des falsifications
- Le « Bibelfundamentalismus », (« fondamentalisme biblique ») terme qui désigne la croyance absolue des historiens dans le schéma temporel fixé par l'ancien et le nouveau testament. Pendant des siècles, l'histoire des civilisations du monde entier a été « adaptée » à l'axe temporel préconisé par la bible avec le résultat que des périodes entières ont dû être « remplies » avec des évènements et des personnages fictifs pour combler les lacunes.
- Le refus des historiens, de travailler d'une façon interdisciplinaire, même au niveau des universités et leur combat acharné contre les trouble-fête qui remettent en question leurs théories et leurs méthodes.
- L'incroyable naïveté de beaucoup d'historiens qui n'hésitent pas à donner vie à des personnages fictifs en inventant purement et simplement, couche après couche, actes et paroles dans le but de publier des biographies pseudo-scientifiques.

Je reviendrai en détail sur les controverses qui opposent Illig et les historiens « établis » en Allemagne, mais il faut relever ici que son principal affront a été la publication en 1996 du livre : « Das erfundene Mittelalter » (Le moyen âge inventé)[7] qui a remis en question l'existence de Charlemagne et des Carolingiens et s'est vendu à plus de 100.000 exemplaires (actuellement, les éditions Ullstein publient la 23e édition.)

Illig trouvait étrange, que le dôme d'Aix-la-Chapelle avait été construit sous les ordres de Charlemagne et terminé en l'an 800 avec une coupole géante qui n'a trouvé pareil que 600 ans plus tard en Toscane. En analysant de près quelques particularités de l'architecture de ce bâtiment, il a constaté que ces éléments ne pouvaient jamais faire partie d'un édifice du 8e siècle.

Ses soupçons éveillés, il s'est penché sur la Vita de l'empereur lui-même et il n'a pas fini de s'étonner des faits biographiques attribués à ce personnage. Mais comme ceci va être le sujet d'un chapitre des plus amusants dans ce livre, je n'entrerai ici pas dans les détails. Retenons qu'Illig suppose que plus ou moins 300 années sont de trop dans la chronologie du moyen âge, période qui couvre surtout l'époque des carolingiens.

Le scandale était parfait et les historiens attitrés en Allemagne calomniaient Illig à outrance allant même à le dénoncer comme « négationniste », le situant à proximité des néonazis qui renient l'existence des camps de concentration. Or Illig est tout sauf un réactionnaire, voire un fasciste.

Dans son livre sur Charlemagne, Jean Favier fait une remarque assez intéressante dans ce contexte : « Au XIIe siècle, les Capétiens chercheront à **embellir leur légitimité en**

---

[7] Illig, Heribert: Das erfundene Mittelalter – Die größte Zeitfälschung der Geschichte, 1ère édition: Econ, Düsseldorf 1996

raccordant leur dynastie à celle de Clovis (souligné par l'auteur) … »[8] C'est exactement ce que les Ottoniens ont fait en Allemagne mais Illig est mis au pilori pour avoir soupçonné une chose pareille.

Approfondissant ses recherches, Illig a publié un deuxième livre à grand succès : « Wer hat an der Uhr gedreht ? » (Qui a changé l'heure ?). Dans ce livre, s'appuyant sur des données en provenance d'observations astronomiques (éclipses solaires, lunaires …) et sur des réflexions concernant la mise en place et les réformes consécutives de notre système des calendriers, Illig arrive à calculer avec exactitude le laps de temps qui est de trop dans la chronologie, à savoir 297 années.

Inutile de répéter qu'il est considéré comme un charlatan par le « mainstream » des historiens. Aujourd'hui, Illig se défend d'être considéré uniquement comme celui qui a détrôné Charlemagne. Ses recherches sont en effet autrement plus profondes et compliquées. Souvent, il suffit de se poser des questions simples pour aboutir à des réponses complexes : Est-il possible de travailler le granit avec des outils de pierre ou de bronze ? Ou : Est-il possible en plein néolithique d'extraire et de déplacer sur des centaines de kilomètres des blocs de granite pesant plus de 20 tonnes ?

Ensemble avec un praticien qui travaille dans la planification de grands chantiers, Illig a su montrer que les pyramides du plateau de Gizeh ont été construites autour de l'année 600 avant notre ère et que la construction elle-même a pu être réalisée – pour la pyramide de Chéops – dans un délai de 20 ans avec 5-6000 ouvriers spécialisés sans avoir recours à des esclaves. Pour expliquer le transport des pierres au sommet de la pyramide, Illig et Löhner[9] ont imaginé un système de poulies utilisant la pente de la pyramide comme rampe et décuplant l'effort des travailleurs.

Comme la pyramide n'a pu être construite qu'après l'utilisation massive d'outils en fer et en acier, le pharaon Khéops n'a forcément pas pu vivre deux mille ans avant. Déjà avant la publication du livre sur les pyramides, Illig s'était penché sur la question de la chronologie égyptienne, ensemble avec son ami, le professeur Gunnar Heinsohn, spécialiste des civilisations anciennes. En résumé, leurs conclusions étaient que la chronologie égyptienne comporte de nombreux « trous noirs », des dédoublements d'entières dynasties de pharaons et constitue un imbroglio inextricable de noms de rois (un pharaon pouvait avoir jusqu'à cinq noms de souverain officiels et être connu en outre sous 20 autres noms), prêtres et hauts dignitaires. (Cf. le chapitre « Noms et listes des pharaons, p. 47).

Heinsohn s'est penché sur les civilisations mésopotamiennes et a analysé la stratigraphie des principaux sites archéologiques à la recherche d'objets de verre et d'orfèvrerie. Comme les techniques dans la production de ces objets d'art demandent un certain degré

---

[8] Jean Favier, Charlemagne, p. 39
[9] Illig, Heribert & Löhner, Franz. *Der Bau der Cheops-Pyramide - Nach der Rampenzeit.* Gräfelfing: Mantis-Verlag, 2003 (6e édition).

d'évolution, il a comparé les objets trouvés dans divers sites et essayé de réécrire l'histoire mésopotamienne dans la lueur de ses découvertes. Comme chez les égyptiens, il a découvert que des peuples entiers (notamment les Sumériens) ont été inventés de toutes pièces pour « remplir » un vide dans la chronologie.

Illig a également analysé la préhistoire dans son livre « Die veraltete Vorzeit»[10] (la préhistoire obsolète). Là encore, il doit constater que les célèbres monuments néolithiques ont été datés d'une manière à les faire apparaitre plus vieux qu'ils ne le sont réellement. A part le bénéfice douteux de pouvoir être considéré comme le site le plus vieux dans sa catégorie, une datation délibérément incorrecte comporte de nombreux problèmes pour reconstruire la vraie histoire de ces lieux.

Ces quelques exemples montrent tout l'intérêt des théories qui feront l'objet de ce livre. Il a été conçu en concertation avec Heribert Illig, qui a revu les différents chapitres au fur et à mesure de leur rédaction.

---

[10] Heribert Illig: *Die veraltete Vorzeit - Eine neue Chronologie der Prähistorie.* Gräfelfing: Mantis-Verlag, 2005 (2e édition).

Pour commencer, je vous propose de plonger dans le vif du sujet en vous présentant un livre publié en 2009 respectivement 2010 (2e édition revue et complétée) et qui s'intitule : "Geschichte, Mythen, Katastrophen" (Histoire, mythes et catastrophes), 360 pages, édité aux éditions "Mantis" dont H.I. est le propriétaire. Ce livre résume les travaux de H.I. et de ses collaborateurs durant les années essentielles entre 1970 et 2010 portant sur la préhistoire, l'histoire de l'espèce humaine et les civilisations anciennes en Mésopotamie, Egypte, Méditerranée, mais aussi dans les continents éloignés comme les Amériques et l'Asie. Le livre est basé sur les théories d'Immanuel Vélikovsky mais il va plus loin. Vélikovsky était un scientifique américain, un des premiers à mettre en question la chronologie traditionnelle et avoir mis en évidence l'importance des catastrophes naturelles dans le développement de l'histoire de l'humanité. Vélikovsky était psychiatre et a consacré plusieurs écrits sur la psychanalyse qui ne nous intéressent pas ici. Voici un large extrait tiré de Wikipédia sur les aspects de sa théorie qui ont influencé Illig :

3.1.1   Digression : Vélikovsky : Mondes en collision

« Mondes en collision

En 1940, Immanuel Vélikovsky compare les chronologies des civilisations égyptienne et hébraïque. Ces deux civilisations contemporaines lui semblent en effet avoir peu d'événements en commun. Il décide de prendre comme point de repère l'Exode, et s'attache à retrouver cet évènement dans l'histoire de ces deux civilisations.

Celui-ci ne doit pas passer inaperçu : l'Égypte est dévastée. Le peuple hébreu, réduit en esclavage, en profite pour s'enfuir ; il croise un autre peuple, en route vers l'Égypte, qu'il envahit et asservit, lui imposant une chape d'obscurantisme et d'oppression de plusieurs siècles.

La version originale de son livre « Le Désordre des siècles » paraît en 1952: il y aurait un décalage de sept siècles entre les événements relatés dans chacune des deux chronologies.

Allant plus loin dans sa démonstration, l'Exode serait selon lui la conséquence d'une catastrophe planétaire, dont les traces se retrouveraient dans toutes les civilisations: la Chine (dynastie des Yao), la Polynésie, chez les Indiens d'Amérique du Nord comme du Sud, les peuplades du nord de l'Europe, les Celtes, en Inde et chez les aborigènes d'Australie. Il démontrerait ainsi l'universalité du cataclysme.

Dr Immanuel Velikovsky — LE LIVRE ÉVÉNEMENT DU PLUS GRAND VISIONNAIRE DU XX° SIÈCLE

Mondes en collision

Plus un dossier complet de 70 pages sur l'auteur

Figure 2 : Mondes en collision

Immanuel Vélikovsky développe cette théorie dans son livre « Mondes en collision » (Worlds in Collision), paru en 1950. Les grands bouleversements cosmiques qui ont affecté la Terre expliqueraient nombre d'évènements comme l'extinction brutale d'espèces entières pourtant adaptées à leur milieu (tel le mammouth).

Ce livre a été sujet à maintes controverses, parmi lesquelles :

« Des thèses totalement ridicules (...) et qui ne respectent aucune loi physique » Bulletin of the Atomic Scientist, 1964.

« Vélikovsky pourrait bien avoir raison » Bulletin of the Atomic Scientist, 1975

Selon lui, les derniers de ces bouleversements seraient récents. Les grandes civilisations de l'Antiquité auraient ainsi été témoins et victimes de ces catastrophes. Certaines se seraient effondrées (mycénienne, crétoise), d'autres y auraient survécu (phénicienne, égyptienne, grecque) ou en auraient émergé (Carthage, Rome).

Les traces de ces bouleversements seraient présentes :

- *Dans les formations géologiques : fossiles broyés et entassés dans d'immenses fosses communes, couches anciennes basculées sur des récentes, cristaux indiquant le «mauvais » nord,*
- *Dans les mythes et légendes des civilisations qui toutes relatent les mêmes désastres bien que réparties sur tout le globe,*
- *Dans les témoignages écrits laissés par nos ancêtres (gravés sur bas-reliefs ou écrits sur tablettes d'argiles, papyrus) ...*

Immanuel Vélikovsky attribue les causes de ces bouleversements à des influences extérieures : météorites, comètes, planètes. Lors de l'approche de ces corps, les tensions exercées sur l'écorce terrestre seraient énormes, allant jusqu'à entraîner le basculement des pôles : des montagnes auraient surgi alors que des régions entières s'effondraient, provoquant de gigantesques raz de marée ; les forêts primaires se sont embrasées et leur ensevelissement quasi immédiat pourrait être à l'origine de la formation du charbon ! Ces phénomènes, très intenses aux ères géologiques, ont été en diminuant. Les deux derniers bouleversements seraient situés, l'un aux alentours de 1 500 av. J.-C. (Exode), l'autre aux 8e / 7e siècles av. J.-C.

Pourtant, il est connu que l'échelle des temps géologiques n'a rien à voir avec l'échelle des temps historiques.

Selon Immanuel Vélikovsky, la nature tendant vers l'équilibre, les impacts de toutes ces catastrophes iraient en diminuant.

Cette théorie, largement impossible en dépit de quelques arguments (notamment le fait que les astronomes babyloniens établirent plusieurs calendriers successifs différents et que seul le dernier corresponde à notre configuration du ciel, Venus comprise), lui vaut les foudres de certains scientifiques. Victime d'un ostracisme généralisé durant les années cinquante et soixante, il connaîtra un certain retour en grâce dans les quelques années précédant son décès du fait des découvertes des astronomes.

Malgré l'absence manifeste de base physique à sa théorie, plusieurs idées émises par Vélikovsky en 1950 sont aujourd'hui acceptées par la science: notamment l'importance des phénomènes catastrophiques dans l'histoire et l'évolution (par exemple, la disparition des dinosaures), ou bien encore que l'interaction électromagnétique joue un rôle non négligeable dans la dynamique des systèmes stellaires. Contrairement à ce qu'en disent les éditions récentes de Vélikovsky, ces idées n'ont rien d'original, le catastrophisme par exemple est d'origine très ancienne.

...

Au sujet de Vélikovsky et celui de son bannissement de la communauté scientifique, le célèbre astronome Carl Sagan, qui fut l'un de ses principaux contradicteurs, dans le quatrième épisode de sa série « Cosmos », aura les mots suivants : «Le plus navrant dans l'affaire Vélikovsky n'est pas que ses idées aient été fantaisistes, discutables ou manifestement contraires aux faits. C'est que certains scientifiques aient essayé de le censurer. Si la mise à l'index d'idées dérangeantes est courante en religion ou en politique, ce n'est pas le chemin vers la connaissance et ce genre de pratique est indigne de la véritable science. Nous ne savons pas a priori d'où les prochaines découvertes fondamentales au sujet du système solaire proviendront et l'histoire montre clairement qu'à différentes époques, les idées les mieux acceptées ont souvent été fausses — et que les conceptions les plus révolutionnaires peuvent provenir de n'importe où. »

Il remercie dans son œuvre Albert Einstein pour sa contribution. Ce dernier l'a beaucoup aidé, ils ont discuté jusqu'aux derniers jours d'Einstein, afin de débattre et de faire avancer les théories de Vélikovsky. » Wikipédia[11]

Mais revenons sur le livre de Illig. Sur les pages 302/3 il donne le résumé suivant :

« Nous avons derrière nous un tour d'horizon époustouflant. Nous sommes partis avec les nouvelles sondes spatiales et les résultats de leurs mesures. Ces signaux en provenance

---

[11] https://fr.wikipedia.org/wiki/Immanuel_Velikovsky

de plusieurs millions de kilomètre ont eu un impact décisif sur notre compréhension des lois cosmologiques. Le système planétaire a perdu sa tranquillité céleste et 'contre-attaque'.

Ceci nous a menés à Immanuel Vélikovsky, qui a pronostiqué de telles observations il y a déjà 60 ans. Ses thèses courageuses nous ont conduits vers les origines des grandes civilisations humaines. Là, nous avons constaté que les historiens bricolent sans répit sur une chronologie 'flottante' qui est de trois fois trop longue : 900 ans avant notre ère suffisent largement pour définir l'histoire des grandes civilisations. Dans nos livres d'histoire, des règnes fantôme, crées en doublant ou en triplant des cultures ayant réellement existées, peuvent être rayées complètement.

Dans une vue d'ensemble, nous sommes allés de l'Espagne ver la Mer Chinoise, du Nord de la Norvège jusqu'en Nubie et au Nouveau Monde pour détecter les erreurs décisives qui polluent encore actuellement la chronologie. En même temps, il a fallu jeter la lumière sur l'évolution des sciences de l'histoire ancienne pour comprendre quand et comment de telles graves erreurs n'aient pu se produire.

Après avoir montré que les grandes civilisations de ce monde ne se sont développées pleinement seulement qu'au cours du 1er millénaire avant notre ère, nous nous sommes penchés sur les cultures de l'âge de pierre. Néolithique et mégalithique se sont révélées être des cultures de la période tardive du -2e et du -1er millénaire, Le mésolithique s'est révélé – à part une seule couche stratigraphique – comme un ensemble vide. Le paléolithique supérieur, avec ses grandioses expressions d'art rupestre se termine probablement vers la fin du -2e millénaire. En regardant encore plus en arrière dans le temps, nous constatons à la lumière de comparaisons stratigraphiques et topologiques que nous pouvons réduire l'histoire de l'être humain sur plusieurs millénaires au lieu de plusieurs centaines de milliers d'années.

Ceci n'est possible que si la géologie du tertiaire et du quaternaire soient également reconsidérés. Sans avoir la prétention de faire ici des propositions pour une nouvelle table chronologique de cette époque, nous avons trouvé des indices que les périodes glaciaires sont nettement plus récentes et se sont terminées au -2e millénaire.

D'ici ce n'était qu'un pas vers les énigmes de l'évolution biologique dans son ensemble. Il est apparu que le regard fixé sur des millions d'années a complètement négligé l'élément catastrophique dans l'évolution. On comprend que des éléments essentiels font défaut dans le modèle actuellement en vigueur et que, si on leur tient compte, des millions voire même des milliards d'années se réduiront peut-être d'une manière radicale. Vers la fin de notre tour d'horizon, nous retournons au présent en revenant aux découvertes astronomiques récentes qui y figuraient au début.

Est-ce que cela veut dire que nous pouvons nous pencher en arrière avec soulagement et cultiver notre jardin comme Voltaire le préconise dans son Candide. Au contraire. Ce livre est le fruit de 30 années de travail dans les régions germanophones ayant pour but de faire progresser notre compréhension du monde. Peu de personnes y ont contribué et il reste beaucoup à faire. Au défi doit suivre une réponse. Le défi est clair : L'archéologie, l'astronomie, la biologie, la géologie, l'histoire, la paléontologie la physique doivent vérifier à fond leurs axiomes, prémisses et théories. Puis il faut trouver des réponses, des réponses qui ne doivent pas être si partiales que le crypto-volcanisme. Il nous apparait aujourd'hui comme un fossile bizarre mais dans les années 50, il était « dans le vent ». D'autres modèles de pensée, qui aujourd'hui nous paraissent incontournables conçus pour l'éternité vont disparaitre aussi vite que l'apparemment inébranlable URSS dans la politique mondiale. »

3.2   LA RECONSTRUCTION DE L'HISTOIRE

Comment rapprocher catastrophisme et chronologie ? Dans les religions judaïques et chrétiennes, la croyance dans un dieu qui punit l'humanité par des catastrophes allant jusqu'à la destruction quasi-totale de la vie sur terre est omniprésente (déluge, les dix plaies d'Égypte …) Darwin était le premier à s'opposer à de telles croyances mais dès que sa théorie gagnait en acceptation, de nouvelles théories invoquèrent des évènements catastrophiques (impacts cosmiques) pour expliquer certains phénomènes tels que la disparition des dinosaures (Alvarez Luis et Walter, 1979,1980)

Ces évènements catastrophiques sont très discutés, mais une **chronologie** est indispensable à toute recherche historique. Une ligne du temps ou frise chronologique a longtemps été définie par la bible et c'est seulement sous Napoléon que l'égyptologie a fourni un modèle de référence alternatif. Lepsius et Petrie ont défini le cadre temporel dans lequel se sont déroulées depuis -3000 l'histoire des pharaons, mais de nombreux historiens ont contesté leur théorie en essayant de « vieillir » l'histoire égyptienne.

En 1950, Immanuel Vélikovsky a réécrit cette histoire en synchronisant des récits d'évènements catastrophiques bibliques et égyptiens. En prenant au sérieux des mythes et contes anciens, il les interprétait comme récits sur des catastrophes. Il avait le mérite d'insister sur deux choses :

- La chronologie n'est pas un cadeau de dieu, mais inventé par l'homme et donc sujet à la critique et la révision.
- Au courant de son histoire, l'humanité a été touchée et influencée substantiellement par des évènements catastrophiques d'origine extraterrestre.

Le monde scientifique a ignoré les théories de Vélikovsky, mais comme des incongruences dans la synchronisation d'évènements historiques surtout au proche orient devenaient de plus en plus évidentes, on créait le projet interdisciplinaire SCIEM 2000 (The Synchronization of Civilizations In the Eastern Mediterranean in the 2nd Millenium BC)[12] Le projet se solda par un échec comme les savants impliqués refusaient toute critique de la chronologie traditionnelle et que les nouvelles découvertes scientifiques étaient incompatibles avec l'état des connaissances d'alors.

---

[12] http://www.winserion.org/SCIEM2000/index.html

22

Depuis 1977, Heribert Illig s'intéresse à ces questions et en 1992, il a publié un résumé des recherches de la « Société pour la reconstruction de l'histoire humaine et naturelle », dont il était un des animateurs. La société a publié régulièrement un bulletin qui s'appelle actuellement « Zeitensprünge »[13] (Sauts dans le temps). En décembre 2018 est paru le dernier Numéro, totalisant (avec les livres parus dans le « Mantis-Verlag ») depuis ses débuts plus de 25.000 pages.

Les thèses développées dans ce bulletin et dans les nombreuses publications des différents auteurs sont un sujet de discussions parfois venimeuses dans les médias en Allemagne. Le succès des publications, surtout de Heribert Illig, a obligé les représentants « académiques » des sciences historiques à réagir, mais en général, leur stratégie est de les ignorer tout simplement. Comme l'avait formulé Gandhi : « Tout d'abord ils vous ignorent, ensuite ils se moquent de vous, puis ils vous combattent, et puis vous gagnez. »

La tendance actuelle chez les historiens semble être dominée par le souci de vieillir artificiellement les faits historiques par des hommes et des femmes en quête de publicité ou de financements pour leurs projets d'après la devise : Plus que c'est vieux, mieux ça rapporte.

Pourquoi reculer dans le temps des millions, voire des milliards d'années ? L'orientation vers le passé ne cache-t-elle pas notre peur de l'avenir voire notre incapacité d'assumer notre présent. Ne faudrait-il pas se poser plutôt la question si des espaces de temps particuliers ont réellement existés ? Est-ce que le temps s'écoule paisiblement comme cela peut nous paraitre ou est-ce qu'il est dominé par des poussées chaotiques et catastrophiques ? La question qui se pose est si les indications temporales que nous fournit la science correspondent à la réalité historique.

En tant que touriste en Égypte, Illig a constaté que dans différents endroits (Karnak, Edfou, Kom Ombo, Abu Simbel etc.) des éléments architecturaux qui, selon la chronologie officielle avaient une différence d'âge de plusieurs centaines d'années, voire plus de mille ans, avaient sensiblement le même état de conservation. Mystérieuse était également l'attribution de ces mêmes éléments à différentes époques, dynasties ou pharaons. Qui plus est : Tandis que des découvertes datant du -3ᵉ et du -2ᵉ millénaire étaient abondantes, aucun objet ne pouvait être présenté qui datait de l'époque où les grecs étaient en contact étroit avec les égyptiens et même y résidaient (-6ᵉ siècle).

En comparant les masques funéraires en or d'Agamemnon découvert à Mycènes par Schliemann daté au -16ᵉ siècle et celui de Trebenište originaire de la Macédoine du Sud, daté au -6ᵉ siècle, Illig a constaté qu'ils sont presque identiques et qu'une différence d'âge de 1000 ans ne se justifie pas du tout. En discutant ce phénomène étrange avec un expert, directeur d'un musée, celui-ci se contentait de constater que ces techniques artisanales se sont conservées

---

[13] http://www.mantis-verlag.de. A partir de l'année 2019, les travaux de Heribert Illig et de ses co-auteurs vont être publiés sous forme de livres et d'articles sur les sites ionternet : www.mantis-verlag.de, et www.phantomzeit.de

pendant plus de 1000 ans : il n'y a pas de mystère, seulement des lacunes dans nos connaissances de cette époque …

3.2.1 Vélikovsky, l'hérétique

Six mois plus tard, Illig est tombé sur une recension du livre de Vélikovsky sur les « Peuples de la mer ». Dans ce livre, Vélikovsky propose de transplanter Ramsès III du -12e au -4e siècles pour éliminer ainsi les siècles obscurs qui remplissent cette période.

Figure 3: Ramses II devant les peuples de la mer

Pour la première fois, Illig s'est rendu compte que le vide archéologique peut être expliqué par la chronologie ! Pour lui, Vélikovsky a posé une très simple question : à savoir « est-ce-que la chronologie est correcte ? » et a ainsi tranché le nœud gordien qui ligote les sciences de l'histoire.

En 1945, Vélikovsky a en effet présenté ses 284 « Thèses pour la reconstruction de l'histoire ancienne »[14] que l'on peut résumer comme suit :

- Les historiens ont échoué en imposant la fausse chronologie qu'ils avaient développée pour l'Égypte entre -1500 et -300 à tout le monde antique ;
- Les biologistes ont développé et défendu avec le Darwinisme un faux modèle de l'évolution ;
- Les géologues ont délibérément mal interprété les témoignages catastrophistes dans l'esprit de Charles Lydell ;
- Les astronomes n'ont pas voulu qu'on mette en désordre leur théorie du système solaire inspirée par Kant, Laplace et Weizsäcker ;

---

[14] Immanuel Vélikovsky: Theses for the Reconstruction of Ancient History from the end of the middle kingdom in Egypt to the advent of Alexander the Great (Scripta Hierosolymitana), New York 1945

24

- Les physiciens n'étaient pas capables de penser en matière de gravitation au-delà des théories de Newton et Einstein ;
- Les psychologues n'ont pas reconnu que les catastrophes célestes sont restées profondément enracinées dans le subconscient collectif et ont méconnu le vrai caractère des mythes et légendes.

3.2.2 Le chaos interplanétaire

Les réactions du monde scientifique sur les thèses de Vélikovsky furent véhémentes. Son éditeur américain Macmillan fut obligé par d'autres auteurs d'ouvrages scientifiques à transférer les livres de Vélikovsky vers une autre maison d'édition. Ces auteurs menaçaient de retirer leurs propres ouvrages du catalogue. Même en Allemagne, la sixième édition de « Mondes en collision » a été annulée à la suite de pressions provenant d'historiens proches des milieux ecclésiastiques et ne fut réédité que 25 ans plus tard, ce qui a amené Illig à constater que « l'inquisition est un fruit Européen ».

Figure 4 : Lucas Cranach (1552) Les étoiles tombaient du ciel

Après 1960, Vélikovsky se tût pendant de longues années. Presque imperceptiblement, ses idées concernant l'importance des évènements catastrophiques furent soutenues par l'aéronautique spatiale comme les sondes interplanétaires envoyaient les messages les plus étonnants sur la terre. Ils étaient tellement fascinants qu'on oubliait de filtrer les indications catastrophistes. Successivement de nouveaux éléments de notre système solaire furent découverts : Lunes, astéroïdes, anneaux planétaires. Le nombre des lunes connues est passé de 31 à 143 (en 2008), le nombre des astéroïdes ayant un nom à 2300 à côté des 435000 autres sans nom. Entretemps on a également découvert un moment magnétique chez toutes les planètes excepté Pluton. Le scepticisme d'origine dans ce domaine a cédé à une croyance tellement forte que l'on trouve que Vénus aurait un champ magnétique étonnamment faible. On a accepté également aujourd'hui que le soleil émet un flux plasmique constant et qu'il existe un champ magnétique interplanétaire en provenance du soleil. Einstein avait tort.

3.2.3   Retour au Big Bang

Le modèle de Hawkins est certainement le premier scénario cosmologique qui se prive de tout dieu créateur. Einstein se méfiait de la physique quantique : « Le Bon Dieu ne joue pas aux dés ! » Ce Dieu qui jette les dés, créé par la physique quantique, lui paraissait comme un facteur d'instabilité dans le modèle cosmologique qui ne pouvait être toléré. Apparemment Einstein, avec sa restauration d'un Dieu créateur personnel a trahi la science athéiste et évolutionnaire du XIXe siècle. Mais au fond, il a défendu la même cause en plaidant en faveur d'un univers prévisible et calculable.

Vélikovsky a contribué à un changement de paradigme dans l'astronomie et la cosmologie. L'archéologie reconnait maintenant les catastrophes suprarégionales. L'archéologue français Claude Schaeffer a présenté ses recherches stratigraphiques à Ugarit : Ainsi le proche et moyen orient auraient été touchés par au moins six perturbations sismiques en -2350, -2100, -1700, -1450, -1350 et -1250 (dates approximatives) qu'il a caractérisées explicitement comme évènements catastrophiques. Ces découvertes sont mises en question aujourd'hui : L'archéologue allemand Klaus Georg Sommer[15] évoque plutôt une sécheresse extrême, genre de changement climatique et éventuellement une éruption volcanique comme responsable du déclin d'Ugarit. Ainsi s'effondre une partie des théories de Vélikovsky.

3.3   UNE CHRONOLOGIE BASÉE SUR L'ÉVIDENCE

Illig défend la construction d'une chronologie basée sur l'évidence. Le mot évidence regroupe les témoignages de toutes sortes au sens juridique du terme, à savoir des faits « durs » comme témoignages oraux, preuves, traces, documents etc. « Evidence » ne désigne pas la vérité ultime mais ce qui saute aux yeux.

Ainsi par exemple, les âges sombres grecs figurent dans les manuels d'histoire bien que personne n'avait vécu pendant cette période. Même Homer, fin connaisseur de la guerre de Troie n'en parle pas, bien qu'il soit supposé avoir vécu à cette époque. Hérodote qui est supposé avoir vécu au - 5e siècle ne les mentionne pas et Thucydide résume la période entre la guerre de Troie (-13e) siècle et le règne des Tyrans (-6e - -5e siècle) en 16 lignes.

Le concept d'histoire se laisse définir d'une façon très complète et très profonde. Au plus petit commun multiple, il désigne des événements qui ont été registrés sur l'axe de temps. Le cas idéal se présente comme suit : Un historien décrit une chronique objective, détaillée et sans contradictions. Une équipe d'archéologues trouve les objets correspondants dans un endroit précis et peut relier ces faits à la chronique de façon que le texte soit confirmé ou même complété.

---

[15] Sommer, Klaus Georg (2017) : Eine Klimakatastrophe ? Der Untergang Ugarits am Ende der Spätbronzezeit; dans: Antike Welt – Zeitschrift für Archäologie und Kulturgeschichte 1/2017, 49-57

Hélas, cette construction idéale ne se présente que très rarement. **Premièrement**, il n'existe pas de chronique qui décrive objectivement l'histoire et même si elle existait, personne ne lirait un truc aussi ennuyeux. **En deuxième lieu**, nous ne connaissons souvent pas les dates annuelles exactes. Les potentats aimaient énumérer leurs faits glorieux d'après leurs années de régence en négligeant les repères chronologiques. Ainsi par exemple au -1er siècle, les Romains inventaient la date légendaire de la fondation de Rome (-753) pour se procurer par l'intermédiaire des héros Troyens des ancêtres divins. Mais les fouilles d'Einar Gjerstad ont montré que l'année -575 peut être considérée comme la date de création de la ville impériale.

De même les Grecs n'avaient pas de date exacte pour la première olympiade. Hérodote, qui a écrit autour de l'année 430, n'a jamais mentionné une date concernant les jeux olympiques. Il paraît que les dates sur le commencement des jeux olympiques correspondent aux autres jeux et concours tels que les jeux de Delphi, autour de -582 ; les jeux de Corinthe -593 ; les jeux isthmiques -581-570 et les jeux d'Athènes -566.

Les juifs ont encore aujourd'hui une chronologie à partir de la date de la création du monde le 7 octobre -3761. L'année 2016 correspond donc à l'année 5776/77. Mais cette chronologie n'est utilisée qu'au moyen âge (± 1000). Ceci vaut également pour l'ère « byzantine » ainsi que pour l'ère « alexandrine » auxquelles on ne se réfère qu'au moyen âge.

Même notre chère chronologie chrétienne est très récente : C'est seulement à partir de 1431, que les papes datent leurs documents « après Jésus Christ ». Comme la chronologie islamique n'a été introduite qu'après l'antiquité, on doit constater qu'en Europe, il n'existait pas de continuité chronologique entre l'antiquité et les temps moyenâgeux et modernes au-dessus de tout soupçon. Evidemment, ceci pose d'énormes problèmes à la synchronisation de la chronologie des différents pays.

Troisièmement, l'archéologie ne peut pas dans tous les cas, apporter des solutions à ces problèmes. Pendant de longues années, l'archéologie fut pratiquée comme pure chasse aux trésors, menant sans gêne à la profanation de tombes détruisant ainsi toute évidence nécessaire à l'identification exacte des objets trouvés et leur datation.

Notre connaissance des temps anciens est très lacunaire. Ainsi la Rome antique existe théoriquement depuis -753, date de la création de la ville. Mais entre -753 et César on trouve très peu de vestiges archéologiques comme par exemple des ruines de temples, des bustes et sculptures, des arcs de triomphe... Voilà pourquoi Illig propose de biffer tout simplement quelques 320 années entre -400 et -80. Cependant on trouve beaucoup de vestiges du monde étrusque entre le -8e et le -1er siècle. Ce peuple ennemi des Romains a été rayé de l'histoire en détruisant sa mémoire comme par exemple dans la la célèbre histoire des étrusques de l'empereur Claudius.

3.3.1 Chronologie relative

Il y a 100 ans, l'archéologie a reçu un instrument qui permet d'établir une chronologie relative : la méthode topologique (Hans Hildebrandt et Oscar Montelius). Cette méthode part de l'idée qu'un objet ne change pas de forme délibérément. Une épée reste une épée et ne subit que des changements minimaux en fonction de son utilisation. Malheureusement les typologies qui ont pu être établies couvrant l'Europe du Nord jusqu'à l'Égypte se heurtent toujours à la chronologie égyptienne qui semble être une référence de base pour l'histoire tout court.

3.3.2   Chronologie absolue

A côté de l'histoire de l'Égypte, le vieux testament semble également fournir une chronologie très connue pour le Moyen-Orient qui répond à tous les critères requis : des histoires et anecdotes, une prolifération de dates, des successions abondantes de générations, et en plus, au commencement même de toute l'histoire, il y avait déjà un témoin oculaire mystérieux qui rapportait les faits.

Mais si on examine le Vieux Testament de près, en constate un désordre chaotique en matière de dates. Face à ces faits, il est étonnant de constater avec quelle persévérance tenace les dates bibliques sont défendues.

Au début de l'ère chrétienne, les historiens utilisaient fréquemment la liste de Manéthon de Sebennytos pour établir des repères chronologiques. Ce prêtre égyptien avait rédigé une histoire de l'Égypte comprenant 30 dynasties allant jusqu'au tout premier pharaon nommé Ménès. Malheureusement les originaux ont été perdus et les copies qui nous sont parvenues sont de troisième, quatrième ou même de cinquième main. Ces différentes versions comportent de graves contradictions et sont également en contradiction avec d'autres listes en provenance d'autres sources. Deux sources grecques, le Pseudo-Eratosthène et le Livre de Sothis (aussi appelé Pseudo-Manéthon) sont considérées comme très incertaines. En Égypte on trouve les listes de Pharaons sculptées dans les temples de **Carnac** (62 pharaons alignés d'une façon énigmatique où manquent Khéops, Khephren et Mykérinos), Abydos (76 rois) et Sakkarah (47 rois) ainsi que le papyrus de Turin dont les 164 fragments n'ont pu être reconstitués que grâce à Manéthon et qui par conséquent reproduisent les erreurs de ce dernier. Pour la deuxième période intermédiaire, le papyrus reste incontrôlable faute de sources complémentaires. Malgré cela, il est mis en doute parce qu'il énumère 175 noms de pharaons pour une période de 225 ans !

Face à cette situation, les archéologues étaient désespérés. Mais leurs difficultés semblaient surmontables parce que dans un vieux texte égyptien le Romain Censorinus nous signalait que dans l'année 139 aurait commencé une nouvelle période Sothis, c.à.d. le levier héliaque de Sirius (ou Sothis)[16].

---

[16] Si le lever héliaque de l'étoile Sothis est un phénomène plus ou moins fixe (en fait légèrement variable suivant la précession des équinoxes avec retard de 14 jours par millénaire) au cours d'une année solaire (année d'environ 365,25 jours), le nouvel an du calendrier égyptien (année de 365 jours), *le 1er Thot*, est mobile. Le décalage entre l'année solaire et l'année civile était d'environ un jour tous les quatre ans. Il fallait donc 1460 ans (365 x 4) pour qu'un événement du calendrier égyptien coïncide de nouveau avec un événement du calendrier solaire (Wikipédia).

Mais on sait que les Égyptiens n'étaient jamais un peuple d'astronomes. Avant l'arrivée des Grecs et avant tout avant l'arrivée des perses, les Égyptiens n'avaient pas de langage scientifique pour décrire les événements astronomiques. Des observations systématiques du firmament n'ont même pas été faites du temps de Ptolémée. Par cela il est totalement exclu que les Égyptiens auraient introduit un calendrier pendant le -3e millénaire, dont les origines remonteraient au milieu du -4e millénaire. (Il va de soi qu'on ne se rend compte d'une rotation de 1460 années du jour au lendemain).

Figure 5 : La déesse Sothis

Pour penser dans de telles dimensions, un peuple a besoin d'un instrumentaire astronomique et d'un langage scientifique spécifique. Les deux font défaut dans l'Égypte du -4e millénaire ; comme il manque d'ailleurs tout ; les constructions de pierre, l'écriture, le tour de potier etc. Mais l'égyptologie actuelle vit très bien avec cette schizophrénie - calendriers antiques contre observations astronomiques manquantes - comme le montre bien l'article y relatif dans le lexique très renommé de l'égyptologie de Jürgen von Beckerath[17].

Mais, diront certains lecteurs, on a depuis longtemps un procédé qui fournit des dates absolues en abondance, à savoir la méthode ^{14}C, c'est-à-dire la datation par la méthode radio-carbonique, développé par Williard Libby entre 1947 et 1952, combinée à partir de 1967 avec la dendrochronologie et finalement complétée par la spectrographie de masse.

Cependant, toutes ces améliorations et raffinements de la mesure du temps n'avaient pas droit de cité dans les hautes cultures anciennes, car les mesures obtenues mettaient en question la chronologie officielle. L'égyptologie (officielle) s'y opposait avec véhémence. Seulement dans les cultures loin de l'ancienne Égypte les datations par la méthode ^{14}C connurent un grand succès. Promptement les constructions mégalithiques bretonnes et maltaises concouraient avec Jéricho dans la course vers les plus anciennes constructions du monde, tout comme les très anciennes représentations de dieux en provenance de fouillis européennes et anatoliennes vieillissaient de quelques millénaires en quelques minutes. Les plus anciens temples connus de l'humanité comme ceux de Göbekli Tepe en Anatolie furent subitement datés au moins 10e millénaire. Nous constatons encore une fois que les archéologues sont avides de superlatifs. Mais ils sont depuis toujours intéressés à fournir à leur public payant ce qui l'intéresse : des trouvailles toujours plus anciennes dans la mesure du possible pour deux

---

[17] Le « Lexikon der Ägyptologie » en 7 volumes et le livre de référence pour l'égyptologie dans le monde germanophone. Il est paru entre 1975 et 1992.

raisons : D'abord le prestige de la découverte de l'objet ou de la civilisation en question, ensuite la fait que des découvertes « sensationnelles » génèrent des fonds de recherche plus abondants.

Ainsi dans tout le Proche-Orient on essaye sans arrêt de faire vieillir les cultures déjà découvertes ou de trouver d'autres encore plus vieilles. Çatal Hüyük occupe toujours la première place comme la ville la plus vieille du monde, cependant dans la rubrique « plus anciens temples du monde » les places sur le podium changent. L'Égypte a dû abandonner la course depuis longtemps, Malte a été reléguée à la troisième ou quatrième place, après que d'abord Eridu avec -5000 années et puis Névali Çori l'ont dépassé. C'est Harald Hauptmann qui fait les fouilles à cet endroit près d'Édesse en Turquie et qui peut se prélever avec le titre du plus vieux temple découvert jusqu'alors -7000 années. Mais entre-temps, Klaus Schmidt a laissé loin derrière lui tous les concurrents. Il découvre également près d'Édesse en 1995 la colline artificielle Göbekli Tepe.

Récemment, une quatrième révolution de la méthode radio carbonique semble s'annoncer. Un de ces défenseurs de la première heure, Colin Renfrew, est devenu très sceptique. Dans un livre récent il demande de raccourcir de 250 années la chronologie égyptienne, c'est au moins ça ! On peut dire que le projet transdisciplinaire SCIEM 2000, supposé apporter de la lumière dans le brouillard chronologique a échoué enfin et surtout à cause des mesures ^{14}C. En combinaison avec des résultats obtenus par des mesures dendrochronologies, des datations très exactes peuvent être établies en accord avec des documents écrits, mais le contraire est vrai également : Ainsi le « mur païen » du Mont Sainte Odile daté au -1e millénaire a été transféré au 8e siècle, donc en pleine période mérovingienne, une énigme insoluble depuis 2003 ![18]

3.3.3 La bible et les sumériens

Grâce aux pyramides - difficiles à ignorer - et grâce à Napoléon qui en 1798 n'a pas seulement amené des soldats en Égypte mais aussi toute une équipe de savants, l'égyptologie devenait la première science des anciennes civilisations situées avant les Grecs et les Romains.

On avait déjà les récits des Grecs, spécialement celui d'Hérodote, mais aussi celui du prêtre babylonien Béros, un pendant exact du prêtre Manéthon. Si ce dernier écrivait son *Aegyptiaka* pour son roi ptoléméen, le premier écrivait pour le roi séleucide Antiochos I Sôter (281-261) sa *Babyloniaca* en trois volumes.

Béros ressemble d'autant plus à son pendant égyptien qu'on a fait le même tort à son œuvre qu'à celle de Manéthon. Comme Manéthon a décrit - avec une grande probabilité - des dynasties parallèles, qui aujourd'hui se suivent, avec quelques exceptions dans les trois temps intermédiaires.

Il y a 100 ans la situation était totalement différente. L'école anglaise s'est distinguée avec bénéfice de l'école berlinoise comme qu'elle était moins coincée par l'ambition de

---

[18] https://de.wikipedia.org/wiki/Odilienberg

produire des égyptiens particulièrement vieux. Ainsi George Rawlinson s'interrogeait encore en 1900 : « Les monuments Égyptiens montrent que les dynasties décrites par Manéthon gouvernaient souvent simultanément dans différentes parties du pays. La difficulté de fixer la vraie chronologie de l'ancienne Égypte découle de l'incertitude sur la simultanéité des dynasties de Manéthon. »[19]

C'est ici que Abraham sautait dans la brèche. Ce patriarche devenait la pierre angulaire de la chronologie mésopotamienne jusqu'au moment où Heinsohn montrait que ce pilier défiant n'était pas seulement construit sur du sable mais flottait en l'air.

Le vieux testament nous apprend qu'entre lui et l'Exodus se sont écoulés 500 années. Deux étapes à 480 années chacune nous amène à la construction du premier et du deuxième temple et par là dans l'année 'certaine' -519. L'addition donne pour Abraham l'année -1979. Ergo vers l'an -2001 un citadin quitte une culture florissante pour aller comme un nomade dans une autre culture florissante, à savoir l'Égypte, qui sera quittée bien plus tard par Moïse également en nomade pour arriver enfin dans le pays promis traversé il y a bien longtemps par Abraham. Les dates bibliques pour Abraham sont explicitement connectées à l'histoire égyptienne par l'intermédiaire de Moïse.

Ces dates ne furent jamais contestées jusqu'à ce qu'en 1878, Julius Wellhausen présentait son histoire d'Israël dans laquelle il contestait purement et simplement l'existence historique d'Abraham. Depuis, les historiens sont plus ou moins d'accord sur ce point. Mais ceci n'a pas impressionné tous les archéologues car comment expliquer qu'un coryphée comme Sir Leonard Woolley s'obstine à trouver le numéro de la maison d'Abraham à Ur. Si on peut qualifier cet acte comme l'entêtement d'un vieil intégriste de la bible, il faut néanmoins constater que l'influence de cette chronologie est un fait d'une très haute portée.

Car on faisait le rapprochement entre Abraham et le célèbre législateur Hammourabi, ce qui fut possible en substituant Hammourabi au roi sans contours Amraphet de Sinéar et le situant ainsi au début du -2e millénaire. Ceci influença la chronologie de la Mésopotamie pour aboutir à un raisonnement circulaire qui faisait que les dates bibliques se confirmèrent par elles-mêmes !

Heinsohn résumait ces constatations par une remarque très sceptique : « Pour aller à l'encontre de cette trilogie de piété, de pseudo astronomie et de circularité, la preuve de leur caractère non-scientifique est loin d'être suffisant ! »[20]

Mais est-ce que ceci est également valable pour des raisonnements circulaires encore plus massifs ? La liaison Abraham-Hammourabi ajustait le début du -2e millénaire. Mais pour les temps postérieurs, il manquait des dates absolues pour la Mésopotamie. Correct, la chronologie assyrienne ! Elle connaît des dates absolues depuis -1400. Et depuis qu'elle est reliée à la chronologie égyptienne par les lettres d'Amarna, le Nouvel Empire égyptien reçoit ses dates absolues ! Le raisonnement circulaire est parfait … Grâce à ces deux raisonnements

---

[19] Rawlinson, Gearge: Ancient History … New York 1990, p. 54
[20] Heinsohn/Illig: Wann lebten die Pharaonen? Gräfelfing 2003, p. 364.

circulaires autour d'Abraham et d'Akhenaton, la bible et les Assyriens, les Assyriens et les égyptiens du Nouvel Empire se confirment mutuellement.

Abraham défiait les archéologues. Woolley, mais aussi Taylor se mettaient à fouiller le champ de ruines de Muqajjar, dans le delta de l'Euphrate et du Tigre, où devrait forcément se trouver la ville d'Ur et ils la trouvèrent ! Un pays jadis richement peuplé apparût et Jules Oppert lui donna le nom de Sumer. *Sumer – pas Chaldée !*

Les archéologues et l'opinion publique mondiale étaient enthousiasmés. Mais jusqu'en 1857, les Sumériens n'étaient pas connus nulle part. Encore George Rawlinson, dans son « Ancient History » (1900) parlait de 7 grandes monarchies du monde antique : La Chaldée, L'Assyrie, Média, Babylone, la perse, les Grecs et les Parthes : Sumer n'y figurait pas. Les anciens historiens, Béros et Hérodote, ne connaissaient pas non plus les Sumériens. Il est tragique, qu'un empire bien documenté, la Chaldée, a été dégradé au rang d'empire fantôme au profit de la nouvelle création qui était Sumer.

3.3.4   Les lacunes stratigraphiques

Ici, Heinsohn a tranché le nœud gordien pour la Mésopotamie. Les résultats provenant des fouilles stratigraphiques comptent parmi les preuves les plus pertinentes que l'archéologie peut apporter. Tous les intéressés à l'histoire devraient leur témoigner l'importance qu'elles méritent. Ceci n'a pas toujours été le cas parce que les stratigraphies ne sont pas seulement supposées documenter les sédiments dans les différentes couches mais aussi les lacunes possibles entre elles. Les lacunes stratigraphiques peuvent se présenter sous deux formes : un site d'habitation abandonné peut présenter des élévations libres de toute trace humaine dues à l'érosion par le vent. D'autres peuvent se former également à la suite d'inondations en forme de couches de sédiments. On parle alors de couches éoliennes ou fluviales. Souvent dans les traités d'archéologie, les lacunes sont simplement ignorées, ceci dans l'intention bien évidente d'éviter des questions pénibles pour les auteurs.

3.3.5   De la Chine à la Nubie

Forts du savoir développé dans les chapitres précédents on constate que dans l'histoire du Proche-Orient il y a beaucoup de mystères et d'obscurité. Beaucoup de contradictions peuvent alors être résolues et surtout la myriade de peuplades peut être réduite à la moitié ou même à un tiers. La chronologie devient alors plus logique et transparente.

3.3.6   L'invention de Sumer

D'après la devise « vieux, plus vieux, encore plus vieux », on prétendait avoir trouvé sur l'île de Bahreïn le mystérieux pays de Dilmun. On est tombé cependant directement – c.à.d. sans couches intermédiaires – sur les pavés d'Ur-Nammu (± -2100) et les pavés de Nabonide (±

- 540). Le résultat de ces fouilles est connu depuis 1940 mais est très ennuyeux pour l'archéologie officielle.

Une situation analogue se présente pour le site d'Eridu. Considéré comme une des plus vieilles villes (± -1900) au sud de la Mésopotamie, elle a été conquise par les Assyriens vers -721. Entretemps elle semble avoir fonctionné comme lieu de pèlerinage important. Depuis, les archéologues essayent désespérément de mettre en ligne chroniques et objets trouvés. Malheureusement, il n'y a que deux alternatives : Soit le site est abandonné mais actif entre ses ruines et a perduré pendant 1100 années ou ses habitants n'ont pas toléré ni déchets, ni nouvelles constructions, ni rénovations pendant cette période.

Dans Wikipédia on trouve la remarque suivante : "Elle (Sumer) se caractérise par l'usage d'une langue, le *sumérien*, qui n'appartient à aucune famille de langues connue. Les locuteurs de cette langue, majoritairement localisés dans le pays de Sumer, ont été appelés « Sumériens » *par les chercheurs qui l'ont redécouverte, mais il ne semble pas qu'une dénomination équivalente ait existé dans l'Antiquité.*

Ces constatations mènent d'après Gunnar Heinsohn à la formule : *Sumériens = Chaldéens*

3.3.7   Le mystérieux Akkad

Au nord de Sumer se trouve la région d'Akkad, qui doit avoir été habitée par un peuple préhistorique dont on ne connait que la langue, l'accadien.

Son plus grand souverain, Sargon, a construit avec Akkad une capitale introuvable et avec Dur-Scharrukin une autre métropole également introuvable. En prenant en considération d'autres sites comme Tell Der plus à l'est, on peut assumer que l'empire de Sargon est identique avec l'empire des Assyriens. Pas loin se trouve Babylone, décrite par Hérodote. Heinsohn passait ici à l'étape suivante :

- Donc : *Akkadiens = Assyriens*

3.3.8   La triple Assyrie

Hérodote décrit l'Assyrie et la situe au -8/7 siècle mais il ne connait aucun souverain. Quatre métropoles devraient s'y trouver : Assur, puis Nimroud, puis Ninive et enfin Khorsabad (ou Dur-Sharrukin). Mais sur ces sites on manque également de strates couvrant plusieurs millénaires. À côté de sa région centrale dominée par ces quatre villes, l'Assyrie couvrait une deuxième région importante, la région de Khabur au nord. Ici, au Tell Brak, à Nuzi, à Hamadyiah et Mumbaqat nous retrouvons des strates claires mais d'autant plus incompréhensibles. On y trouve des vestiges akkadiens mais puis on constate *une lacune de ± 750 années* jusqu'au royaume de Mitanni des -14/13e siècles. Les Mitanni sont suivis par les médio-assyriens puis les néo-assyriens. Mais pour cette période on n'a pas trouvé d'objets du tout. Sur les couches médio-assyriennes suivent immédiatement les couches hellénistiques et dévoilent ainsi *une deuxième lacune de ± 750 années*.

Ainsi Heinsohn propose une double formule :

- *Vieux akkadiens = Vieux assyriens = les assyriens pré-mèdes décrits par Hérodote*
- *Médio-Assyriens + Sargonides = Perses*

Sur le territoire assyrien, on ne trouve pas de traces des Sargonides ni des Perses.

Les Mèdes ont vaincu les Assyriens ensemble avec les Babyloniens et ont partagé leur territoire en -610. Les Mèdes régnaient sur la partie nord du territoire jusqu'à la conquête par les Perses en -550. Les Mèdes ont été ignorés par la chronologie traditionnelle. Ces Mèdes mystérieux ont tout de même laissé des traces, comme l'a montré Heinsohn, mais en tant que Mitanni. Leur territoire recouvre celui des Mèdes.

Donc selon Heinsohn : *Mitanni = Mèdes*

Les rois Mèdes, connus de Hérodote, sont identiques aux rois Mitanni, que Hérodote ne connaissait pas : Phraortes = Parsaschatar, Kyaxares = Schauschatar, Astyages = Artatama. (Heinsohn, 1987)[21]

Non seulement les Mitanni ont correspondu avec l'Amarna égyptien, mais aussi les *Kassites*

Donc : *Sumériens = Kassites = Chaldéens*

3.3.9   Chronographie de l'orient antique selon l'évidence stratigraphique

Heinsohn a découvert le triplement des périodes ①, ② et ③ de l'orient antique avant l'hellénisme suite à l'utilisation de **trois différents** repères chronologiques sur des strates **simultanées** dans des fouilles à **différents endroits** (exemples entre parenthèses). En outre l'histoire de l'Inde, de l'Asie Centrale et de la Chine doivent leurs chronologies lacunaires et énigmatiques à la mise en relation d'artefacts avec l'historiographie falsifiée du proche orient.

Table 1 : couches pré hellénistiques et hellénistiques en Mésopotamie selon Gunnar Heinsohn

Couche hellénistique		
① Les perses (amorrites) se battaient contre les Scythes	Amorrites contre Cananéens	Sargonides contre Scythes
		Amorrites contre Cananéens

---

[21] Gunnar Heinsohn: Withdrawal of Support for Vélikovsky's date of the Amarna period. GRMNG-Bulletin IV, 1987

et les Ioniens du -6e au -4ᵉ siècle

Première couche pré-hellénistique

Dans cette couche on espérait trouver les traces de l'empire persan (…) pour lequel la Mésopotamie constituait la partie centrale et la province la plus riche. Cependant, la couche dévoilait - rien qu'en Assyrie – trois royaumes jusque-là inconnus (méso-Assyriens, néo-Assyriens et Assyriens *(Spätassyrer)*. En Babylonie furent découverts les mystérieux Martu qui se présentent comme les Amorittes.

② Chaldéens et Mèdes au -7e/-6e siècle   Néo-Sumériens   Mitanni

Deuxième couche pré-hellénistique

Dans cette couche on espérait trouver les vestiges des Mèdes au nord et des Chaldéens au sud ; on trouvait cependant les Mitanni au nord et les néo-sumériens au sud, inconnus des historiens avant la fin du 19ᵉ siècle.

③ Assyriens, dominant le monde ; vaincus par les Skythes qui envahissent l'Égypte au -8ᵉ/-7ᵉ siècle   Les Méso-Akkadiens (1ᵉʳ roi : Sargon) envahissent *Magan* = Égypte   Méso-Akkadiens = Méso-Assyriens (Hyksos en Israël/Égypte avec comme 1ᵉʳ roi Sharek) vaincus à leur tour par les Amaléquites

Troisième couche pré-hellénistique

Dans cette couche on espérait trouver les vestiges des Assyriens de Ninos et de Sharakos (la première superpuissance selon Hérodote) identifiés selon la théorie officielle avec les Sargonides de la première couche pré-hellénistique malgré le fait que les couches mèdes et perses qui devraient être **superposées n'ont jamais été trouvées**. Au lieu du royaume de Ninos on dévoilait la première superpuissance des Akkadiens.

Historiographie réelle

Suivant la stratigraphie et les historiens de l'Antiquité (p. ex. Hérodote)

La datation **bible-fondamentaliste** a inventé le-2ᵉ et -3ᵉ siècle avec Abraham et Hammourabi. Les listes éponymes des Assyriologues sont basées également sur le synchronisme Hammourabi/Abraham

La datation égyptienne pseudo astronomique (périodes Sothis) a inventé le -2ᵉ siècle des néo-Assyriens. La datation **bible-fondamentaliste** a situé la fin des méso-Assyriens au -7ᵉ siècle (Nimroud, Ninive, Hama)

3.3.10   Le temps d'Alexandre

En 1994, Illig constate que la période dans laquelle vivait Alexandre le Grand est caractérisée par la même absence de restes archéologiques que les empires des Mèdes et des Perses. Il faut ajouter que tout ce que nous savons sur Alexandre ne provient pas de son contemporain Callisthène mais du « Roman d'Alexandre » rédigé vers +300, donc six siècles plus tard. Ainsi nous naviguons dans un univers mythique et miraculeux dans lequel Alexandre a des dons très particuliers : il sait aussi bien voler et plonger pendant des heures sans respirer. Le manque de restes archéologiques durant ses 13 années de règne, sa déification dans l'oasis de Siwa, l'absence d'un tombeau à Alexandrie et surtout l'arrivée tardive de l'hellénisme dans les régions de l'est doivent nourrir nos soupçons. Il parait qu'Alexandre est une figure légendaire inventée sous l'empereur romain Auguste ; un potentat intelligent s'appuie avantageusement sur un autre plus grand que lui-même.

Mais avant de poursuivre notre voyage le long du croissant fertile à travers la Syrie du Nord, vers la Palestine et l'Égypte, un détour vers les civilisations lointaines de l'Inde et de la Chine s'impose.

3.3.11   Chronologie de l'Inde et de la Chine

Gunnar Heinsohn[22] a étudié une civilisation indienne liée aux noms de deux villes, Mohenjo-Daro et Harappa, datées du -4 au -2ᵉ siècles. Cette culture très développée semble par analogie à la Mésopotamie disparaitre sans laisser de traces pendant plus de 1000 ans. Comme on a trouvé des sceaux d'Harappa dans des sites bouddhistes, Heinsohn date cette culture au milieu du -1ᵉ millénaire. Il identifie en plus le mystérieux Dilum avec Mohenjo-Daro, ville avec laquelle les non moins mystérieux Sumériens avaient des échanges commerciaux.

Les caravanes qui circulaient entra la mer caspienne et la Chine ont emmené des marchandises en provenance de l'Égypte vers le Turkménistan. Les fouilles qui ont été faites sur place présentent les mêmes énigmes. De très longues périodes vides avec de mystérieux

---

[22] Gunnar Heinsohn: Wer herrschte im Industal? (Qui régnait dans la vallée de l'Indus), 1993, Gräfelfing, Mantis-Verlag 2ᵉ édition 1997

phénomènes tels ces systèmes de canalisation en service pendant 2700 ans : entre -3000 et -300 !

Le début de l'âge du fer pour la vallée de l'Indus est fixé entre -1400 et -1200. Le fer produit sur place semble avoir été extrêmement sensible à la corrosion, car on trouve nulle trace d'objets en fer jusqu'au -6ᵉ siècle.

Comme les marchandises en provenance de l'Égypte ne parvenaient pas jusqu'en Chine, la culture de ce pays est considérée généralement comme « jeune ». Le temps de bronze, le temps de fer se suivent dans des délais raisonnables et la Chine peut se prévaloir de présenter une chronologie sans lacunes mystérieuses.

Mais ceci n'a pas dû plaire au gouvernement chinois, car en 1995, il a instauré une commission avec la mission de prolonger vers l'arrière dans le temps l'antiquité chinoise. Après 5 années de travail, la commission a fixé le début de la haute culture chinoise de l'an-841 à l'an -2000 !

3.3.12   Les Hittites

En 1834, Charles Texier trouvait les vestiges d'une ville connue aujourd'hui sous le nom de Boğazköy. 50 ans plus tard, elle est déclarée capitale d'un pays hittite par A.S. Sayce et W. Wright qui s'inspiraient de textes bibliques. Quelques indices dans la correspondance d'Amarna élevaient ainsi les Hittites au rang d'une puissance bien établie au proche orient, sans qu'il n'ait été possible jusqu'à ce jour d'établir une chronologie quelque peu satisfaisante.

Figure 6: Porte des Lions à Hattusa

La pierre angulaire de cette chronologie rudimentaire est la bataille de Qadech entre Muwatalli II et Ramsès II en -1274 selon la chronologie classique. Déjà Vélikovsky a identifié la bataille de Qadech comme étant celle de Karkemiš en - 605, identifiant en même temps Ramsès II avec Nékao II et la 19e à la 26e dynastie.

La théorie dominante veut que l'empire des Hittites fut anéanti par les peuples de la mer mais là encore se posent des problèmes de datation (-12e vs. – 5e siècle) et Weissgerber[23] conteste la théorie selon laquelle la capitale Hattusa ait été détruite par ces envahisseurs. L'évidence archéologique plaide plutôt en faveur d'un simple déménagement des rois vers Babylon.

Avant d'aller vers Ebla au Nord de la Syrie, il faut admirer une des plus belles fleurs produites par la chronologie classique, découverte par Vélikovsky dans la vieille capitale de la Phrygie, Gordion, se trouve au-dessus de la couche phrygienne, terminée vers -697, une couche de 4 mètres d'épaisseur contenant des restes hittites. Mais ces restes devraient logiquement se trouver *en dessous* de la couche phrygienne. Le fouilleur Rodney Young dans sa détresse a évoqué la possibilité que les Perses aient déplacé quelques millions de tonnes de débris hittites sur le site avant de commencer à bâtir à leur tour.

3.3.13   Ebla ne doit pas vieillir

En 1975, la découverte de 20.000 tablettes d'argile dans une langue qui présente des parallèles aux langues ougaritiques, phéniciennes et hébraïques faisait sursauter les défenseurs de la chronologie traditionnelle. Rapidement on situait Ebla entre -3500 et – 2250. Malgré diverses destructions, le site aurait survécu jusqu'en -1600. Mais l'existence de noms hébraïques dans les tablettes exigeait une synchronisation avec l'histoire biblique. Abraham risquait d'être déplacé du -3e au -4e millénaire.

3.3.14   Strates éoliennes en Palestine

Armageddon, lieu final du combat entre le bien et le mal selon la bible a laissé des traces sous le nom de Megiddo dans la vallée de Jezreel en Palestine. Les fouilles bien documentées ont découvert 20 niveaux d'habitations et 25 strates. Heinsohn remarque que les 5 strates les plus récentes (judéo-israélites et perses) sont nettement sous-représentées par rapport au reste.

Plus au sud, on retrouve le site de Tell el-Hesi où on ne trouvait pas de restes en provenance d'autres cultures. Ceci obligeait les archéologies de construire une chronologie sans références aux chronologies connues (Égypte). Immédiatement on constatait une lacune énorme

---

[23] K. Weissgerber: « Die Hethiter » dans Zeitensprünge 2006 (2) 328-359

de 1500 années entre le -24e et le -8e siècle ! Idem pour le site biblique Tel Arad, près de la ville du même nom.

Ceci montre clairement que les strates de Megiddo ont été (mal) interprétées en fonction de la chronologie égyptienne. L'étude de ces lacunes ne restera pas sans avoir une influence déterminante sur notre conception de l'histoire basée sur la bible.

Les fouilles entreprises par Stewart Macallister à Gezer ne relevaient que 5 strates pré hellénistiques. Heinsohn en déduit que l'âge du cuivre fut suivi en -950 par l'âge du bronze où le pays était peuplé par les Cananéens. Vers -800 on constatait une immigration en provenance de la Mésopotamie et vers -700 y régnaient les sinistres Hyksos. Vers -620, les Hyksos, fuyant l'Égypte, devaient combattre les Scythes et les Mèdes. C'est seulement qu'à partir de ce moment (vers le -6e siècle) que commençait l'occupation des terres par les israélites, que commence l'histoire de leurs rois. Et encore pendant l'âge du bronze, les israéliens furent confrontés aux assyriens qui les obligeaient de s'exiler à Babylone. Heinsohn fait reculer la construction du 2e temple du -6 au -4e siècle, ce qui réduit sensiblement le temps des royaumes et la question doit être posée quels récits dans la bible aient été reprises de cultures étrangères et quels récits constituent l'histoire du pays proprement dit.

Heinsohn est confirmé par les fouilles entreprises à Jérusalem par les archéologues Finkelstein et Silbermann qui ont classifié l'Ancien Testament au rang de livre de contes (cf. également les livres de Shlomo Sand[24]). Entre -1200 et -720, apogée des rois David et Salomon, il manque la moindre trace d'une civilisation urbaine. Ce qui amène Heinsohn à réécrire complètement l'histoire du territoire d'Israël : Les Hyksos résidaient déjà sur le terrain et furent chassés d'Égypte et de Jéricho par des évènements catastrophiques (couches de cendre d'un mètre d'épaisseur). D'où le récit de l'exode (-8e au -7e siècle), écrit après -600. David régnait après -620, période de la construction de la forteresse, des murs et du temple. Dans ce contexte, les discussions sur l'origine de la Tora montrent qu'elle a subi de fortes influences hellénistiques et ne peut pas avoir été rédigée avant l'ère de l'hellénisme.

3.3.15 Scythopolis (Bet Sche'an) sans scythes

Au-dessus de la vallée du Jourdain se trouve le site Beth She'an, occupé très tôt par les hommes du néolithique, mais la strate la plus importante fait défaut. Entre -1100 et -300 on constate une lacune de plus de 700 ans. Ainsi les Scythes apparaissent sous différents noms au cours de la chronologie traditionnelle, ce qui donne lieu aux équations suivantes :

---

[24] Sand, Shlomo: *Comment la terre d'Israël fut inventée - De la Terre sainte à la mère patrie.* Paris: Flammarion coll. "Champs", 2014. et. *Comment le peuple juif fut inventé.* Paris: Flammarion, collection "Champs", 2010.

Gutis (Gutéens) = Amalécites = Scythes

Mitanni = Mèdes = Amorrites

En plus, comme il est reporté que les Hurrites au -2e millénaire, tout comme les Scythes au -1er millénaire avançaient jusqu'aux frontières égyptiennes :

Gutis = Amalécites = Hurrites = Scythes

Ainsi, on approche vers une résolution des énigmes autour des Scythes. Les Hurrites qui avaient disparus autour de -1000 avent une 'dépendance' dans le royaume d'Urartu, la région autour du lac Sevan en Arménie. Comme cette civilisation perdurait jusqu'en -620, Heinsohn identifie les Uraètes avec les Hurrites.

Uraètes = Hurrites.

3.3.16   La multiplication miraculeuse des Hyksos

Figure 7: Ahmosis en guerre contre les Hyksos

Selon Heinsohn (1991), les Hyksos, dont le nom signifie « souverains de pays désertiques lointains » apparaissent sous 13 noms différents dont quelques-uns mentionnées dans les paragraphes précédents. Mais qui a envahi l'Égypte sous ce nom ? La chronologie traditionnelle connait différentes invasions de l'Égypte : les Accadiens, les Hurrites alias Scythes et finalement les Hyksos qui y ont régné comme 15e dynastie. Mais également les Assyriens ont envahi le pays au cours du -1er millénaire, sans pourtant laisser de traces. Heinsohn identifie ces Assyriens aux Accadiens et donc aux Hyksos. Donc :

40

3.3.17 Fouilles insuffisantes et lacunes temporelles

La stratigraphie égyptienne est difficile à établir à cause du manque de fouilles. Le seul site qui permettrait éventuellement une reconstruction sans lacunes de la chronologie égyptienne se trouve sur l'île d'Éléphantine. D'autres sites comme Edfou, Memphis, Tell el-Fara'in, Minshat Abu Omar font apparaitre des lacunes temporelles allant de 800 à 2000 années.

Lors de la construction du barrage Nasser, de nombreuses fouilles ont été entreprises sur initiative de l'UNESCO et ont fait apparaitre des phénomènes étranges : Ainsi le Nord de la Nubie qui a été inondé sur 500 km par le lac semble avoir été inhabité entre -1085 et –300, ère des Ptoléméens. L'Égyptologie explique ce fait par un manque d'eau apporté par le Nil de sorte que cette région a été désertique pendant 800 années. Personne n'explique néanmoins comment le Nil a pu desservir fidèlement l'Égypte, où le plus haut niveau a été enregistré à Karnak justement pendant cette période.

Avant de nous tourner vers l'histoire égyptienne, nous devons nous poser la question pourquoi des peuples entiers ont disparus tout en recevant une nouvelle identité. Pourquoi les lacunes temporelles découvertes à différents endroits sont restés sans explication. Pourquoi des peuples entiers ont abandonné sans raison apparente les meilleurs sites de peuplement pour y retourner des siècles plus tard et construire une nouvelle civilisation sur les ruines ? Une invasion brutale peut rendre invivable une région donnée pour 20 voire même 50 années, mais 200, 800, 1500 années ou plus ?

3.4 L'ÉGYPTE MILLÉNAIRE

3.4.1 Où se trouve l'Égypte du 1er millénaire?

Les tessons de poterie sont les plus précieux témoins lorsqu'il s'agit de reconstruire la chronologie en archéologie. Le livre de référence pour l'Égypte d'Alley Kelley (1976) reproduit la poterie de 3500 années par 542 tableaux. Les 259 ans de la 18e dynastie sont représentés par 123 tableaux, donc 7,5% du temps égyptien est représenté par 22% des découvertes en céramique. Les 745 années de -1100 jusqu'à Alexandre, donc 35% du temps par seulement 8% des découvertes.

Pour Illig et Heinsohn, ça semble curieux, mais les ménagères égyptiennes devaient avoir été extrêmement prudentes : Soit elles n'ont jamais rien cassé ou elles ont évacué les tessons à l'étranger. Il n'y a pas d'autre explication pour l'absence totale de poterie égyptienne pendant cette période.

3.4.2   Le verre incassable

Mais les Égyptiens préféraient peut-être le verre ? Le verre n'était pas un article ménager mais faisait partie des objets précieux royaux. Selon la chronologie traditionnelle, des verreries existaient à Amarna autour de -1400. Pour la période entre -1500 et – 1200, on a trouvé 400 objets en verre. Puis, les objets en verre devenaient de plus en plus rares, entre -1100 et -330, on n'en trouve plus du tout. Après cette grève de 800 années, les verreries se remettaient à travailler comme si de rien n'était. On a trouvé plus de 3500 objets en verre en Égypte et dans le reste du monde antique. Le comble est que les archéologues ont constaté l'utilisation du cobalt dans le -2ᵉ millénaire. Fait est que l'extraction du cobalt n'avait pu commencer à partir du -8ᵉ siècle au plus tôt. Ces mêmes archéologues s'en moquent, car comme le note Illig : Qui appelle la police s'il a lui-même caché un cadavre dans sa cave ? Heinsohn, qui s'est penché sur la question a montré que l'évolution de la production du verre doit être comprise comme ayant évolué pendant quelques siècles seulement. La chronologie traditionnelle prétend implicitement qu'avant les Phéniciens la production du verre a été inventée à trois reprises puis de nouveau complètement oubliée.

3.4.3   L'Égypte sans aucune culture

L'Égypte, irriguée par le Nil devrait être un lieu propice pour la construction navale. Sur les 411 représentations de navires entre -4000 et -300, une seule peut être datée dans la période entre -1100 et -300, et encore s'agissait-il d'un modèle de bateau vieux de 400 ans.

Sans eau, pas d'agriculture. Curieusement, entre -1100 et -300, il n'y a aucune représentation des activités agricoles en Égypte. Et pourtant, tout le monde connait les somptueux dessins et bas-reliefs qui ornent les murs de tombes et des temples produites pendant le royaume moyen.

3.4.4   Faits et fiction

Ainsi, l'histoire devient une farce. Un prêtre égyptien, Manéthon, compose en pleine période hellénistique une liste de pharaons qui malgré des contradictions inhérentes est considéré comme étalon de l'histoire égyptienne.

La chronologie égyptienne a été « validée » pour ainsi dire par la synchronisation avec la chronologie biblique. Les témoins de cette synchronisation ne sont qu'au nombre de deux : Le pharaon connu de la bible Sheshonq 1ᵉʳ et Nékao II qui a vaincu Josias dans la bataille de Megiddo en -609.

Pour la Mésopotamie, Béros a réussi un exploit pareil à celui de Manéthon. Sa chronologie repose sur des listes de rois en terre cuite qui ont été « validées » par Abraham, le secouriste de tous les « chronologistes ». Il a fait vieillir des strates relativement jeunes de plus de 2000 ans et a contribué ainsi au fait que l'histoire contemporaine et l'archéologie connaissent un -3ᵉ siècle bien et un -1ᵉʳ siècle mal documenté.

Ces considérations nous mènent à une nouvelle conception de la chronologie égyptienne basée sur l'évidence, les trouvailles archéologiques et les contes traditionnels pour autant qu'elles n'aient pas pour but de déclarer un peuple comme le plus vieux de tous.

Le *premier pas* a déjà été expliqué. Les lacunes chronologiques auxquelles correspondent des lacunes archéologiques sont à biffer purement et simplement.

Le *deuxième pas* ne peut surprendre : La chronologie basée sur Béros, la bible, Manéthon et Sothis ne résiste pas au moindre souffle de vent et doit par conséquent être mise en veilleuse. Avec cela, il faut réviser la chronologie avec ses contradictions inhérentes.

Troisièmement, il faut mettre en veille les dates obtenues par les méthodes ^{14}C et de la dendrochronologie et vérifier si elles sont valables pour un siècle donné compte tenu de leur degré de précision actuel.

Un *quatrième pas* consisterait à rendre la place qu'elle mérite à la méthode typologique de Montelius. Le profane serait étonné de constater combien d'affinités typologiques ont été coupées ou niées par des datations ^{14}C « révolutionnaires »

3.4.5   L'évolution époustouflante de l'Égypte

En 1990, Heinsohn et Illig ont commencé à démystifier l'histoire de l'Égypte en se basant sur les stratigraphies (en comparaison avec celles de la Mésopotamie) et l'évolution technologique qui avance par le perfectionnement du savoir et des compétences existantes et non par des sauts subits. Un exemple typique est l'évolution de la construction des voutes.

Les pharaons Snéfrou, Khéophs, Khéphren et Mykérinos forment plus que probablement une ligne de descendance directe. Pendant les 100 années de leurs règnes, les plus célèbres pyramides du monde été sans doute entier ont été construites.

Snéfrou a été sans doute le plus grand bâtisseur de pyramides. Son signe distinctif sont les voutes en encorbellement réalisées en pierre de taille.

La Pyramide de Kéophs à Gizeh est célèbre dans le monde à cause de ses dimensions jamais égalisées et son incomparable précision. La chambre de la reine, plusieurs couloirs et la chambre de détente supérieure sont construites en voutes en linteaux échancrés, c.à.d. des plaques de pierre disposées obliquement l'une contre l'autre comme un château de cartes en pierre

La Pyramide de Képhren, fils de Kéophs, se situe injustement dans l'ombre de la pyramide de Kéophs. Képhren se payait le luxe d'utiliser du granit pour le finissage de la couche de pierres inférieure Tailler 850 mètres courants de pierres en granit en forme oblique n'est possible qu'avec des outils appropriés.

Le fils de Képhren, Mykérinos, allait encore plus loin. Les 19 couches en granit du revêtement de sa pyramide totalisent 6000 mètres courants. Les voutes en linteaux échancrés font place à une fausse voute qui techniquement précède l'invention de la vraie voute.

3.4.6 Granite et voûtes

Le granite ne se fend pas par un coup de main. Or les ouvriers du temps des pharaons de l'ancien empire ne disposaient que d'outils en cuivre. Une énigme qui pousse des égyptologues confirmés vers des spéculations confuses.

- Des scies normales en cuivre bien aiguisées auraient parfaitement suffi à la tâche selon James H. Breasted (1936) ;
- Selon Sir Flinders Petrie, le cuivre égyptien aurait été aussi dur que l'acier ;
- Jacques De Morgan suppose que cette dureté n'était pas de nature chimique mais 'moléculaire' ce qui expliquerait sa volatilité. Personne ne devrait par conséquent s'étonner du fait que le cuivre trouvé sur les sites archéologiques serait aussi mou que le cuivre d'aujourd'hui.
- Georges Goyon préconisait l'existence d'un mystérieux procédé pour couper les pierres se situant ainsi entre Perry Rhodan et Erich von Däniken.

La seule solution évidente à ce problème n'est pas prise en considération par les égyptologues : Les pyramides furent construites pendant l'âge du fer !

3.4.7 Bœuf à la Pythagore

Pythagore, la terreur des cancres, est tiré de son piédestal par des historiens et des égyptologues qui ont trouvé des indices que son théorème fut connu et appliqué dans l'architecture par les babyloniens et les égyptiens de l'ancien empire. En effet, la tablette d'argile Plimpton 322 datée vers -1800 « donne une liste de nombres disposées en colonnes avec des entêtes, deux des colonnes correspondent à l'hypoténuse et au plus petit côté d'un triangle rectangle »[25]. Le fait que la chambre du roi de la Grande Pyramide, datée conventionnellement vers -2500 ait été construite selon des proportions pythagoréennes semble montrer également les connaissances avancées des bâtisseurs.

---

[25] https://fr.wikipedia.org/wiki/Plimpton_322

Mais les connaissances mathématiques des égyptiens ne sont documentées qu'à partir de la 12e dynastie donc à un moment où les pyramides étaient supposées exister déjà depuis mille ans !

3.4.8   Paradoxes égyptiens

L'évolution technologique de l'ancienne Égypte a été négligée d'une manière impardonnable par l'égyptologie. Dans le livre de référence „Lexikon der Ägyptologie" on ne trouve que des indications très vagues. Ainsi on comprend qu'il n'existe aucune monographie sur la technologie de la voute dans l'ancienne Égypte et que tous les aspects technoscientifiques ont été négligés tandis que pullulent les monographies sur l'art et les religions.

Les paradoxes commencent avec la 1ère dynastie, littéralement inventée par le grand archéologue Petrie. Il n'a jamais été importuné par le fait que les objets de la 1ère et de la 18e dynastie se ressemblent. Les problèmes de datation en résultants font que du point de vue technologique, la construction des pyramides va à reculons. Comment comprendre en effet que les chefs d'œuvre du plateau de Gizeh sont suivis par des constructions bâclées des 5e et 6e dynasties ?

La construction des temples fait surgir des paradoxes analogues comme le montre la colonne proto dorique. Déjà Champollion était frappé par la ressemblance entre colonnes égyptiennes et grecques. Dans la chronologie traditionnelle, on trouve des colonnes proto doriques au -27e siècle (3e dynastie, Djoser, Sakkarah), au -21e siècle (11e dynastie, Montouhotep II, Deir el-Bahari), au -19e siècle (12e dynastie, nomarques, Beni Hassan) -15e siècle (18e dynastie, Hatschepsout (Deir el-Bahari) et finalement au -6e siècle en Grèce.

D'autres similitudes frappantes entre les constructions de Djoser, Menhouhotep et Hatschepsout ne permettent qu'une seule conclusion : Ils vivaient dans une même période pas plus longue que 100 ans et en partie au - 6e siècle.

De nombreux autres indices font réfléchir :

- Pourquoi la couronne à cornes est portée invariablement par les rois et pharaons pendant 6500 ans ?
- Pourquoi les statues grandeur nature de Pépi 1er et de son fils, coulées en fonte ont été datées vers -1600 et sont restées pendant 1000 ans les seuls exemplaires de cette espèce ?
- Le début des techniques d'incrustation dans l'art égyptien a été datée vers -1900 à l'aide d'un seul exemplaire (crocodile du musée égyptien de Munich, que l'ancien directeur du musée a daté à l'époque de l'âge d'or de l'art de l'incrustation, c.a.d. le - 8e siècle)
- Le célèbre masque d'or de Toutânkhamon n'est pas une pièce unique. Le pharaon Psousennès 1er avait un masque similaire et tout indique, que ces masques datent du - 6e siècle.
- Certains bas-reliefs demeurent sensiblement identiques sur 2000 ans

- Les récipients en métal proviennent pour la plupart de la 1ère dynastie
- La granulation de l'or se développe d'une manière anachronique
- Une sculpture en ivoire égyptienne d'un lion apparaît 700 ans plus tard en Grèce
- Les Crétois importent des jarres égyptiennes vieilles de 1200 à 1500 années
- La lyre rectangulaire a été réinventée au moins quatre fois comme elle retombait chaque fois dans l'oubli

Analysées cas par cas, de nombreuses ressemblances entre objets de différentes cultures, surtout en Mésopotamie, et de différentes époques parfois très espacées permettent un regroupement typologique et de nouvelles datations. Ceci est le cas notamment pour

- Les bijoux en granulation
- Le verre bleu-cobalt d'Amarna
- Les objets en ivoire
- Les lyres
- Les colosses en pierre etc.

Ces considérations sont développées dans le livre de Heinsohn/Illig sorti en 2003 : « Quand vivaient les pharaons ? » qui se résume dans une chronologie drastiquement réduite de l'ancienne Égypte : L'histoire du nouvel empire (18ᵉ – 20ᵉ dynasties) est essentiellement l'histoire de l'ancienne Égypte et se passe entre le -8ᵉ et le -4ᵉ siècles.

3.4.9   Les noms et les listes des pharaons : pistes brouillées

Une des méthodes le plus souvent utilisée pour la reconstruction de l'histoire de l'ancienne Égypte est l'analyse des listes et des noms des pharaons. Or ce procédé mène tout droit dans la broussaille épineuse. En effet, les pharaons ne se contentaient pas d'un seul nom mais en portaient en général jusqu'à cinq : « À partir de l'Ancien Empire, lors du couronnement, chaque nouveau pharaon se voit attribuer une titulature officielle composée de cinq noms successifs. Ces derniers définissent la nature de la personne royale et constituent en même temps une idéologie du pouvoir. Ils se suivent dans un ordre invariable; le nom d'Horus, le nom de Nebty, le Nom d'Horus d'or, le Nom de Nesout-bity et le Nom de Sa-Rê. Les noms royaux sont tout naturellement imprégnés d'un fort symbolisme politico-religieux car ils visent à intégrer le détenteur de la charge pharaonique dans la sphère du sacré. »[26]

S'y ajoute le fait que des auteurs et historiens grecs, romains et autres utilisaient des noms très différents, inventés pour les circonstances, adaptés et même ridiculisés dans les différentes langues et en plus avec des orthographies changeantes.

Beaucoup d'auteurs se sont concentrés sur cette discipline reine que constitue l'établissement d'une liste fiable des pharaons avec des dates incontestables.

---

[26] https://fr.wikipedia.org/wiki/Titulature_royale_dans_l%27%C3%89gypte_antique

Klaus Weissgerber, qui fait partie du groupe des « Zeitenspringer » a établi une liste en prenant en considération tous les facteurs influents : noms multiples, nombreuses corégences, comparaisons entre les différentes listes, liaisons transversales entre les différentes cultures, dates d'intronisation des dignitaires religieux, dates Apis des sarcophages etc.

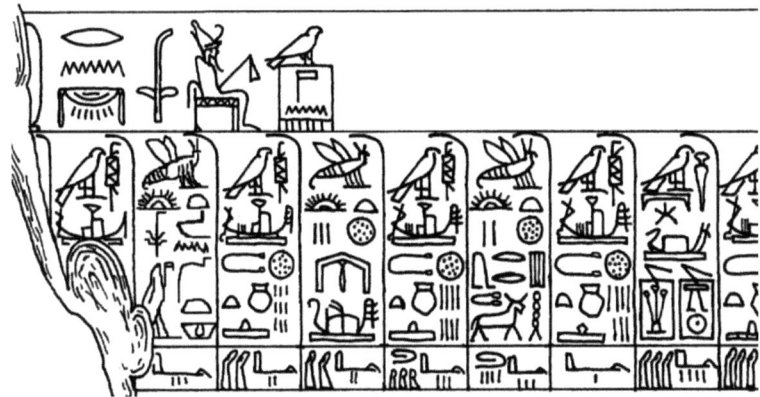

Figure 8: La pierre de Palerme

Tableau 1: Liste des Pharaons égyptiens selon Weissgerber

dates	noms	notes
avant	Temps prédynastiques	Souverains locaux
892-883	Amenemhat I.	„12e dynastie"
883-853	Amenemhat II.	
853-808	Sénousret I = III.	
808-800	Amenemhat III.	
-		Invasion des Hyksos
792-777	Salitis	Hyksos, même époque que la „17e dynastie"
777-746	Bnon = Khyan	Peut-être « 5e /6e dynastie »
764-750	Apophis Ier	
750-725	Ahmôsis 1er	« 18e dynastie =11/12e dynastie »
725-704	Aménophis I.	
704-692	Thoutmosis I.	
692-684	Thoutmôsis II.	
684-663	Hatschepsout	
684-630	Thoutmôsis III.	= Sésostris III.

47

630-604	Aménophis II.	
604-595	Thoutmôsis IV.	= Proteus
595-564	Aménophis III.	= Rhampsinitos
564-547	Aménophis VI.	= Echnaton = Chéops
547-543	Toutankhamon	
543-539	Aÿ	
539-535	Horemheb	Après : « 19e dynastie »
535-533	Ramsès I.	= Néchao I. = Anysis
533-524	Chabaka	= Tanoutamon („25.") Assyrien
533-524	Séthi Ier	= Psammétique Ier. („19e = 26e dynastie)
524-518	Ramsès II.	= Néchao II.
518-512	Méneptah	= Psammétique II.
512-510	Séthi II.	= Apriès
512-510	Sethnakht	= un Amasis
510-452	Ramsès III.	= un autre Amasis
452-451	Ramsès Vi.	= Psammétique III.
451-447	Cambyse	Règne des perses
447	Magiciens	
447-416	Darius I.	
416-401	Xerxès I.	
401-399	Amyrtée	(„28e dynastie")
399-393	Néphrites I.	(„29e dynastie")
393-392	Psammites	
392-381	Akoris	
381-380	Néphrites II.	
380-362	Nectanebo I.	
362-360	Téos	
359-342	Nectanebo II.	
342-336	Darius II. Ochos	Souverain perse
336-330	Darius III.	
330-324	Alexandre le Grand	Roi de Macédoine

Il est évident que la chronologie égyptienne est en pleine crise. Les experts se disputent entre eux, mais peu sont enclins à considérer les théories de Heinsohn/Illig/Weissgerber. Tant que cette dispute ne sera pas terminée, chacun peut opter pour un Echnaton vivant au temps de son choix : -1340, -1080, -830, -600 ou -550 !

Ignorées, reléguées au cabinet de poison, ridiculisées : l'orthodoxie a ses propres stratégies pour s'occuper des théories dissidentes.

3.4.10 La chronologie égyptienne

Dans leur livre : "Quand les pharaons vivaient-ils?", Gunnar Heinsohn et Heribert Illig partent d'une observation : Dans les pyramides on trouve des représentations des « coureurs » qui se ressemblent tout à fait bien que les dates de leur création s'étirent sur 2000 ans.

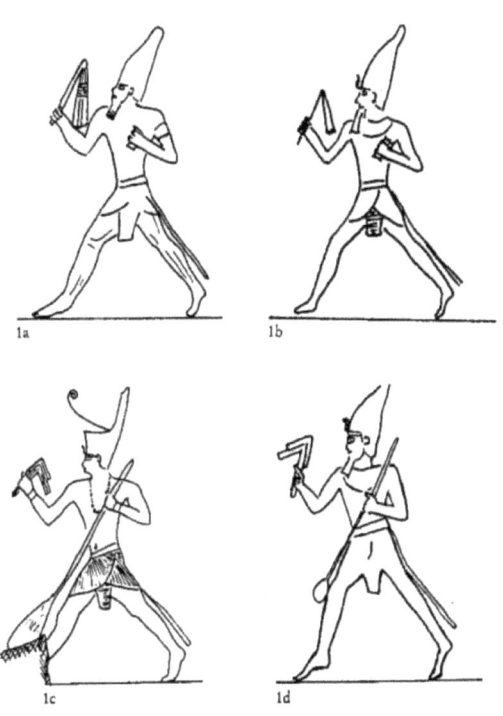

Dans le cadre de la chronologie traditionnelle, les 4 « coureurs » sont datés pour a) au – 27ᵉ siècle (Djoser, Saqqarah), pour b) au – 15ᵉ siècle (Hatchepsout, Karnak), pour c) au – 20ᵉ siècle (Sésostris) et pour d) au – 13ᵉ siècle (Ramsès).[27]

Dans le livre « L'art égyptien » de Alice Cartocci et Gloria Rosati[28], les auteures passent très vite l'éponge sur ces faits curieux : « L'homogénéité stylistique est donc délibérée, voir recherchée, durant trois millénaires. » !

Sur presque 500 pages, Heinsohn et Illig essayent de démontrer que la chronologie égyptienne traditionnelle doit être révisée et abrégée.

D'abord les égyptiens n'avaient pas de mesure du temps. Les témoignages de contemporains (Manéthon, Hérodote) sont rares, imprécis et les textes nous proviennent de troisième, voire cinquième main.

Figure 9: Les "coureurs" égyptiens

---

[27] Gunnar Heinsohn/Heribert Illig: Wann lebten die Pharaonen? Mantis Verlag, Frankfurt 1990, p.10, dessins par H. Illig
[28] Alice Cartocci, Gloria Rosati: L'art égyptien, Scala, Florence 2008, p. 18

49

Pour reconstruire la chronologie égyptienne, les historiens se basent en plus sur les documents suivants :

- La liste des rois d'Abydos (76 rois)
- La liste des rois de Karnak (62 rois)
- La table de Saqqarah (47 rois)
- Le Papyrus de Turin (probablement 175 rois)
- La pierre de Palerme (pharaons prédynastiques)

Comme autres moyens de reconstruire la chronologie égyptienne, les égyptologues sont méfiants par rapport à la méthode [14]C , mais se réfèrent volontairement à la « période sothiaque » qui « est la durée de 1460 années solaires (soit 1461 années civiles égyptiennes) séparant deux correspondances successives entre le lever héliaque de Sirius (Sothis) et le premier jour de l'année civile égyptienne (premier jour de la saison Akhet)[29]. »

Heinsohn et Illig pensent que la période sothiaque ne peut pas servir de base à la chronologie de l'Égypte comme les connaissances astronomiques des égyptiens étaient fort limités et les théories qui se basent sur ce concept sont très imprécises et arrivent à des conclusions for divergentes (pages 20-33). (cf. chapitre sur la chronologie absolue, p.26 dans ce livre)

On a vu que certains auteurs évoquent l'existence des « âges sombres » (« dark ages ») qui sont constatés par de nombreux historiens dans les cultures les plus diverses. Ce terme désigne des périodes qui faute de témoignages écrits ou de découvertes archéologiques sont peu ou pas du tout documentées. En 1988, Illig a publié un livre sur la chronologie de la préhistoire en Europe. En résumé il a montré que les périodes préhistoriques ont été datées dans la nuit des temps contre toute évidence. Il propose une préhistoire nettement raccourcie dans le temps ce qui permet de rapprocher entre autres les cultures mégalithiques et donne un cadre pour situer l'histoire de l'Égypte.[30]

Heinsohn et Illig donnent un aperçu sur le tableau traditionnel des dynasties basé sur les travaux de Beckerath (1984) et Hornung (1988). Ce tableau comprend 31 dynasties et commence vers l'an – 5100 (Méride) pour se terminer avec Cléopâtre (les ptolémeens). Sir William F. Petrie (1853-1942) était le premier qui a voulu reconstruire la liste des dynasties sur la base de ses recherches et fouilles. Malgré ses mérites, il s'est obstiné à étirer ses listes en inventant purement et simplement la 1ère dynastie (pages 48-58).

Un des éléments qui servent à soutenir les théories de Heinsohn et Illig est l'architecture des voutes. Avec de nombreux dessins à l'appui, ils retracent l'évolution de la construction des voutes en Europe, en Égypte et en Mésopotamie. Pour eux, l'évolution des

---

[29] https://fr.Wikipédia.org/wiki/P%C3%A9riode_sothiaque
[30] Ainsi par exemple, Illig voit l'apparition du cuivre vers - 1200, le bronze vers – 1000 et le fer vers – 700 avant notre ère. (P. 39)

techniques de construction des voutes est étroitement liée aux techniques de construction des pyramides. Les auteurs soulignent le fait qu'il existe plus de 200 pyramides en Égypte et en Nubie avec des voutes en encorbellement. (cf. chapitre « Granite et voutes », p. 44 dans ce livre).

3.5 LA CONSTRUCTION DES PYRAMIDES ÉGYPTIENNES

Dans Wikipédia, on trouve énormément de sites consacrés aux "Théories sur la méthode de construction des pyramides égyptiennes :

« Les méthodes de construction des pyramides égyptiennes demeurent incertaines. Les données archéologiques sur ces chantiers gigantesques restent très fragmentaires, tandis que les théories fleurissent et se multiplient, surtout depuis la fin du XIXe siècle.

Elles se focalisent généralement sur la grande pyramide, partant du principe qu'une méthode pouvant expliquer sa construction peut également s'appliquer à toutes les autres pyramides d'Égypte. En fait, rien ne permet d'affirmer que les mêmes méthodes aient été appliquées à toutes les pyramides, de tous types, toutes tailles et toutes époques.[31] »

La plupart des tentatives d'explication se concentrent sur le plateau de Gizeh mais aucune ne met en doute la chronologie traditionnelle qui veut que ces pyramides aient été érigées 2500 ans avant notre ère n'ignorant pas que les outils de l'époque n'étaient certainement pas en mesure de tailler, voire même de polir des grands blocs de granite.

Heribert Illig a choisi une autre approche en s'associant à Franz Löhner[32], spécialiste de l'organisation de grands chantiers, pour revoir le problème dans son ensemble[33].

Après s'être rendu compte sur place de l'énormité du massif de la Grande pyramide par une escalade au sommet, ils ont procédé méthodiquement à analyser les nécessités de l'organisation de ce chantier précis.

D'abord, ils constatent qu'il n'y a absolument pas de témoignages datant de l'époque présupposée de leur construction vers -2500. Le premier témoignage est en effet celui d'Hérodote (± -450) mais sa description des machines et des effectifs humains nécessaires était totalement inadéquate.

Illig et Löhner se mettent alors à détailler avec précision tous les travaux nécessaires à la construction, les contraintes temporelles, les besoins en main-d'œuvre et les moyens

---

[31]https://fr.Wikipédia.org/wiki/Th%C3%A9ories_sur_la_m%C3%A9thode_de_construction_des_pyramides_%C3%A9gyptiennes#Th.C3.A9orie_du_syst.C3.A8me_constructif_des_pyramides

[32] https://www.google.lu/webhp?sourceid=chrome-instant&ion=1&espv=2&ie=UTF-8#q=Franz+L%C3%B6hner

[33] Heribert Illig/Franz Löhner: Der Bau der Cheops-Pyramide – Nach der Rampenzeit, Mantis-Verlag Gräfelfing 1993

techniques nécessaires tout en proposant parfois des solutions nouvelles et originales. Voici un résumé de leurs calculs :

Tableau 2 : le chantier de gizeh – besoins en main d'oeuvre

	Chantier de Gizeh[34] **Total :**		**4.650**
Dépôt central	Tailleurs de pierre	300	
	Forgerons	100	
	Manœuvres	500	
	Personnes pour la surveillance, l'administration, l'étude etc.	120	
	Total :		1.020
Pyramide	Poseurs, haleurs	728	
	Lapidaires	20	
	Surveillance du chantier, manœuvres	72	
	Total :		820
Transports terrestres	Transporteurs aux carrières	720	
	Manœuvres	80	
	Transporteurs au port	176	
	Manœuvres	44	
	Transporteurs supplémentaires au port	200	
	Transporteurs au dépôt central	225	
	Manœuvres supplémentaires et personnel administratif	75	
		800	
	Transporteurs sur le site de la pyramide		2400
	Total :		
Carrière de Gizeh	Carriers	200	
	Ouvriers	80	
	Chargeurs	130	
	Total :		410
	Autres carrières **Total :**		**710**
Tura	Carriers	120	
	Ouvriers	40	
	Chargeurs	30	
	Transporteurs	190	
	Total :		380
Assouan	Carriers	104	
	Chargeurs	46	
	Equipes temporaires pour les transports des blocs de 40 t	180	
	Total :		330

---

[34] Illig/Löhner: op. cit. P. 200

	Transports fluviaux **Total :**		**1.290**
Tura	Bateliers Haleurs Surveillance	120 140 20	280
Bateliers supplémentaires	Transport de bois, cordes, ravitaillement Total :		560
Assouan	Bateliers Haleurs à proximité des pyramides Charpentiers Total	200 180 70	450

Les chiffres qui apparaissent dans ce tableau sont tirés d'études minutieuses détaillant tous les travaux nécessaires. Le chiffre obtenu correspond à la grandeur du village des ouvriers et artisans aménagé à côté des pyramides et qui offrait des logements et infrastructures pour au moins 4000 personnes.

En même temps, les deux auteurs discutent les autres théories, anciennes et nouvelles sur la construction des pyramides :

Ils sont d'accord avec la majorité des égyptologues que les pierres doivent provenir des carrières situées le plus près possible des pyramides

Pour les 2.500.000 blocs nécessaires à la construction de la pyramide, les 4650 ouvriers (il n'y avait pas d'esclaves), au rythme d'un bloc par minute et un temps de travail de 8 heures par jour, mettaient 20 années pour achever la construction.

Pour le transport fluvial des grands blocs de granite de la carrière d'Assouan sur le chantier, Löhner préconise deux barques reliées entre elles par un radeau sur lequel repose le bloc. Ceci permet d'alléger la charge par bateau et de naviguer lorsque le niveau d'eau du Nil est bas.

Pour le transport des blocs sur terre, Löhner préconise l'utilisation de traineaux sur rails tirés pat les ouvriers. Pour alléger le poids, Löhner décrit l'utilisation de poulies simples : Les cordes sont enroulées autour d'un rondin et les ouvriers marchent en sens opposé au bloc qu'ils doivent déplacer en réduisant ainsi l'effort nécessaire de la moitié.

Ce même principe est utilisé pour déplacer les blocs sur les flancs des pyramides vers le haut. Cette hypothèse constitue la plus importante trouvaille d'Illig et Löhner car elle évite les discussions autour des différentes théories sur les rampes. « Sur le flanc de la pyramide préparé pour ce travail, des rails (en bois) sont fixés sur lesquels les traineaux sont tirés vers le haut à l'aide de poulies. Les ouvriers tirent – est ceci est pour la première fois qu'une telle solution est proposée – la charge vers le haut en utilisant leur propre poids – et non leur force – en descendant vers le bas. »[35] Sur le revêtement extérieur et parfaitement lisse, ce système permet - même avec une pente de 51°51' - à 46 hommes de soulever un bloc de 2,8 tonnes.

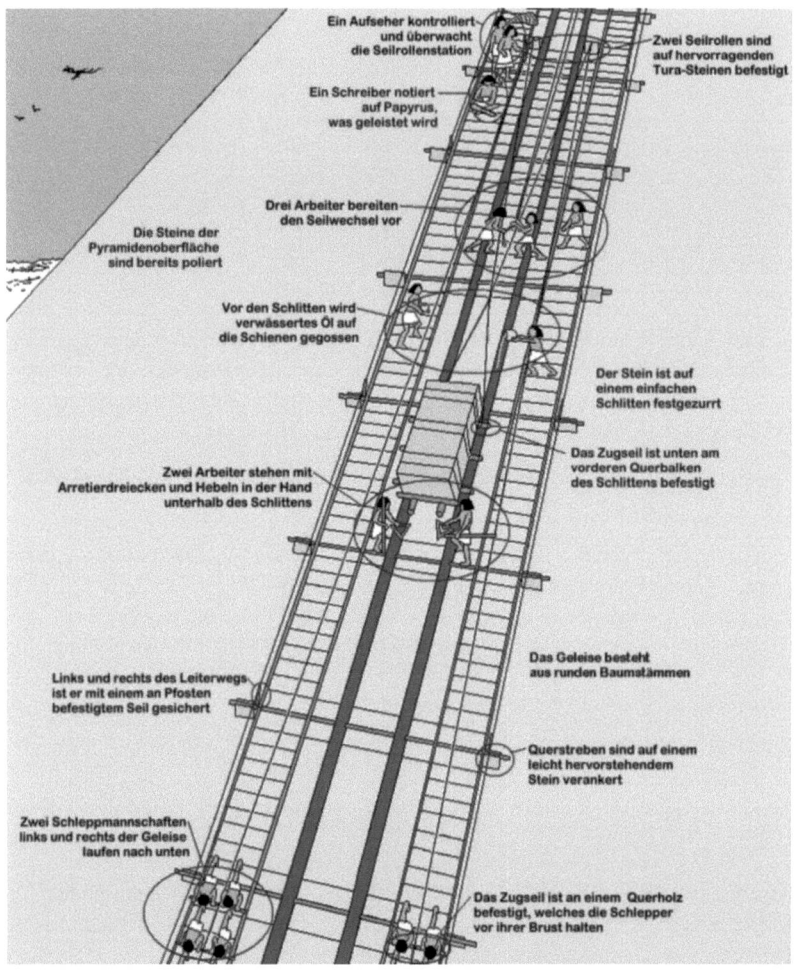

Figure 10: La construction d'une pyramide

[35] Illig/Löhner, op. cit. P. 128

Traduction succincte du schéma ci-contre

Deux poulies sont fixées sur des pierres saillantes, la station est surveillée par un contrôleur et les progrès notés sur un papyrus.

Les flancs de la pyramide sont déjà lissés. Des ouvriers préparent l'échange des cordes. Le bloc est fixé sur un simple traineau, devant lequel des ouvriers versent de l'eau mélangée à de l'huile sur les rails. La corde de traction est fixée au premier linteau du traineau. Deux ouvriers se trouvent à l'arrière du traineau avec des leviers et des dispositifs de blocage triangulaires.

Les rails sont constitués de troncs d'arbre ronds. Des traverses sont ancrées sur des pierres saillantes. Le chemin de traction en forme d'échelle est sécurisé sur les côtés par une corde montée sur des poteaux.

Deux équipes de haleurs se déplacent à gauche et à droite des rails vers le bas. La corde de traction est fixée à une barre que les haleurs tiennent à la hauteur de leur poitrine.

Les différents modèles de rampes sont rejetés dans l'ensemble par Illig et Löhner :

Les diverses rampes frontales en briques ou sable nécessiteraient un volume 2-3 fois supérieur au volume de la pyramide et pour avoir une inclinaison permettant le transport des blocs, la longueur de la rampe aurait dû être de 3332 mètres bouchant compétemment le Nil situé à seulement 660 mètres de la pyramide. En plus on n'a pas trouvé de traces de ces constructions …

La rampe latérale (Goyon) n'est pas une explication non plus, car plus on s'approche du sommet, plus les courbes deviennent étroites et les équipes tirant les blocs n'ont plus assez de place pour avancer … Stadelmann a développé un modèle de combinaison de différentes rampes et Arnold un modèle d'une rampe interne, tous les deux discutés par Illig/Löhner sur leur faisabilité et également réfutées.

Depuis Hérodote, beaucoup d'historiens et égyptologues ont évoqué la possibilité de l'utilisation de diverses sortes de grues et systèmes de leviers qui, hélas, s'avèrent tous impraticables.

Illig/Löhner discutent également le risque d'accident sur un tel chantier et leur conclusion est que leur modèle présente des risques très limités et contrôlables.

Un problème particulier est le déplacement des grands blocs de granite rose qui forment les chambres de décharge au-dessus de la chambre du roi. Pour élever ces chevrons qui peuvent atteindre un poids de 40 tonnes à leur emplacement, Illig et Löhner proposent le même système des poulies mais au lieu d'utiliser uniquement des ouvriers, ils pensent que des blocs de calcaire ont été utilisés comme contre poids (pages 144-153).). Il se peut aussi, qu'ils se trouvaient sur le chantier dès le début et aient été hissés d'étage en étage au cours de la construction. Görlitz en a fourni la preuve au niveau expérimental. Un autre sujet controversé est la pose du pyramidion où Löhner propose également une solution originale (pages 189-197)[36]

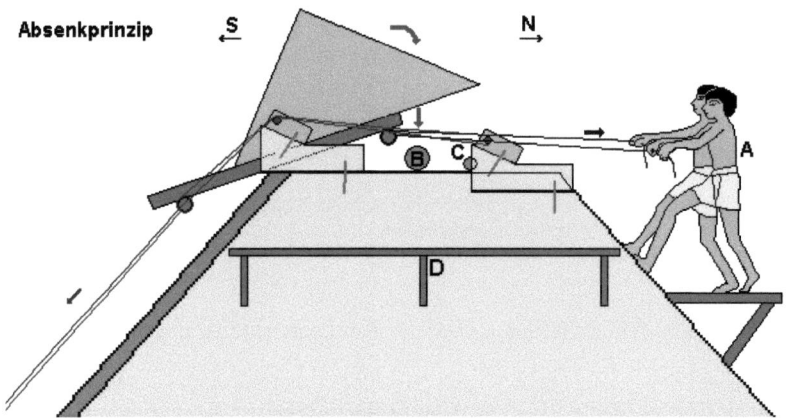

Figure 11: La pose du pyramidon

Dans ce contexte se pose bien sûr le problème du travail du granite ou du dolérite avec des outils en cuivre. Illig et Löhner citent de nombreuses études qui avaient pour but d'expliquer l'extraction et le façonnage de ces énormes blocs ainsi que le polissage de pierres beaucoup moins grandes, p. ex. des statues ou même des statuettes. Leur bilan est simple : le cuivre est totalement inadapté pour ces travaux. Certains auteurs préconisent des procédés chimiques pour durcir le cuivre ou l'utilisation de matériaux inconnus, mais tout ça c'est de la pure spéculation. Pour Illig et Löhner, il faut impérativement des outils en fer et même en acier pour travailler ces pierres, et le début de l'âge du fer se situe à peu près vers 600 années avant notre ère. Déjà dans leur livre : « Quand les pharaons vivaient-ils ? »[37], Illig et Heinsohn discutaient les « bases archéologiques et technologiques pour une réécriture de l'histoire égyptienne et du reste du monde ». Pour eux, il était clair que la construction de la Grande pyramide se situerait dans l'âge du fer, c.à.d. autour de l'année 600 avant notre ère.

De même les connaissances mathématiques nécessaires pour construire les pyramides sont basées sur les théorèmes de Pythagore – comme en témoigne Hérodote – et il sera difficile d'admettre que ce savoir existait quelques 2000 années plus tôt.

Illig et Löhner concluent leur livre avec un aperçu succinct de la révision de la chronologie égyptienne par Heinsohn/Illig décrite dans le chapitre précédent.

---

[36] Voir également : https://www.google.lu/webhp?sourceid=chrome-instant&ion=1&espv=2&ie=UTF-8#q=pyramidion%20cheops (en langue allemande et anglaise)
[37] Gunnar Heinsohn/Heribert Illig: Wann lebten die Pharaonen? Mantis Verlag, Frankfurt 1990

3.6   LA PRÉHISTOIRE EN EUROPE

Dans ses thèses N° 106 et 107, Vélikovsky propose de revoir l'histoire de la Grèce :
Comme pour le Nouvel Empire en Égypte, deux ou trois siècles doivent être amputées dans la
chronologie grecque. Illig et ses amis vont encore plus loin : Selon les recherches de
Weissgerber et Heinsohn, la chute de Troie et la disparition de la culture mycénienne ont eu lieu
autour de l'an – 600 au lieu de l'année communément admise de – 1250, ce qui veut dire
qu'environ 600 années sont de trop. Les trouvailles archéologiques soutiennent cette hypothèse
et permettent de déconnecter l'histoire de Mycènes de la seule histoire égyptienne, source de
nombreuses erreurs de datation et de la situer correctement dans une sphère d'influence
déterminée par la Grèce, le proche Orient et bien sûr l'Égypte.

3.6.1   Le mégalithique se rétrécit

Dans cet ordre d'idées, les tombes à coupole mycéniennes peuvent être considérées
comme de belles constructions mégalithiques. En effet, le mégalithique est daté
conventionnellement entre -4500 et – 2000 par les calibrages ^{14}C. Selon Illig, le calibrage ^{14}C
répartit sur plus de 2500 ans des constructions qui se ressemblent du point de vu stylistique et
technologique et appartiennent à une époque beaucoup moins vaste. Comme exemples, il cite
les constructions suivantes avec leur datation conventionnelle.

* La tombe d'Atrée   -1250
* Le temple de Tarxien (île de Malte)   -2500
* La cueva del Romeral (Andalousie)   -3000
* Le cairn irlandais de Newgrange   -3400
* Le temple de Ġgantija (Malte)   -3500
* La tombe bretonne sur l'île longue   -4000

Ceci montre l'effet dévastateur du calibrage par la méthode ^{14}C et démontre aussi, que la
mégalithique dure jusque dans temps du fer en Europe, tout comme en Inde, en Corée et au
Japon. Le mégalithique n'est donc pas une invention post-néolithique mais se développe à partir
du paléolithique dans la transition vers le néolithique et montre que le mésolithique n'est qu'une
période créée à part entière par des historiens pédantesques.

Ces historiens (ou préhistoriens) ne réfléchissent pas du tout sur ce qui se passe pendant les
périodes qu'ils décrivent. Que pendant des centenaires, voire des millénaires il n'y ait aucun
changement dans l'outillage, l'ingénierie, les arts plastiques, les concepts religieux ne semble
pas les inquiéter outre mesure. En agissant de la sorte, ils préconisent un arrêt total dans tous les
domaines de la vie quotidienne.

Illig donne de nombreux exemples de constructions mégalithiques (tombeaux, voutes, temples, dolmens) pour se poser la question de la signification de ces édifices. Souvent, en effet, il ne s'agit pas de tombes ou de lieux de culte, mais d'observatoires astronomiques. Leur forme traduit souvent dans toutes les civilisations connues à l'époque la peur des hommes que le ciel ne leur tombe sur la tête. (☺) Un évènement catastrophique semble être à l'origine de ces appréhensions. Les constructions mégalithiques comme réponse des hommes à des menaces célestes est tout à fait concevable.

3.6.2   Les Celtes

L'apparition des Celtes donne également lieu à de nombreuses spéculations. Ils ont été mentionnés en premier lieu par les grecs qui entretenaient des relations commerciales avec ces peuplades qui peuvent être identifiés aujourd'hui comme « Hallstätter » produisant du fer et comme les « vrais » Celtes du temps de La Têne, contemporains des Étrusques. L'extension des Celtes fait partie des mouvements de populations indo-germaniques. Compte tenu des observations précédentes, il y a lieu de situer l'ère des Celtes et de l'art celtique entre -500 et +1000 ; en tout cas, l'ère celte doit être réduite de 3500 à 1500 années.

3.6.3   La navigation maritime dans la préhistoire

La navigation maritime préhistorique mérite d'être mentionnée ici. Les constructions mégalithiques bordent les côtes de l'Europe de l'ouest. Il est également prouvé qu'au temps de la culture campaniforme, 82 pierres bleues pesant entre 4 et 6 tonnes ont été transportées par voie maritime de Pembrokeshire au pays de Galles à Stonehenge. Nonobstant, nous ignorons tout sur la navigation mégalithique. Les phéniciens sont considérés comme les marins par excellence de l'époque, bien qu'une évidence archéologique pour leur existence ne puisse être relevée qu'à partir du -8ᵉ siècle. On doit admettre qu'ils étaient actifs non seulement dans la partie orientale de la méditerranée mais aussi dans la partie occidentale. Leur commerce étendu a entre autres mené à une quasi uniformisation des mesures de poids et de longueur. Certaines des régions du mégalithique pratiquaient l'extraction de minerais. La chronologie traditionnelle situe les premières mines de zinc au -3ᵉ millénaire. Or l'archéologie ne reconnait l'extraction du zinc qu'à partir du -1ᵉʳ millénaire. Il provenait pour la plupart des mines espagnoles, bretonnes et anglaises. Pour produire du bronze, il fallait le mélanger au cuivre Cyprien, donc le transporter sur place par voie maritime. Encore un argument pour situer le début de l'âge du bronze au début du -1ᵉʳ millénaire.

3.6.4 Transfert culturel transatlantique ?

Une vieille querelle entre historiens tourne autour de la question : Est-ce que les civilisations anciennes se sont développées en toute indépendance ou avait-il une origine commune à partir de laquelle le flambeau de la culture a été porté dans les différentes régions du monde ? On parle d'isolationnisme par opposition au diffusionnisme.

Thor Heyerdahl (1914-2002) a développé l'idée, que l'atlantique et le pacifique reliaient les continents par la navigation maritime. Il proposait un catalogue de 50 similitudes des deux côtés de l'atlantique comme par exemple la culture et le travail du coton avec des outils identiques ou la ressemblance des habits traditionnels pour hommes et femmes.

La mythologie précolombienne en Amérique latine parle de prêtres à la peau blanche venus de l'est. Le bateau « Ra » en papyrus de Heyerdahl a prouvé qu'il pouvait naviguer en haute mer. Les Ziggurats des deux côtés de l'atlantique se ressemblent tant par leurs dimensions, leur orientation astronomique et leurs matériaux de construction.

Autour de l'an -600 a vraisemblablement eu lieu le dernier cataclysme global. La chute de Troie qui a eu lieu en même temps a fait fuir des masses de gens qui prenaient en compte qu'il s'agissait d'un voyage sans retour. Les indices se multiplient que ces peuples naviguaient jusqu'en Amérique Latine où ils ont amené leurs connaissances et même leurs langues, comme la paléo linguistique (Kurt Schildmann) a récemment démontré pour les ressemblances entre la langue des sumériens (resp. Chaldéens, cf. p. 33) et divers dialectes mayas.

Les personnes qui veulent attribuer à Christophe Colomb la découverte de l'Amérique doivent prendre en considération qu'avant lui, vikings, celtes, les peuples du sud-ouest asiatique et avant eux aussi des peuples de la méditerranée ont accosté les côtes américaines.

Ce débat a été ranimé récemment en Allemagne par la publication d'un livre de Hans Griffhorn[38], professeur des sciences culturelles à l'université de Göttingen. « Est-ce que les Amériques furent découverts pendant l'Antiquité ? Carthagénois, Celtes et le mystère ces Chachaopya ». Andreas Otte fait une récension de ce livre dans le numéro 3/2013 des « Zeitensprünge »[39]. La forteresse Kuélap au nord du Pérou fut découverte en 1845, mais longtemps, les fouilles étaient impossibles surtout à cause des combats menés par des guerilleros contre le gouvernement.

---

[38] Griffhorn, Hans (2013) Wurde Amerika in der Antike entdeckt ?Karthagener, Kelten und das Rätsel der Chachaopya; C.H.Beck Verlag, München, 288 S.
[39] Otte, Andreas (2013) ; Wurde Amerika in der Antike entdeckt ? Zeitensprünge 3/2013, P. 567-583

Figure 12: L'entrée de la forteresse de Kuelap

Un rempart de 1200 mètres de longueur et 8 m d'épaisseur construit avec des pierres parfaitement taillées encercle un village avec des maisons rondes en pierre qui ressemblent fortement à des maisons celtes. Les archéologues préconisent le 4e ou le 5e siècle comme période de construction, donc bien avant les forteresses Maya. Kuélap est une construction unique dans la région et sans précédent. Dans son livre, Griffhorn présente de nombreuses photos pour mettre en évidence les ressemblances entre différents objets en provenance de Carthagène, des Baléares et de la Galicie.

3.6.5   L'antiquité rajeunie

L'histoire de l'antiquité n'a donc pas évolué comme la procession dansante d'Echternach (3 pas en avant, deux pas en arrière) mais s'est déroulée comme une succession de cinq « superpuissances » en quatre époques :

- Les Perses (1)
- Les Post Chaldéens et simultanément les Mèdes (2 et 3)
- Les Assyriens (4)
- Les Pré-Chaldéens (5)

La réduction de la chronologie de la Mésopotamie et de l'Égypte implique la réduction dans la même mesure de l'histoire biblique et judéo-israélienne[40].

Autour de l'an -600, nous avons trouvé la césure déterminante de l'Antiquité. Une dernière catastrophe céleste détruit les centres culturels du monde ancien comme le rappellent d'une façon exemplaire les récits d'Homer.

Les anciennes hautes cultures ne perduraient pas pendant des millénaires. Leur apogée n'avait pas lieu à la fin du -4e et au début du -3e millénaire, mais autour de l'an -1000, donc seulement 400 ans avant le grand tournant de l'an -600.

- Autour de l'an -1050 apparait le cuivre
- Le bronze domine à partir de -850
- Le fer domine à partir de -600

Ces considérations affectent bien sûr aussi le néolithique qui perdure jusqu'en -900. Pour comprendre cela, il faut retourner aux sources du temps.

3.7   RETOUR AUX SOURCES

3.7.1   Un millénaire de continuité

L'archéologue anglaise Marija Gimbutas, a proposé une chronologie des temps préhistoriques et espère prouver une continuité culturelle sur 20000 ans en comparant les représentations d'une déesse en forme d'oiseau. Elle a introduit le terme du paléolithique et a inséré une période transitoire avec le néolithique qu'elle désigne par le terme « mésolithique ». Du point de vue archéologique, elle est seulement documentée par des « microlithes » attribués à cette période, qui couvre quelques 5000 ans dans la chronologie traditionnelle. D'autres sujets de dispute sont les dessins rupestres ainsi ce qu'on peut considérer comme les premières formes d'une écriture.

Pour Illig, il est inconcevable que pour une période de 10000 ans, il y ait tellement peu de progrès dans tous les domaines. Une telle période représente quand-même à peu près 500 générations ! Mais la chronologie traditionnelle, appuyée par les méthodes de datation défaillantes tend par tous les moyens de tordre les siècles et les millénaires pour construire des parallélismes entre préhistoire et histoire de l'Égypte. Illig donne quelques exemples juteux sur les erreurs de datation dues à la méthode ^{14}C pour rappeler qu'en 1988, il a proposé de

---

[40] Voir dans ce contexte les livres de Shlomo Sand :. *Comment la terre d'Israël fut inventée - De la Terre sainte à la mère patrie*. Paris: Flammarion coll. "Champs", 2014. et. *Comment le peuple juif fut inventé*. Paris: Flammarion, collection "Champs", 2010.

comprimer le paléolithique ainsi que le néolithique et de supprimer tout simplement le mésolithique.

3.7.2   Art et outils

Des réflexions similaires considèrent l'évolution de la production artistique. Depuis leur première apparition lors de l'aurignacien jusque dans le magdalénien la représentation des bisons n'a guère changé. Or Heinsohn se demande, s'il fallait attendre 9000 ans pour réaliser des changements minimes qui auraient également pu se faire entre 700 et 800 ans. La représentation des têtes de chevaux qui aurait nécessité 20000 ans pour arriver à un niveau satisfaisant aurait également pu se faire en 1000, voire même 100 ans.

De même pour les outils : Heinsohn donne l'exemple de la grotte « Combe Grenal » sur la Dordogne. 19000 outils en pierre ont été trouvés dans la grotte qui semble avoir été habitée par 35 à 40 individus simultanément. Supposant une durée de vie moyenne de 15 ans par outil, qui sera rarement atteinte, on aurait dû selon la chronologie traditionnelle trouver 3,2 millions d'outils, ce qui réduit la période critique de 55000 à tous justes 55 ans !

Dans la chronologie traditionnelle, on ne peut pas parler de continuité dans les découvertes archéologiques. Encore en 1976, Herbert Kühn, évoquait la grande lacune entre -10000 et -4000 qu'il désignait comme « un espace blanc dans l'histoire de l'homme préhistorique. ». D'autres parlaient d'un hiatus ou d'un marasme. Illig conclut que le mésolithique n'est qu'une construction artificielle visant à diviser l'âge de pierre d'une façon quasi religieuse en une sainte trinité (paléo-, méso et néolithique.)

3.7.3   Adam et Eve

Heinsohn désirait retourner encore plus loin en arrière pour préciser les liens entre l'homme de Cro-Magnon du paléolithique supérieur à l'homme du Neandertal (homo néanderthaliens) du paléolithique moyen du paléolithique inférieur. Le meilleur endroit pour étudier cette question est la caverne El-Castillo près de Santander au Nord de l'Espagne. Selon la chronologie traditionnelle, la stratigraphie de cette caverne couvrirait une époque allant jusqu'à au moins 350.000 années avant notre ère. Heinsohn va même plus loin qu'Illig : pour lui, le paléolithique inférieur commence avec l'apparition de l'homo sapiens (sapiens) autour de l'an -2100. Cet homme du Cro-Magnon a été précédé par l'homme de Neandertal, donc à partir de -2500. La première apparition de l'homme est due probablement à l'immigration de l'homo erectus en provenance du continent africain.

Dans ce contexte, Illig cite l'exemple du professeur Reiner Protsch von Ziethen qui, dans son laboratoire à Francfort à l'aide de la méthode ^{14}C, a créé de toutes pièces des hommes du Neandertal et du Cro-Magnon datant de -36.300 respectivement -31.200. Bien que poursuivi par la justice pour falsification de documents, détournements de fonds, imposture et violation de la protection des espèces, son institut resta ouvert jusqu'à la prononciation du jugement en juin

2009 et la société anthropologique n'a pas révoqué dans internet les données falsifiées par Protsch.

L'anthropologie nous réserve des découvertes allant de plus en plus loin en arrière de l'évolution. « Lucy » est datée vers -10.000.000 et « Ida », trouvée dans une carrière en Allemagne près de Darmstadt est datée vers -47 millions d'années. Il faut se rendre compte de la brisance de ces chiffres bruts et de ce qu'ils signifient : Selon les calculs d'Illig, pendant cette période, environ 670.000 générations doivent s'avoir succédées.

Devant de telles absurdités, Illig propose une version radicalement raccourcie de l'histoire de l'humanité, la réduisant à un espace de temps de plus ou moins 5000 ans ce qui veut dire qu'environ 300 générations se sont succédé pendant cette époque qui se présente dorénavant comme suit :

- Jusqu'aujourd'hui :   âge du fer
- Jusqu'en -600   âge de bronze
- Jusqu'en -900/800   néolithique
- Jusqu'en -1400   paléolithique supérieur
- Jusqu'en -2100   paléolithique moyen
- Jusqu'en -2500   paléolithique inférieur depuis -3000

Il va de soi qu'Illig ne veut pas confirmer le tableau des créationnistes, - création du monde il y a 5777 années – mais il voit le danger d'une datation toujours plus éloignée dans le temps par les méthodes de la science naturelle.

3.7.4   Fossiles et catastrophes

Souvent les historiens et les archéologues font appel à la géologie pour justifier les dérapages de leur chronologie. Mais également dans cette science et les disciplines apparentées des discussions ont lieu : Ainsi le paléontologue Edgar Daqué a plaidé en 1930 pour une réduction de la durée du tertiaire et du quaternaire de 60 à 8 millions d'années. Dans son livre « Erde im Aufruhr [41]», Vélikovsky reprend une discussion qui au 20e siècle a mené à la formulation de trois axiomes :

L'**actualisme** qui veut que l'histoire de la terre doive être expliquée uniquement par des processus et forces qui sont actives encore de nos jours, donc « actuels »

Le **gradualisme** qui veut que l'évolution ne se fait pas par de grands bonds, mais en suivant des gradins très plats

---

[41]Immanuel Velikovsky: *Erde im Aufruhr.* Julia White Publishing, 2005, ISBN 3-934402-90-9.

L'**uniformitarianisme**, qui veut que l'évolution se développe uniformément de génération en génération.

Stephen J. Gould a essayé en 1990 de séparer ces termes qui se recouvrent partiellement pour formuler quatre postulats :

- L'uniformité de la loi : les lois naturelles sont constantes dans le temps et dans l'espace.
- L'uniformité du processus : défini par l'actualisme
- L'uniformité de la vitesse de l'évolution
- L'uniformité de l'état : le changement est continuel mais ne mène nulle part : La terre ressemblait à tout moment à son état actuel.

Le darwinisme a également joué un rôle dans ces discussions et comme il a des problèmes pour admettre l'existence de changements dans l'évolution dues à des évènements catastrophiques (on reviendra sur ce sujet), il fallait attendre l'arrivée de Vélikovsky pour remettre les choses en place. Vélikovsky nous a effectivement rendus attentifs au fait que les fossiles que l'on trouve partout ne sont pas uniquement des os pétrifiés mais également des empreintes de plumes et de peaux, voire même des marques de pieds et des pistes d'animaux. On a tendance à oublier que la fossilisation n'est pas un processus normal mais souvent le résultat d'une catastrophe plus ou moins importante. Nous savons tous que rien n'est plus volatile qu'une trace de pied dans le sable, la claie ou la boue. Si elles sont néanmoins conservées, il doit y avoir eu un évènement capable d'éterniser de telles traces. Aucun cadavre animal de nos jours se fossilise ; il se décompose, sera mangé et les restes des os éparpillés.

La fossilisation n'est pas un processus lent dû à un changement de climat imperceptible mais a besoin d'un changement brutal. Les fossiles que nous connaissons ont dû être recouverts très rapidement par un matériel permettant de garder leur forme. Ils sont donc d'origine catastrophique.

3.7.5   Fin de la période glaciaire et holocène
La discussion autour de la fin de la période glaciaire doit être située dans le même contexte. Il est communément admis que cette date se situerait autour de l'an -10000.

La durée estimée de la période glaciaire (selon d'éminents « spécialistes » varie entre 2.600.000 (Wikipédia) et 2.400 ans (De Lapparent) (!) (Tableau chez Illig p. 252) et celle de l'holocène entre 100.000 (Forel) et 4.900 ans (Arcelin & Ferry). La théorie de l'évolution orthodoxe réclame des espaces temporaires très vastes pour décrire le développement des espèces et s'oppose vigoureusement à toute tentative de réduire ces espaces. C'est un peu dommage, car la théorie de l'évolution était un instrument puissant pour déstabiliser le dogme créationniste chrétien, car elle opposait les « Lumières » à l'obscurantisme biblique. Entretemps, les lignes de front se sont déplacées : Là, où jadis, l'église (catholique) s'imposait avec toute sa force mentale, spirituelle et politique, sa place a été reprise par les groupes créationnistes – malheureusement en recrudescence – qui expliquent tous les phénomènes à l'aide de la *Genèse*. L'évolutionnisme a raté l'occasion de défendre sa position. Il a perdu son objectif progressiste en se limitant à renier les thèses catastrophistes. Il ne voulut pas considérer que créationnisme et catastrophisme ne sont pas des corolaires.

Le catastrophisme était à l'époque très lié à la doctrine chrétienne et fut combattu sans merci. Seul des non-conformistes l'ont sauvé de son extermination, et ils n'étaient pas du tout animés par une croyance quelconque en un dieu créateur. Aujourd'hui, l'opposition entre catastrophistes et évolutionnistes est dépassée. Un modèle scientifique moderne doit rendre compte de l'uniformité de la vitesse de l'évolution et des témoignages fossilisés du catastrophisme.

3.7.6   Création et âge du monde

Figure 13: La terre plate: Gravure de Flammarion

Pendant l'antiquité, les idées les plus diverses circulaient sur le moment de la création du monde et sur l'âge de notre planète. Selon le ***romain Varro***, Rome fut fondée en l'an -753 et il fait le lien avec Troie, les anciens Grecs et les dieux en passant par Romulus et Aeneas. Le ***grec Platon*** mentionne dans son Timaios une ville d'Athènes âgée de 10.000 ans. Les ***perses*** évaluaient l'âge de l'humanité à 12.000 ans tandis que les ***égyptiens*** croyaient selon Hérodote à une dynastie vieille de 11.340 années. Des textes ***babyloniens*** font état de centaines de milliers d'années et des textes ***indiens*** parlent de millions d'années. Les chinois de la dynastie des Han croyaient savoir que l'univers sera détruit tous les 23.639.040 ans.

Face à ces peuples avides d'ancienneté, les juifs avec leur tradition biblique font figure de piètres rationalistes. Il est vrai qu'ils ne renonçaient pas à l'existence de quelques patriarches millénaires mais ils croyaient fermement à la *Genèse*, qui voulait qu'Adam a été créé 1.656 ans avant le déluge qui s'abattit sur l'humanité en l'an -2105. … Parmi tous les peuples brodant gaiment de folles histoires c'étaient eux qui se contentaient d'un passé extrêmement raccourci. Notons quand même que la chronologie juive « après la création » ne fut d'usage que lors du 10 siècle et ne fut officielle que sous Maimonide au 12ᵉ siècle.

Les premiers chrétiens optaient également pour cette vue raccourcie de l'âge du monde en prônant un calcul aussi simple que loin de toute réalité. Par analogie aux six, respectivement sept jours de la création du monde, ils imaginaient six respectivement sept « journées mondiales » dont la durée était déduite de la phrase biblique qui voulait que pour Dieu, mille ans sont comme un jour. ... Pour donner une perspective claire à l'humanité, l'historien de l'Eglise Eusèbe de Caesarea fixait la date de la naissance du Christ à l'an 5200 après la Création et fit ainsi un cadeau à l'humanité de 300 années supplémentaires dans notre « vallée des larmes ».

Il fallait attendre l'âge des lumières pour voir émerger les premiers doutes sur la chronologie biblique.

3.7.7   Digression : Shlomo Sand[42]

Dans le bulletin N° 2/2010 de le revue « Zeitensprünge », Heribert Illig fait une recension du livre de Shlomo Sand intitulé « L'invention du peuple juif » pour la simple raison que Sand s'attaque au même phénomène qu'Illig, à savoir l'invention de toute une époque avec le but de justifier et de fortifier le pouvoir en place.

Le livre de Sand est une évaluation approfondie de l'histoire millénaire des juifs. Mais comme Sand est considéré comme un provocateur parce qu'il milite pour une politique plus ouverte de l'État d'Israël envers les palestiniens, le livre est considéré comme un pamphlet. Les livres de Sand ne sont pas seulement d'une signification existentielle pour Israël mais aussi d'une signification fondamentale pour les historiens qui travaillent sur l'histoire des juifs pendant l'antiquité et le haut moyen-âge.

Mais l'État d'Israël cherche à protéger les mythes autour de ses origines de sorte qu'aux universités les facultés d'histoire ne mélangent pas l'étude de l'histoire des juifs et des goys (les non-juifs).

Pour Illig, Sand a réussi à faire tomber six mythes de l'histoire juive :

Le premier mythe bien connu est celui des 12 patriarches qui est de plus en plus contesté. La datation de la vie d'Abraham au début du -2ᵉ siècle est pour Gunnar Heinsohn la racine de toutes les fausses chronologies.

Le deuxième mythe concerne l'Exode d'Égypte. Cette légende qui veut que 600.000 soldats – donc 3 millions de personnes si on ajoute les familles – ayant voyagé pendant 40 ans à

---

[42] **Shlomo Sand** : *Comment le peuple juif fut inventé*, Paris, Fayard, 2008 ; *Comment la terre d'Israël fut inventée*, Paris, Flammarion, 2012

travers le désert est à considérer comme un récit créateur d'identité. Cet exode était techniquement irréalisable et en plus elle n'a laissé aucune trace.

Le troisième mythe concerne la prise de terres dans la région de Canaan où le peuple juif sous Josué aurait anéanti presque toute la population. Cette conquête n'a jamais eu lieu. Les fouilles archéologiques récentes n'ont pas trouvé les ruines des puissantes villes fortifiées comme Jéricho, Aï et Heshbon, conquises avec tambours et trompettes par les « fils d'Israël ». Jéricho était à la fin du 13e siècle une médiocre bourgade sans remparts, Aï et Heshbon n'existaient même pas à l'époque.

Le renversement du quatrième mythe mène vers un résultat semblable. Est-ce que le royaume uni de Salomon et de David existait-il et si oui, est-ce qu'on cherche ses traces au bon endroit ? Les archéologues n'ont pas pu faire des fouilles sous le mont du temple et la mosquée Al-Aqsa mais dans les environs immédiats, on n'a trouvé aucune trace d'un royaume important du -10e siècle : ni constructions monumentales, ni murs, ni palais. Même les rares objets en terre cuite qu'on a découverts sont d'une facture très simple. En effet, il n'existe aucune trace de l'activité de construction du roi légendaire dont la bible décrit ses richesses d'une manière qui ressemble fort aux descriptions des empires babyloniens et perses.

Le cinquième mythe mis en question par Sand est l'origine du monothéisme. Les historiens et archéologues n'ont trouvé aucune preuve d'une telle doctrine en dehors de la bible. Selon Sand, la source du monothéisme était cachée dans un système intellectuel très développé qui fut marginalisé sous l'influence des pouvoirs conservateurs en place. Il serait possible que les personnages de la bible comme les héros, les rois, les prêtres, les prophètes et les juges fussent des personnages historiques mais les relations entre eux, leurs motivations, leur pouvoir réel, les limites de leur sphère d'influence, leur religion, donc tout ce qui importe dans l'histoire sont souvent le produit de l'imagination d'époques ultérieures.

Après avoir démoli ces cinq mythes, Sand, après une longue discussion des notions de peuple, race et nation se tourne vers le mythe qui lui tient le plus au cœur : La diaspora après la conquête romaine. La diaspora joue un rôle-clef dans la déclaration d'indépendance de l'État d'Israël en 1948.

Le fait est qu'après la défaite de Massada et après la révolte de Bar-Kokhba, bien que beaucoup de rebelles fussent tués, aucun juif ne fut contraint de quitter son pays. Les historiens sont supposés savoir qu'ils existaient déjà à l'époque de grandes colonies juives en Mésopotamie, en Égypte à Rome et en Afrique du Nord. Mais la diaspora est un élément qui favorise la cohésion des juifs. L'historien allemand Izchak Baer était conscient du fait qu'il n'y avait pas de déportation, mais il avait besoin de la « nécessité nationale d'un exile forcé » qui n'aurait pas eu lieu du temps des romains mais bien après la conquête arabe un demi millénaire plus tard.

Mais l'évidence veut que la population n'ait pas été forcée de partir par les musulmans, mais que ces gens étaient les descendants des paysans qui vivaient pendant des siècles sur ce territoire. D'un point de vue logistique, il était impossible de « déménager » un si grand nombre de personnes et économiquement, ça ne faisait aucun sens.

« Dans son deuxième livre « Comment la terre d'Israël fut inventée », Sand continue son analyse critique de l'histoire juive et se concentre sur la politique actuelle. Ses opposants soutiennent la thèse centrale que Sand renie le droit d'existence de l'État hébreu. Ceci n'est absolument pas le cas, car l'historien ne met pas en question la fondation de l'État mais considère les mythes qui servent aujourd'hui à la justification de sa politique actuelle et de ses origines. Il démystifie ainsi le principe du « droit historique » sur le territoire et la justification morale de la colonisation des territoires palestiniens. Il ne critique pas seulement l'historiographie établie mais caractérise en même temps le changement de paradigme révolutionnaire que le sionisme a déclenché dans un judaïsme de plus en plus affaibli. La religion fut instrumentalisée pour réfuter le noyau théologique. Le résultat est une théologie de légitimation.

Dans une deuxième étape, Sand analyse la légende du « mouvement de retour » des juifs. Il constate que les récits de voyage de pèlerins chrétiens sont beaucoup plus nombreux que ceux des voyageurs juifs. Au 19ᵉ siècle, avec l'émergence des états nationaux c'étaient les puritains et les chrétiens fondamentalistes qui voulaient encourager les juifs à rentrer à la terre promise. Quelques hommes d'État britanniques les rejoignirent dans la croyance qu'un nouvel « Grand Israël » serait indispensable pour le salut du monde. » (cité d'après Uwe Ullrich)[43].

3.7.8   L'âge du monde et les sciences exactes

C'étaient donc les meilleurs philosophes st scientifiques du 18ᵉ siècle qui redéfinirent l'âge de notre monde de six millénaires à des espaces de temps de plusieurs millions d'années, sans que l'opinion publique abandonne sa croyance dans la Genèse selon la Bible.

Ce n'est qu'en 1830 que commençait une vraie discussion sur les origines du monde et de la vie qui marquait le 19ᵉ siècle, notamment par les publications de **Charles Lyell** et de **Charles Darwin**. Les théories se succédaient et pendant un certain temps, le physicien **Lord Kelvin** fit autorité en fixant l'âge de la terre à 24 millions d'années. Ceci entraina une mutinerie des géologues et **John Joly**, après avoir examiné la sédimentation maritime, parlait de 100 millions. Mais seulement avec la découverte et la mesure de la radioactivité, de nouvelles énergies mais aussi de nouvelles dimensions temporelles furent libérées.

Les théories sur l'âge de la planète se succédèrent pour arriver à une estimation de 4.600 millions d'années, qui semble être une valeur généralement acceptée. Mais ces estimations sont mises en question en permanence.

Ainsi il parait que pendant les années 60, un tournant a été atteint et depuis, notre terre a « perdu » un quart en ancienneté, la somme incroyable de 1,5 Milliards d'années. Et cette évolution va se poursuivre : pendant les décennies à venir, on peut s'attendre avec confiance à

---

[43] Uwe Ullrich ; recension du livre de Shlomo Sand, dans « Zukunft braucht Erinnerung », portail en ligne sur les thèmes historiques de notre temps, 20 février 2013. (http://www.zukunft-braucht-erinnerung.de/die-erfindung-des-landes-israel-sand/)

des estimations plus réduites, compatibles avec les observations astronomiques (Weinberg 1980, Hawking 1988)

3.8 ÉVOLUTION CATACLYSMIQUE

3.8.1 Le fossile Darwin

La surpopulation chez les hommes mène au combat pour l'existence, la survie du plus fort. En transposant cet axiome sur toutes les espèces vivantes naquit le noyau de la théorie de Darwin, défendue contre vents et marées par les néodarwiniens :

- *A partir de variétés aléatoires* (mutations ; décrites aujourd'hui comme variations de structures dans le système informatique génétique)
- *le combat pour l'existence choisit (*sélection ; environnement et sélection des races)
- *en combinaison avec la ségrégation statistique en situation d'isolement*
- *les meilleurs individus, ce qui mène à l'amélioration des espèces et à la création de nouvelles espèces* (évolution)

Donc : Sélection et combat pour l'existence mènent à un niveau de développement supérieur

Ses lecteurs auraient dû être déçus : *L'origine des espèces* ne contient aucun argument qui expliquerait le développement d'une nouvelle espèce. Car tous les exemples pour des succès de reproduction d'une espèce ne montrent qu'une seule chose : Aucun éleveur de pigeons n'a jamais élevé à partir de pigeons un autre animal qu'un pigeon.

Depuis peu, la biologie et la paléontologie « permettent » de considérer les incidents catastrophiques comme explication pour la disparition d'espèces. Pour le darwiniste, ces disparitions à grande échelle sont des évènements plutôt pénibles, car nulle part le livre de l'évolution fournit une explication pourquoi un tiers des espèces vivantes se décide de descendre de la scène de la vie en même temps. Est-ce que le combat pour l'existence serait-il tellement violent que les races privilégiées disparaissent en même temps que les races défavorisées ?

La disparition d'un grand nombre d'espèces à la fin du Jurassique ne peut être expliquée que par des évènements catastrophiques. De même que la continuité de la vie ne peut être expliquée que par l'évolution cataclysmique.

3.8.2 Les découvertes de Darwin restent des postulats

En prenant l'exemple de certaines espèces de guêpes, Illig montre que les mécanismes de l'évolution ne sont pas en mesure d'expliquer d'une manière satisfaisante le développement de nouvelles espèces.

Quelques adeptes de Darwin utilisent un langage qui révèle une idéologie qui aimerait remplacer voire surpasser les idées religieuses des Créationnistes par des idées pseudo-religieuses des scientifiques.

La preuve de la sélection naturelle comme force motrice de l'évolution des espèces était le second objectif principal de Darwin à côté de leur origine commune. Ainsi les deux axiomes principaux de Darwin restent des postulats ouverts, nullement vérifiés d'une manière scientifique.

Et justement, ceci est le point clé. Les biologistes, malgré l'échec évident de la théorie de l'évolution selon Darwin, font l'éloge ce celle-ci et prétendent que les questions ouvertes et les problèmes non résolus existent « évidemment » et doivent faire l'objet de « recherches supplémentaires » (Jeßberger).

Illig constate lui-même qu'il y a apparemment un malentendu dans sa position par rapport à Darwin : Lui qui a toujours défendu l'approche scientifique par rapport aux obscurantismes de toutes sortes s'opposerait subitement à l'évolutionnisme ? Illig répond que toute évolution technologique est façonnée par l'esprit humain qui sait réagir vite aux changements de l'environnement et grâce à lui, une recherche ciblée des améliorations est possible. Grâce à lui, savoir et savoir-faire peuvent être transférés d'un individu à l'autre, même d'une manière abstraite sous forme de modes d'emploi écrits. La tentative de remplacer cette rétroaction intellectuelle sur un même niveau par des espaces temporels extrêmement longs est ridicule, même si elle est acceptée docilement et semée à tous vents.

3.8.3   Evolution cataclysmique

Vélikovsky proposait un modèle d'évolution cataclysmique en réponse au modèle graduel de Darwin. L'évolution, selon lui, est un processus engendré par des catastrophes ou des rayonnements radioactifs intensifs. Ceci expliquerait l'explosion des espèces au début du Cambrien. Les cataclysmes ne provoquent pas des mutations chez toutes les espèces ce qui expliquerait la survie des « fossiles vivants » qui peuplent toujours la terre.

Figure 14: Le déluge: Cataclysme écologique?

L'évolutionnisme a donc besoin d'une adaptation aux connaissances nouvelles : on oublie souvent que cette théorie « généralement acceptée » présente encore aujourd'hui un caractère incomplet voire provisoire.

Son principal adversaire, le créationnisme, fuit trop vite le terrain scientifique pour avoir recours à la bible. Pour sauver la « Genèse », on reproche à Dieu de transformer notre bonne vieille terre, âgée de quelques millénaires à peine en un fossile de 4.5 milliards d'années. Et plus : « Les soi-disant âges géologiques sont essentiellement synonymes de la théorie évolutionnaire de l'origine. Elle représente le complot de Satan contre Dieu. » (Jukes 1984)

Il est facile de considérer le créationnisme comme tout sauf scientifique. Mais il est plus grave de constater que même les sciences soi-disant exactes doivent souvent être considérées comme tout sauf scientifique.

Herbert Spencer a comprimé la théorie de Darwin par le mot d'ordre : « survival of the fittest » (survie des plus forts). Mais très bientôt, les sceptiques y voyaient une simple tautologie : Les survivants sont les plus forts sonne comme : les survivants sont les survivants.

50 ans avant Darwin, Lamarck avait déjà fait allusion à la descendance de l'homme à partir des singes. Après la publication de son livre, cette « épouvantable insulte » de l'homme engendrait des discussions venimeuses. Engels et Marx s'appuyaient sur la théorie de Darwin pour donner un fondement scientifique à la lutte des classes.

La transposition des idées de Darwin à des domaines hors de la biologie menaient néanmoins au « social darwinisme » qui n'était qu'un pas vers les « races dominantes » autorisées par-là de sélectionner, voir éliminer le reste.

71

Egon Friedell, écrivain juif et autrichien qui s'est suicidé avant son arrestation par les Nazis en 1938, a résumé quelques réflexions sur la question pourquoi la descendance de l'homme du singe était un problème pour les anglais plutôt que pour les français :

« La thèse du Darwinisme prétend que les espèces sont des variétés devenues permanentes et que la création de nouvelles espèces est le fruit de la lutte pour la survie, qui pourrait être décrite comme une sélection naturelle favorisant certaines espèces que Spencer décrit comme la survie des plus adaptés. Cette conception de la nature est caractérisée par le mode de vie anglais : 1) *Libre échangiste* : c'est la concurrence qui décide ; 2) *correct* : car seulement ce qui est adéquat, le moins „shocking" survit, 3) *libéral*, car le progrès règne et les nouveautés sont toujours en même temps des améliorations, mais 4) en même temps *conservatif* car la lutte pour le progrès se fait d'une manière « organique », c.à.d. lentement et par des victoires majoritaires. De nature anglaise est aussi l'identification naïve de la culture artificielle avec la sélection naturelle, une idée des colonialistes anglais qui voyaient la terre comme immense ferme agricole et jardin potager inspirée par leur incapacité de concevoir le passé comme fondamentalement différent du présent. … En fait, le Darwinisme est une construction dialectique, voire une religion avec une mythologie et un système dogmatique très développés ». [44]

Le caractère religieux devient évident selon Friedell : Le Darwinisme, considéré comme la plus forte antithèse contre toutes les tentatives d'explication métaphysiques est même un système extrêmement téléologique en élevant l'idée de l'évolution comme son principe cardinal. Même le monisme darwinien, prétendant avoir à tout jamais détrôné l'idéologie théologique est empressée de voir dans tous les phénomènes naturels la plus grande utilité.

Ainsi les discussions entre évolutionnistes et créationnistes se figent : Les fondamentalistes entre les évolutionnistes se regroupent autour de Richard Dawkins, les fondamentalistes bibliques se sont enrichis d'un nouveau groupement, à avoir celui du « intelligent design » qui ne se réfèrent pas à la bible judéo-chrétienne mais au livre de Michael Behe (1996).

3.8.4   La percée ?

Face à ces déceptions d'une biologie attachée d'une manière obsessionnelle au modèle Darwinien, un neurobiologiste allemand, Joachim Bauer a réfuté trois dogmes dans son livre « le gène coopératif : l'adieu au Darwinisme » (2008) :

- Les mutations dans les espèces existantes suivent le principe du hasard
- Elles se développent exclusivement selon un processus lent, continu et linéaire
- La sélection est dirigée exclusivement vers une reproduction maximale

---

[44] Egon Friedell : Kulturgeschichte der Neuzeit, C.H.Beck, München 2008, p. 1155

Au génome « égoïste » de Dawkins, Bauer oppose une théorie contraire : Le génome apparait comme un organe disposant d'une faculté surprenante d'adaptation et d'assimilation à l'environnement. Les gènes et les génomes suivent trois principes fondamentaux biologiques, qui, soit dit entre parenthèses, ne se retrouvent pas à l'extérieur de la biosphère : Coopérativité, communication et créativité. … Il conclut que « l'évolution n'est pas un produit du combat d'individus (individus ou espèces) mais un produit du développement de systèmes biologiques. »

3.8.5   CONCLUSIONS : La terre menacée ?

Vu de la terre, les nombreux météores sont visibles lorsqu'ils brûlent dans l'atmosphère. Rarement, une « chute de pierres » traverse l'atmosphère. On les désigne comme météorites dont la grandeur varie d'un caillou au bolide en ferronickel de 60 tonnes qui a été trouvé en Namibie. 173 cratères avec un diamètre entre 1 et 320 kilomètres sont recensés sur la terre. Tous les 300.000 ans, la terre pourrait être touchée par un colosse de plus d'un kilomètre de diamètre, 10 fois inférieur à celui qui a causé la disparition des dinosaures.

Face aux faits, il est évident que les cultures anciennes ont été victimes de catastrophes.

Ce livre de Heribert Illig, paru en 1996 est sans doute la pièce maitresse de son auteur. Vendu à plus de 100.000 exemplaires, c'est un record pour un livre d'histoire paru en Allemagne. Je vais le présenter en détail, car il reflète très bien la façon de travailler de H. Illig. (Il en est actuellement à sa 23ᵉ édition !)

Le médiéviste Hans Fuhrmann, lors de la séance de clôture du congrès « Falsifications au Moyen-Âge » de la Monumenta Germaniae Historica à Munich du 16 au 19 septembre 1986, s'étonnait que beaucoup des falsifications connues avaient un caractère prémonitoire si l'on considère la date vers laquelle elles ont été écrites. Illig, qui avait déjà constaté de nombreuses incongruences dans la chronologie des civilisations antiques, supposait que le laps de temps écoulé entre la « prophétie » et l'évènement réel pourrait être le résultat d'une chronologie déréglée. Il se mit à regarder de près la réforme du calendrier julien par Grégoire XIII. Il arrivait vite à la conclusion que non seulement 10 mais 13 (exactement 12,7) jours auraient dû être retirés du calendrier.

En effet l'année julienne excède de 614 secondes l'année solaire. Cette différence s'additionne en 128,2 ans à un jour entier, en 1282 ans à 10 jours. Comme en 1 582, le calendrier a été corrigé seulement de 10 jours, cette correction ne remonte forcément pas à l'époque de la réforme julienne, mais à l'an 300. En considération des marges d'erreur dues à cette époque – mesure de la longueur de l'année, correction en journées entières – Illig s'est décidé pour des raisons heuristiques pour une période de 297 années qui doivent être éliminées dans l'histoire entre César et Grégoire. Ainsi, les 1627 années entre les deux auraient dû être compensées par 13 jours lors de la réforme.

Beaucoup d'historiens évoquent des périodes sombres dans l'histoire du moyen âge. Il y a des siècles où on manque de tout : A peine de l'architecture, à peine de l'art, à peine de l'artisanat, à peine des villes à peine des écrits d'historiens, seulement du brouillard sous lequel disparaissent des villes entières pour des siècles … jusqu'au moment où Charlemagne, tel un éclair, éclairait le monde moyenâgeux pour le replonger après sa mort dans l'obscurité.

Beaucoup d'historiens constatent cet état de choses mais ne savent pas comment l'interpréter. Illig par contre défend sa position : « Depuis 1991, je suis d'avis que du 7ᵉ au 9ᵉ siècle il y a un vide dans l'histoire du moyen âge. Il ne contient pas d'histoire réelle et les bouts des évènements historiques avant et après cette lacune (619-907) peuvent être assemblés sans problème."

Charlemagne, qui aurait vécu pendant cette période sera la première victime de cette réduction et la plus connue. Les études médiévales sont largement fixées sur les documents écrits, dont on sait que la plupart sont des faux. Ainsi, les « biographes » de Charlemagne, Éginhard et Notker racontent que l'empereur, qui ne voulait pas rester oisif, projetait la construction d'une église d'après son propre plan, plus splendide que toutes les constructions des romaines.

Quand on entre dans le la chapelle palatine d'Aix-la-Chapelle, on constate qu'il semble avoir réussi, sauf qu'il y a des anachronismes qui sautent aux yeux : Ainsi la coupole, sans égale pour le 9ᵉ siècle est construite entièrement en pierres de taille et mesure 86 centimètres à son endroit le plus mince !

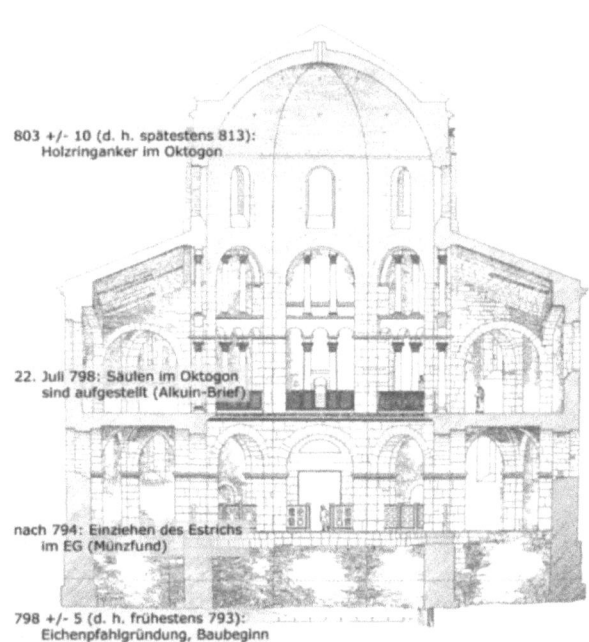

Dates de la construction de l'église de Charlemagne selon les documents « d'époque »

803 +/- 10 (d. h. spätestens 813): Holzringanker im Oktogon

22. Juli 798: Säulen im Oktogon sind aufgestellt (Alkuin-Brief)

nach 794: Einziehen des Estrichs im EG (Münzfund)

798 +/- 5 (d. h. frühestens 793): Eichenpfahlgründung, Baubeginn

Figure 15: La construction de la chapelle palatine

Aix-la-Chapelle est donc la démonstration de l'émergence d'une technique dont on ignorait tout à l'époque et qui n'a pas trouvé de succession pendant plusieurs siècles.

La construction de voutes n'a commencé vraiment qu'au 11ᵉ siècle et un des premiers exemples est l'église St. Philibert à Tournus en Bourgogne. En Allemagne, la première construction de grandes dimensions utilisant des voutes d'arrête était le dôme de Spire, une nouveauté aux conséquences insoupçonnées.

4.1 CHARLEMAGNE – SUPER EMPEREUR

L'empereur jouit encore aujourd'hui d'une grande estime. Le « père de l'Europe » tel qu'il est décrit par ses « biographes » tombait dans l'oubli après sa mort et ce n'est qu'entre le

12e et le 15e siècle qu'il réapparut. Les légendes (117 selon Pfeil, 1967) autour de l'empereur florissaient de plus belle.

« *Nous entrions donc dans la tombe de Charles. Il n'était pas couché comme le sont d'habitude les morts, mais il était assis et tenait dans ses mains gantées un sceptre ; ses ongles avaient percé les gants. Au-dessus de lui se trouvait un plafond en marbre et recouvert de chaux. Lorsque nous arrivâmes, nous la démolissions. Une très forte odeur sortait de la tombe. Nous fîmes tout de suite notre révérence à l'empereur en nous agenouillant et l'empereur Othon Ier lui mettait sans tarder des draps blancs, coupait ses ongles et réparait ce qui avait souffert des dommages. Charlemagne n'avait perdu aucun membre par les effets de la putréfaction, seul son nez lui manquait. L'empereur Othon la remplaçait avec de l'or, lui arrachait une dent, réparait la maçonnerie et s'éloignait de la tombe* ».[45]

Illig évoque 4 questions « ouvertes »

- La date et le lieu de sa naissance ne sont pas connus. L'arbre généalogique de son ascendance et da sa descendance est très nébuleuse.
- Un deuxième mystère est l'ascendance au trône, le sort de ses frères et son établissement comme despote/autocrate.
- L'évènement le plus important de sa vie, son couronnement comme empereur a eu lieu pour nous en l'an 800, mais dans les « annales » il est situé en 801 (voir plus loin)
- Charlemagne est enterré le jour même de sa mort dans la cathédrale d'Aix-la-Chapelle bien qu'il avait lui-même défendu les enterrements dans les églises aux conciles d'Aix-la-Chapelle et de Mayence. Personne, sauf Othon Ier (qui a remplacé le nez pourri de son aïeul par un nez en or) en l'an 1000 et Frédéric Barberousse en 1165, n'a jamais retrouvé la tombe. Othon a trouvé le cadavre de l'empereur merveilleusement bien conservé et Barberousse s'est emparé de ses os et insignes pour les exposer dans la cathédrale. Aurait-il finalement été réduit à l'état de squelette ?

Ainsi les légendes autour des nombreux lieux de naissance, le manque d'une date de naissance, le manque d'informations sur l'enfance et la jeunesse, la prise de pouvoir surprenante, le couronnement douteux, la tombe manquante dans une cathédrale bien conservée pour le reste signalent que les découvertes archéologiques ne concordent pas avec les chroniques. Le fait que le tombeau de Charlemagne fut « oublié » pendant 350 ans montre que l'histoire a détourné l'aspect réel de la vénération de l'empereur. Car personne ne pourrait admettre que la ville d'Aix-la-Chapelle aurait renoncé à un pèlerinage lucratif vers sa tombe.

---

[45] https://www.wissen.de/lexikon/otto-in -der-gruft-karls-des-grossen - (Trad.: R.S.)

Dans le premier chapitre de son livre, Illig se tourne vers les qualités humaines de Charlemagne qui réunit une ribambelle de superlatifs : Ce géant de 2 mètres de haut aux larges épaules et avec un gros ventre est doué d'une force extraordinaire. Il soulève deux hommes avec un bras et écrase plusieurs fers à chevaux avec une seule main. Néanmoins il est le meilleur nageur à la cour et un cavalier brillant (les pauvres chevaux !). Il est tout le temps en selle : Durant sa vie il aurait entre trois et quatre fois fait le tour de l'équateur. Avec 10 femmes, il aurait fait au moins 18 enfants.

Figure 16: Buste de Charlemagne à Aix-la-Chapelle

Sa vie était dure : Sur un règne de 46 ans, il a fait la guerre pendant 44 ans. Omniprésence, omnipotence et omniscience faisaient partie de son psychique et selon Éginhard, il était un exemple d'honnêteté, de douceur, de bonté, de modestie et d'amour du prochain.

4.1.1   Le juriste

Apparemment, il aurait fait enregistrer et recenser tous les systèmes juridiques de chacun des territoires conquis. Malheureusement, il n'en subsiste aucune trace.

4.1.2 Ethnologue et germaniste

Charlemagne était le premier souverain européen qui agissait en ethnologue. Il collectionnait les poèmes épiques et réformait l'écriture en remplaçant l'italique mérovingienne par la minuscule caroline. Il remit le latin à l'honneur et travaillait au développement d'une langue franconienne – pas mal pour un empereur qui ne savait pas écrire. Depuis, on ne cesse de voir les origines de la langue et de la littérature allemande du temps de Charlemagne, contre toutes évidences. En effet l'ancien allemand (« Althochdeutsch ») ne se répand qu'au milieu du 11e siècle. C'est d'ailleurs aussi le cas pour l'ancien français : les Serments de Strasbourg n'étant pas rédigés en 842, mais quelques siècles plus tard.

4.1.3 Humaniste et amateur d'art

Charlemagne aurait créé partout des écoles et organisé une grande réforme scolaire. Ses adeptes parlent d'un « évènement unique » dans l'histoire européenne lorsqu'un chef de guerre « ordonne » à son peuple de se cultiver. Il aurait créé des institutions éducatives et universités – bien que tout le monde sache que les premières universités aient été créées au 12e siècle. Malgré son handicap (ne pas savoir écrire), il s'occupait d'astronomie et révisait le calendrier.

Il préconisait la redécouverte de la culture antique, favorisait le développement des arts et de l'artisanat d'art, fondait l'école de peinture d'Aix-la-Chapelle, développait la technique des fresques murales et des verrières coloriées dans les églises, de la sculpture sur ivoire, du moulage en bronze, de la taille des pierres précieuses et de l'orfèvrerie. Inutile de dire que presque aucun objet dans les musées européens n'est attribué à cette époque, les quelques rares spécimens sont là pour voiler les lacunes dans le temps.

4.1.4 Saint et théologien

La canonisation de Charlemagne fut « l'une des plus singulières que connut l'histoire de l'Église ». En effet l'Église catholique était toujours un peu embarrassée par le fait que Charlemagne fut apparemment canonisé par un antipape fidèle à l'empereur.

Aussi, l'empereur Charlemagne, le « chrétien le plus pur qu'on puisse imaginer », agissait également en théologien dogmatique en bannissant certaines « hérésies », une tâche qu'il considérait comme un de ses devoirs de souverain. Charlemagne est considéré sans gêne par ses admirateurs comme le centre du monde, le pape étant sous ses ordres. Cette vue fut partagée par Othon III qui essayait également de dominer l'église catholique et le pape.

4.1.5 Charlemagne le conquérant

Mais Charlemagne n'était pas connu uniquement comme esthète, il était connu et craint pour son rôle de politicien actif, de guerrier avide de pouvoir. Chaque année il partait en guerre et établit un régime de terreur dans les pays occupés. Il aimait la paix avant tout mais approuvait les guerres faites pour répandre la foi chrétienne, de sorte que Karlheinz Deschner (« Histoire criminelle de la chrétienté » en 10 volumes)[46] le désignait comme un meurtrier à l'échelle mondiale, un des plus fameux bandits de l'histoire. Il sortait toujours vainqueur de ses batailles, tuait tous ses ennemis sans perdre un seul homme.

Figure 17: La cavalerie carolingienne attaquant les avares

En l'an 793, il guerroyait contre les Saxons, les Sarrasins établissaient un second front au Sud-ouest, la famine ravageait les populations dans son empire, mais Charlemagne contrôle tout et sous des torrents de pluie, il commence la construction d'un canal entre le Rhin, le Main et le Danube surveillant le chantier gigantesque en personne. Mais la pluie causait des glissements de terrain et Charlemagne dut abandonner le projet. Encore aujourd'hui on fait des fouilles dans le « Karlsgraben » (fossé de Charlemagne) pour trouver des témoignages de

---

[46] Karl-Heinz Deschner: Kriminalgeschichte des Christentums; 10 volumes 1983-2013; Rowolth, Reinbeck bei Hamburg

79

l'ingéniosité de l'empereur …sans trouver grand-chose bien sûr. Les découvertes se laissent décrire sur une seule page (Illig, p. 109) et la datation de ces objets est plus qu'incertaine. En plus, on n'a pas trouvé d'épaves de péniches tout comme la flotte que Charlemagne avait fait construire pour combattre les vikings semble avoir coulé dans son ensemble sans laisser de traces.

4.1.6   Digression : Problèmes de logistique

Un empereur, qui fait la guerre en 44 sur 46 années de gouvernement doit pouvoir se fier à une logistique sophistiquée. Comment le Grand Charles avait-t-il résolu ces problèmes de transport avec des animaux de trait et des chariots ? Après tout, les distances parcourues allaient de 300 km pour les campagnes contre les Saxons et 2000 km jusqu'à Salerne ou Saragosse.

Les apologistes de Charlemagne comme Stefan Weinfurter parlent d'un « formidable emploi en hommes et en matériel » pour de tels déplacements sans réfléchir sur leur faisabilité pratique.

Johannes Fried, un des plus grands défenseurs de l'empereur commence à avoir des doutes. Selon lui, la cour de Charlemagne – environ 2000 personnes – se déplaçait en permanence. Gare aux hôtes qui souvent malgré eux, devaient nourrir une telle meute affamée d'hommes et d'animaux. Fried constate sans broncher que les armées de l'empereur « n'étaient pas très grandes, autour de 10.000 combattants ». Ils se déplaçaient avec des chars à bœufs qui arrivaient à parcourir jusqu'à 20 km par jour si tout allai bien. À la question d'un journaliste, comment il avait réussi à traverser les alpes, Fried répondit avec une incroyable naïveté qu'en 773, il avait divisé son armée en deux parties afin de prendre le passage du Mont Cenis (2083 m) et celui du Grand St. Bernard (2469 m) pour combattre les Lombards en un mouvement de tenaille.

Mais sans fourrage, une campagne militaire est impossible. Illig s'amuse à calculer les besoins logistiques pour un aller-retour d'Ingelheim à Paderborn (actuellement 270 – 310 km suivant l'itinéraire), deux des résidences royales introuvables de l'empereur. Selon Fried, un bœuf peut parcourir jusqu'à 15 km par jour, rarement 20 km. Ainsi le voyage aller durera 20 jours. Selon un « guide de l'agriculture » de 1876, un bœuf a besoin de 10 kg de nourriture par jour et 40 l d'eau. Illig suppose que les animaux trouvent assez d'eau en chemin pour ne pas devoir également transporter d'énormes quantités de liquide. Pour le trajet Ingelheim-Paderborn aller-retour avec 10 jours de repos pendant que les combats font rage, le bœuf a besoin de 50 x 10 kg = 500 kg de nourriture. Comme on n'a pas trouvé de restes de chariots carolingiens, Illig prend comme référence le « clabula » romain avec une capacité de chargement de 495 kg. Avec un chariot semblable, le bœuf pourrait transporter sa propre nourriture et éventuellement 300 kg de butin au retour. La conclusion est que ce bœuf ne sert strictement à rien pour la première partie du voyage, comme il ne transporte que sa propre nourriture. Comme il est peu probable qu'il trouve de la nourriture en chemin, qu'il doit ruminer en position couchée, que la clabula fut tirée en moyenne par 4 bœufs et que le transport devait comprendre également la nourriture des hommes et des chevaux, la faisabilité d'une campagne militaire de l'empereur dans ces conditions devient de plus en plus absurde.

Figure 18: Les voyages et campagnes militaires de Charlemagne

En plus, on sait que les routes n'existaient pour ainsi dire pas, faute d'entretien des routes romaines. Même les défenseurs de Charlemagne partent du fait que les routes étaient impraticables et le les marchandises de première importance tels que le sel ont dû être transportées par voie fluviale, à dos de mulet ou même à dos d'homme lorsqu'il s'agissait de traverser les montagnes. Pourtant les carolingiens ont combattu vaillamment Vikings, Bretons, Aquitains, Basques, Sarrasins, Lombards, Byzantins, Avares et Slaves.

D'un point de vue archéologique, tout manque : On n'a trouvé aucune trace d'étriers, d'attelages de chariots, de pièces d'essieux, de moyeux de roues, pourtant bien documentés chez les celtes.

Il y plus de 100 ans, Hans Delbrück note dans son « Histoire de l'art de la guerre » que les trais d'armée devraient être énormes. Le nombre de personnes et d'animaux des équipes accompagnantes est plusieurs fois plus important que celui des guerriers. Le fait que les troupes carolingiennes emportaient selon les documents de l'époque toutes leurs provisions pour la durée de la campagne est la preuve que les armées devraient être très limitées en nombre de soldats. Delbrück estime que le nombre maximum de guerriers d'une armée de Charlemagne ne pouvait pas être supérieur à 10.000. Mais selon un auteur, (Stark 2014) l'armée de Charlemagne aurait compté plus de 100.000 hommes en permanence sous les armes !

4.1.7   Homme d'action et flâneur

A part ses activités en tant qu'homme d'État, Charlemagne semblait transférer toute son énergie sur son armée. Comment expliquer autrement le fait que son armée – estimée à 50.000 – 100.000 hommes – a traversé les alpes à maintes reprises en hiver. Non seulement il aurait fait la traversée en un temps record mais encore, il n'a pas emprunté le col « facile » du Brenner mais les cols français beaucoup plus difficiles.

Charlemagne était un des premiers souverains à commander une cavalerie lourde et ses soldats dans leur armurerie tenaient en selle principalement à cause des étriers qui malheureusement ne furent inventés que deux siècles plus tard. Aussi bien la cavalerie de Charles Martel que celle de Charlemagne faisaient leur apparition quelques siècles trop tôt. On n'a d'ailleurs jamais trouvé des restes des armures des soldats de Charlemagne, ni sur les champs de bataille, ni dans les tombes inexistantes des guerriers.

4.1.8   Le premier croisé à Jérusalem

Charlemagne a donc conquis plus de la moitié de l'Europe. Le nord de l'Espagne, la France, l'Italie, le nord de l'Allemagne, les pays de l'est et les Balkans … En Afrique du nord et au moyen orient, des souverains devaient lui payer des taxes. Le patriarche de Jérusalem lui fit remettre les clefs de la ville et du Mont du Temple. Ses adeptes applaudissent encore aujourd'hui : « Ainsi Charlemagne était maître de Jérusalem, le vrai cœur du monde, désigné comme nul autre souverain de guider la chrétienté. »

Les perses conquirent Jérusalem en 614 et enlevaient la « Sainte Croix ». Pendant plus de trois siècles, ce sacrilège laissait la chrétienté dans la plus absolue indifférence. Le pape Grégoire VII voulait organiser une première croisade en 1074, mais c'est seulement en 1096, que la première croisade a eu lieu effectivement selon l'histoire « officielle », dévastant la tout sur son chemin et le territoire ennemi pour conquérir Jérusalem. Après quelques croisades sanglantes ayant pour résultat entre autres la destruction de Constantinople par les chrétiens Frédéric II organisait une 5e croisade. Il négociait avec le sultan Al-Kamil et obtint un sauf-conduit pour les pèlerins. Il se faisait couronner « Roi de Jérusalem » avant de perdre définitivement la ville en 1244.

Il saute aux yeux, que Frédéric II a utilisé la légende de son « aïeul » Charlemagne pour justifier sa propre épopée au Moyen-Orient[47]. Il va sans dire que les sources arabes ignorent complètement les agissements et la diplomatie de Charlemagne, tout simplement parce qu'elles n'ont jamais eu lieu.

4.1.9 Le territoire de l'empire carolingien

Si on compare les cartes historiques représentant le territoire de l'empire carolingien au sommet de sa gloire vers 850 (p. ex. Tellenbach, 1956) et celles du territoire mérovingien autour de 650 (Ewig, 1993) on doit constater que seulement les territoires saxons peuvent être considérés comme une extension du territoire.

4.1.10 Lacunes historiques

Les exploits de Charlemagne figurent dans tous les manuels d'histoire. Mais ils cachent des contradictions évidentes. Ainsi son adversaire Widukind, vaincu, disparait complètement de l'histoire même que l'empereur figurait comme parrain généreux lors du baptême du pauvre païen. De même pour le duc de Bavière, Tassilon III. On ne connait presque rien de sa biographie, sa femme et ses enfants disparaissent dans des monastères sans réapparaitre. Des églises et les monastères qu'il avait fait construire, il ne reste plus aucune trace. Le seul objet qui lui est attribué « avec certitude » est un calice en argent qu'Illig date au début du 11ᵉ siècle. Les Avars, un peuple que Charlemagne aurait complètement exterminé, fait partie de cet amalgame difficilement décelable des tribus « barbares » qui envahissaient les pays chrétiens et qui furent doublés, voir triplés par les historiens pour meubler les siècles sombres. Les vassales, qui devaient payer des taxes à l'empereur et dont le nombre a été estimé à 30000 doivent rester à 97,6 % dans l'anonymat selon les recherches de Kienast (1990). Charlemagne aurait eu 18 enfants mais seulement 18 petits-enfants. Malgré cela, sa progéniture a explosé de sorte qu'aujourd'hui, 10 % des allemands se considèrent comme des descendants de Charlemagne. Les historiens n'ont pas mieux à faire que de puiser dans les ténèbres de ces siècles inventés pour créer de toutes pièces des lignées impériales pour l'aristocratie allemande. Leurs sources de documentation sont les actes concernant l'empereur qui sont tous des faux. Mais ça ne parait pas les inquiéter outre mesure. La falsification de documents atteint son apogée au 12ᵉ siècle dans les monastères du Reich. Illig considère que les historiens n'ont pas réussi à séparer les originaux des falsifications, mais les bonnes falsifications des mauvaises falsifications. Encore une fois faut-il déplorer la perte de trois actes qui assurent la possession de certains territoires, *la plus grande imposture de tous les temps* ! En premier lieu, Constantin a fait cadeau au pape de l'État d'Église, qui fut reconnue déjà comme une falsification au 15ᵉ siècle. Le deuxième acte concerne la « donation de Pépin » qui après avoir vaincu les Lombards remettait au pape les clefs des villes conquises ensemble avec l'acte de donation au tombeau de

---

[47] Illig et Bennet Scott sont unanimement d'avis, que les croisades étaient une réponse immédiate aux conquêtes des perses au 7ᵉ siècle. Pourquoi les adeptes du dieu chrétien auraient attendu 300 ans pour venger ces sacrilèges ?

St. Pierre, donation renouvelée par Charlemagne. En 1201, Othon IV reconnaît le pape comme souverain de territoires ayant appartenu au Reich. Cet acte faisait du pape Innocent III le vrai fondateur de l'État d'Église.

Illig résume : L'idée que l'État d'Église du haut Moyen Âge est fictif ne peut plus être réfutée aujourd'hui. Tous ses territoires basés sur les "donations" de Constantin, de Pépin et de Charlemagne le sont grâce aux plus grandes escroqueries de notre histoire.

4.2 LE PAYS DES FRANCS : UN PAYS SANS ÉCONOMIE

Un pays, qui sait mener des guerres pendant 46 années presque sans interruption, qui en même temps réalise des projets de construction gigantesques (65 résidences impériales, 313 grands chantiers), qui soutient financièrement les arts et plus encore l'Église a besoin de fondements économiques solides et doit être gouverné d'une manière irréprochable. César l'avait réalisé mais qu'en était-ce de Charlemagne en tant qu'économe de l'État ?

Ici, les adeptes de Charlemagne vivent leur Roncesvalles, pour rester dans la terminologie historique. Car comment se présente l'économie du pays sous le « père de l'Europe » ? En anticipant on peut résumer : un fiasco absolu, car on retrouve essentiellement une économie naturelle avec un commerce minimal basé sur une économie de troc à un niveau presque néolithique. Ceci n'aurait rien de surprenant, si on considérait le fait que les gens vivaient pour la plupart du temps dans la misère absolue. La contradiction réside dans le fait que cette époque est toujours considérée par les historiens comme une « renaissance » ou une « renovatio ». Renovatio pour qui ?

4.2.1 Un pays sans villes

Le royaume de Charlemagne n'avait pas d'infrastructure nécessaire à un pays continuellement en guerre avec ses voisins. Après le déclin de la civilisation romaine, on constatait une régression vers des formes de vie villageoises. Bagdad, Le Caire, Samarkand, Cordoba et Palerme comptaient des centaines de milliers voir des millions d'habitants tandis que les « villes » du pays des francs n'avaient rarement plus de 10.000 habitants. Désigner Aix-la-Chapelle comme la « capitale » ou régnait Charlemagne est un mensonge grotesque, la ville n'ayant obtenu ses droits de cité seulement sous Frédéric 1er et cela en 1166. Cologne, Mayence ou Trèves comptaient autours de 10.000 habitants tout comme Reims, Lyon ou Arles. Les historiens s'étonnaient du fait qu'aucune ville romaine entre Budapest et Nimègue n'a survécu au moyen âge. On peignait des tableaux sombres avec des villes en ruines, hantées par des êtres dégénérés en haillons engagés dans une lutte pour la survie sans merci. Curieusement, un grand nombre de ces villes renaissaient au début du Xe siècle.

4.2.2   Les invasions normandes

Figure 19: Les raids normands entre 793 et le 12e siècle

Pendant cette même période les pays appauvris et désorganisés semblaient avoir quand même un certain attrait pour les féroces guerriers du Nord, les Vikings. Selon la majorité des historiens, ces hordes sauvages descendaient les fleuves et les rivières pour saccager villes et villages : Marseille, Paris, Bordeaux, Tours, Trèves, Cologne, Hambourg pour n'énumérer que quelques-unes. On penserait à des milliers de morts de part et d'autre, mais selon Illig, il n'y a que trois tombes normandes sur tout le continent : Ile de Croix, Rouen et une tombe aux Pays Bas. La rareté des tombes contraste avec les récits sur les raids.

Dans un article sur le même sujet, paru dans les « Zeitensprünge » Illig fait l'éloge des Vikings : Partout où ils viennent de dévaster une ville, ils nettoient le « chantier », ramassent les pointes des flèches et les armes, emportent leurs morts, leur butin, leurs prisonniers qu'ils vendent comme esclaves en Russie, et remontent dans leurs bateaux pour rentrer tranquillement chez eux. Avaient-ils des bateaux en réserve, personne ne le sait. Des fouilles faites dans des villes supposées avoir été victimes des normands ne montrent aucune trace de destructions à cette époque. Le drame sanglant n'a donc eu lieu que sur le papier.

4.2.3   L'argent et le commerce

Au royaume de Charlemagne manquait un système financier bien organisé, les fonctionnaires qualifiés et le support du peuple. C'est ce que constatent certains historiens mais d'autres trouvent que l'empereur était un vrai génie en matière de finances de l'État. Sa réforme monétaire fut considérée comme la pierre angulaire de l'histoire monétaire européenne. Mais dans les « annales »[48] on ne la mentionne même pas. D'ailleurs, les monnaies frappées à l'image de Charlemagne sont rarissimes, et les quelques exemplaires lui attribuées d'origine douteuse. On ne sait pas, d'où il a puisé les matières premières pour faire frapper ses deniers, on supposait même qu'il faisait fondre les dirhems arabes, c'est peut-être pourquoi on ne trouve pas de dirhem sur le territoire de l'empire malgré le fait que Charlemagne entretenait des relations commerciales fructueuses avec le monde arabe et son copain Hâroun-ar-Rachîd.

Illig conclut : Au lieu de développer des fantaisies sur une économie monétaire ou les monnaies sont aussi rares que des évangéliaires peints à la main, il faut se rendre à l'évidence qu'une circulation d'argent significative n'apparait qu'au 11e siècle. Argent et commerce sont inséparables. Pourtant les « sources » ne fournissent aucun témoignage d'un commerce florissant dans les siècles qui nous occupent. D'aucunes parlent même du déclin complet du commerce. Un commerce florissant se traduit par l'organisation de foires. Or il n'y a pas de témoignages écrits sur les foires ni des vestiges archéologiques de lieux de marché.

Dans l'empire, il n'y avait pas de routes. Les premières routes pavées apparaissent en France à partir de 1090. En tant que constructeur de nombreux projets de prestige, Charlemagne aurait facilement pu réaliser les infrastructures nécessaires pour les relier entre elles. Et comment déplacer ses armées de 50.000 hommes et plus?

Sans routes, il est difficile d'imaginer un commerce florissant. Malgré cela, les historiens attestent à l'empereur un rôle régulateur dans les échanges internationaux. Non seulement, il aurait réformé les poids et mesures en vigueur chez les romains, mais encore, il aurait contribué à leur uniformisation dans le commerce européen.

Par son capitulaire « de villis » Charlemagne entendait, huit siècles avant Sully, réformer entièrement l'agriculture et l'administration de ses domaines, immenses puisqu'ils s'étendaient de l'Allemagne à l'Espagne»[49]. On voit combien les historiens, même amateurs, sont influencés par le « mainstream ».

Ses armées, regorgeant de cavaliers en lourde armure, sont également sujet de doutes multiples : Il n'y a pratiquement pas de découvertes archéologiques contenant des objets en fer jusqu'au 12 siècle. Les amis de Charlemagne évoquent les investissements dans l'armurerie lourde. Mais hélas, on ne trouve pas de restes d'objets, voire d'armes en fer, ni sur les champs de bataille non-existants ni dans les tombes des fiers guerriers. Le comble de la bêtise concerne

---

[48] Les *Annales regni Francorum* („Annales du royaume des Francs), sont un rapport écrit des évènements dans le royaume des Francs au 8e et au 9e siècle.
[49] Cité d'après Wikipédia, https://fr.wikipedia.org/wiki/Capitulaire_De_Villis

les épées des Francs : leur qualité aurait été telle, que Charlemagne aurait défendu leur exportation.

Certains historiens essayent d'antidater des inventions telles que le moulin hydraulique, la charrue en fer, l'emploi du cheval comme animal de trait et l'assolement triennal. Ces techniques n'ont jamais été utilisées du temps de l'empereur mais inventées beaucoup plus tard, de sorte qu'on ne peut plus parler de Charlemagne ayant illuminé le moyen âge comme un éclair, mais plutôt comme un ver luisant.

4.3   CHARLEMAGNE ET LES ARTS

Charlemagne fut immensément riche, selon ses chroniqueurs. Hélas, des cadeaux offerts aux églises romaines, énumérés dans le « Liber pontificales » il ne subsiste rien : Tables en argent, couronnes en or garnies de pierres précieuses, calices, croix et évangéliaires.

Les croix, reliures en or et autels dorés dont l'empereur aurait fait don aux églises de son royaume se sont évaporé tout comme sa couronne impériale et celle d'Othon le Grand.

A Aix-la-Chapelle, on conserve le buste de Charlemagne, réalisé en 1349, le bras reliquaire, daté de 1165 et un autre reliquaire contenant 3 de ses dents ainsi qu'un os de son bras qui en vérité est un os en provenance d'une jambe. Un autre reliquaire curieux est le « A de Charlemagne » conservé à Ste. Foix à Conques, l'Escrain de Charlemagne, œuvre somptueuse qui a disparue, son talisman contenant des cheveux de la Sainte Vierge lui a été dérobe dans sa tombe, tout comme la croix qu'il portait autour du cou.

Le monastère d'Andechs en Bavière est fier de la croix de la victoire que Charlemagne avait obtenue d'un ange et qu'il remit à son fils Pépin. La Croix de Lothaire est une œuvre d'art ottonienne. L'épée de Charlemagne – datée au milieu du 12e siècle - fut utilisée pendant les cérémonies de couronnement des rois de France tandis que son sabre provient de la Hongrie du 9e siècle. Son couteau de chasse ainsi que son cor de chasse sont des objets anglo-saxons datés au 11e siècle. Sa chape, conservée dans la cathédrale de Metz a été confectionnée probablement en Sicile autour de l'an 1200 et sa dalmatique, conservée aux Musées du Vatican autour de l'an 1400. Dans le coffre de Charlemagne furent trouvées plusieurs étoffes dont une seule est d'origine syrienne datée avant la vie de Charlemagne. Illig énumère encore un tapis, une canne d'eau, le reliquaire de Widukind, offert par Charlemagne au Saxon Widukind lors de son baptême ainsi que l'évangéliaire du couronnement de Vienne.

Illig conclut : Sur les 22 reliquaires attribués à Charlemagne, seulement 5 peuvent être datés au 9e siècle, 1 au 10e, 9 au 11e, 2 au 12e, 3 au 13e et un au 14e siècle. Un seul objet provient de l'antiquité.

4.3.1   Sculptures

Après cet aperçu décevant, Illig se tourne vers la statuette équestre provenant de la cathédrale de Metz et conservée au Louvre. Une chose est certaine, la statuette n'a pas été produite au 9ᵉ siècle. Gert Zeising la considère comme un travail de la renaissance, et donc après 1500. (Zeising, 1999, P. 467) La statue en provenance du cloître de Müstair fut longtemps attribuée au 9ᵉ siècle, donc du vivant de Charlemagne. Aujourd'hui on la date plutôt au 12ᵉ siècle où on commençait à sculpter des figures grandeur nature.

En effet, les sculptures ne font qu'apparaître qu'au 11ᵉ siècle. Les sculptures sur pied en bois ou en pierre sont suivies par les sculptures au bâtiment. Les moulures en stuc grand format n'apparaissent qu'un siècle après.

4.3.2   Un maître d'œuvre hors du commun

Charlemagne et ses successeurs Louis I et Lothaire I auraient continuellement construit : 27 cathédrales, 100 résidences royales (*Königspfalzen*) et 417 monastères[50]. Mann (1967) parle même de 312 cathédrales, 1254 monastères et 129 résidences royales, dont 215 auraient fait l'objet de fouilles archéologiques mais pour quelques-unes seulement, des vestiges seraient conservés.

La plupart de ces bâtiments ne peuvent même pas être localisés. Ils semblent s'être volatilisés, car il ne subsiste même pas les fondements. Des 400 monastères qu'aurait fait construire Charlemagne, il ne subsiste aucune trace. De même pour les églises : A peine une douzaine, dont e. a. Aix-la-Chapelle, Lorsch, Corvey, Saint-Riquier et Saint-Denis auraient des racines carolingiennes mais nous avons vu que toutes ont été construites beaucoup plus tard. Le célèbre pont sur le Rhin près de Mayence a également disparu sans laisser de traces, contrairement au pont romain sur le Rhin près de Cologne, beaucoup plus âgé que celui de Mayence.

---

[50] Cartes détaillées dans Illig, op. cit, p. 206-207

Un des indices les plus fiables pour dater un édifice est la construction des voutes. Le

Figure 20: Les grandes constructions de Charlemagne

premier témoignage d'une voute en berceau se trouve dans les Pyrénées françaises : Saint-Martin-du-Canigou (1009). En cette même année, l'avant-nef de l'église Saint-Philibert à Tournus. Son narthex est la plus vielle construction complètement préservée et encore debout. Les nefs latérales de la cathédrale de Spire I sont également des témoins de voutes en berceau.

L'apogée de la technique de construction des voutes est atteint autour de l'an 1100 avec Saint-Martial à Limoges, Saint Sernin à Toulouse et Cluny III, voute en ogive de 30 mètres de haut, effondrée en l'an 1125.

Spire II devait avoir obtenu sa voute également au début du 12e siècle lors de la reconstruction de l'édifice par Henri IV, une voute d'arêtes de 33 mètres de haut. La coupole sur la croisée de transept est avec 46 m. nettement plus haute que celle d'Aix-la-Chapelle, mais ses 14 m de diamètre n'atteignent pas le diamètre à Aix (15,7m). Au milieu du 12e siècle commence également en Normandie et Île-de-France la construction d'églises spectaculaires : le gothique.

4.3.3   La chapelle palatine de Charlemagne : 24 indices pour une datation erronée

1. La coupole centrale
2. La voûte d'arêtes de forme alvéolaire
3. Les voûtes d'appui inclinées
4. Les voûtes en berceau montant en spirale (escaliers)
5. Les fausses arcades
6. Les contreforts
7. Le système des contreforts
8. L'escarpement vertical
9. La structure des parois
10. Les murs porteurs
11. Le système métrique
12. Pierres de taille au lieu de moellons
13. Piliers cruciformes
14. L'intrados oblique des fenêtres
15. Les arcs doubleau (ou nervures) avec leurs côtés lissés
16. Les arcs de décharge ouverts sur linteau horizontal
17. Les ancres circulaires en fer
18. Les clochers
19. Le massif occidental
20. L'octogone et ses successeurs
21. La chapelle double (deux étages)
22. La grille de colonnes
23. Les portes en bronze

Pour chaque détail anachronique de la chapelle de Charlemagne Illig donne une foule de renseignements et fait des comparaisons avec des constructions d'époque.

De nombreux plans architecturaux montrent qu'au 11e siècle, ces caractéristiques de constructions étaient très répandues, presque la norme, mais qu'en aucun cas, elles n'ont pu être réalisées du temps de Charlemagne.

Les ancres de la chapelle palatine d'Aix-la-Chapelle sont d'une épaisseur de 7-8 cm. Ils ne pouvaient pas être forgés avec les moyens techniques du 9e siècle. C'aurait été possible avec un marteau-pilon hydraulique, une invention du 11e siècle. Cette photo montre des anneaux circulaires qui ont été ajoutés aux murs extérieurs de l'octogone pour parer la pression de la coupole.

Figure 21: Les ancres de la chapelle palatine

4.3.4. A quelle époque appartient la chapelle de Charlemagne ?

On devrait s'attendre à une foule de documents concernant la construction, la rénovation ou la transformation de cette église. Mais on manque aussi de témoignages sur le plus grand dôme préroman à Cologne qui est considéré à tour de rôle comme carolingien ou ottonien. Les documents et chroniques le concernant ne révèlent aucun détail sur les maîtres d'œuvre, la date et la durée de la construction. De même pour le célèbre baptistère de Florence. Il était la principale église de la ville avant le début de la construction de la cathédrale en 1296 mais il n'y a presque pas de documents sauf quelques renseignements contradictoires sur sa construction.

Et qu'en est-il de la ville d'Aix-la-Chapelle ? Charlemagne aurait passé les 10 dernières années de sa vie faisant de la ville la capitale de son empire désignée par ses adorateurs comme la « nova Roma ». Son fils Louis le Pieux y résidait également et après la mort de Lothaire II, la ville tombait dans un profond sommeil interrompu uniquement par une attaque (probablement fictive) des normands en 869. Pour les 200 années qui suivent, on ne trouve aucune trace archéologique du « siège royal le plus distingué au nord des Alpes » selon Othon le Grand.

Elle se réveille au début du 11ᵉ siècle quand l'empereur Frédérique II Barberouge en fait sa capitale et lui accorda le privilège de battre monnaie et de tenir marché. Ce n'est qu'en 1356, que Charles IV, dans la Bulle d'Or fixe Aix-la-Chapelle officiellement comme le lieu de couronnement des rois.

Pour les 24 indices énumérés plus haut, Illig définit la date la plus probable pour leur apparition. Ne citons à titre d'exemple que les cloches (970), les portes en bronze (1010), l'octogone (990-1030), ancres circulaires en fer et la coupole (1080).

Ces ancres de fer sont devenus entretemps l'argument le plus « dur » pour une nouvelle datation de la chapelle palatine. Car avec leurs dimensions de 6 x 7 cm, ils ne peuvent pas être forgés à la main (Illig, 2011, P. 134). Ceci n'est pas seulement confirmé par des forgerons, mais aussi par le maître d'œuvre du chantier de la cathédrale. Pour donner à ces ancres la qualité de l'acier de construction contemporain, il aurait fallu utiliser des marteau-pilon hydrauliques. Mais les plus anciens témoignages de tels outils nous proviennent des abbayes cisterciennes de Bordeslay et de Fontenay du 12ᵉ siècle. Même si nous accordions un délai d'un demi-siècle – hautement improbable – pour la construction d'Aix, il est clair que la chapelle ne peut pas avoir été construite avant la fin du 11ᵉ ou mieux, dans la première moitié du 12ᵉ siècle.

« Ainsi les fers de l'octogone sont mieux forgés que ceux du chœur, bien qu'ils les précèdent de 600 années » (Maintz, dans : Heckner, P. 88). Comme le chœur a été construit entre 1355 et 1414, il va de soi que ses ancres en fer aient été forgés avec des marteau-pilon hydrauliques !

« En résumant notre démarche exhaustive de collecte d'indices, nous pouvons affirmer sans aucun doute, que la chapelle d'Aix-la-Chapelle est une construction salienne, probablement du temps de Henri IV (1056-1106) ». (Illig, p. 298)

En plus, Illig conclut que les constructions carolingiennes et ottoniennes appartiennent à la même époque et que la période carolingienne est fictive.

Ou furent donc couronnés les rois allemands, si la chapelle n'a été construite qu'en 1060 ? Les couronnements de 936, 961, 983, 1028, 1054, 1087 et 1099 ne sont pas documentés. Un dessin d'Adémar de Chabannes sur parchemin datant de la moitié du 11ᵉ siècle montre une chapelle qui n'a aucune ressemblance avec l'octogone. Les couronnements n'ont donc pas pu avoir lieu à Aix mais plutôt à Cologne qui pouvait présenter une église exceptionnelle, probablement une basilique romaine de grandes dimensions (23 X 18 mètres), des sols en mosaïques, du marbre sur les murs, des mosaïques dorés qui faisaient parler Grégoire de Tours de « l'église des saints dorés ».

4.3.5   Les enluminures

Après la réalisation de la chapelle royale, les enluminures peuvent être considérées comme le plus noble et le plus saisissant fruit de l'époque carolingienne.

Pour l'époque du Grand Charles, les historiens ont identifié deux groupes :

Le groupe « Ada », nommé d'après une sœur inconnue de Charlemagne, comprend neuf codex en provenance de l'école de Charlemagne, des psautiers, des évangéliaires etc. Le siège du scriptorium n'est pas encore localisé

Le groupe de « l'évangéliaire de couronnement de Vienne » contient également quelques évangéliaires, entre autres « l'évangéliaire de couronnement » qu'Othon III aurait trouvé sur les genoux de Charlemagne quand il avait ouvert sa tombe. Probablement, il s'agit d'œuvres byzantines.

Après la mort de Charlemagne, son école disparait dans le néant. Pendant au moins deux siècles il ne se passe rien dans les scriptorium ; on doit renoncer à toute idée de continuité de l'enluminure pendant le moyen-âge. Sa « renaissance » au 10ᵉ siècle est due au renouveau général de cette époque et ne fait que continuer la tradition précarolingienne. Les ateliers d'écriture disparus après la mort de Charlemagne réapparaissent miraculeusement partout en Europe. Les historiens veulent nous faire croire, qu'ils produisaient essentiellement des copies des principales œuvres carolingiennes. Ces mêmes experts s'étonnent que des bibliothèques précieuses, comme p.ex. celle d'Arras, ont pu échapper aux raids des Normands. Presque toutes les enluminures des 10ᵉ et 11ᵉ siècles seraient des copies d'œuvres carolingiennes. Que penser donc des chefs d'œuvre comme le « Book of Lindisfarne », daté ± 700 ou le « Book of Kells », daté ± 800 ? Pour Illig, c'est encore un indice que les enluminures carolingiennes, c.à.d. ottoniennes proviennent d'artistes qui travaillaient à la même époque à des endroits divers.

Les trois étapes de l'art des enluminures carolingiennes se laissent donc transposer au temps des ottoniens : Illig propose :

- 750 – 780 → 930 – 975
- 780 – 815 → 975 – 1010
- 815 – 875 → 1010 – 1050

A l'aide de nombreux exemples, Illig met fin au débat de la continuité dans l'art des enluminures qui a fait et fait encore couler inutilement de l'encre. Il analysera prochainement le développement de la perspective.

Une autre question sans réponse dans ce contexte est la localisation, voire l'existence, des nombreux scriptorium créés par Charlemagne et ses successeurs. Ainsi les œuvres les plus connues de l'atelier d'écriture légendaire de Reichenau ont toutes été produites au 10e et au 11e siècle.

Et les artistes ? On trouve dans les ateliers d'écriture de Reichenau et de Trèves des œuvres influencées par un homme, le maître du « Registrum Gregorii » qui a influencé également les écoles de Cologne, Mayence, Echternach et Lorsch surtout entre les années 980-996. On l'a surnommé le « Léonardo da Vinci du 10e siècle ».

On disait qu'il maîtrisait parfaitement les « techniques anciennes » de sorte qu'il était difficile de dater ses œuvres. Il était influencé « non seulement par l'art carolingien, mais aussi par l'art insulaire qui a été repris par le scriptorium d'Echternach ». (Euw/Schreiner 1991). Ainsi Illig propose de transférer la date de création des évangéliaires du temps de Saint Willibrord (658-739) au 10e siècle.

Ceci nous ramène aux célèbres livres de l'art insulaire, le « Book of Lindisfarne » et le « Book of Kells » créés en l'année 700, respectivement 800. Après une « pause » de 130 années, ce même art réapparait à Canterbury et Winchester.

La création de ces deux livres célébrissimes doit néanmoins être datée au 10e et au 11e siècle pour deux raisons : La comparaison avec des livres créés avec certitude à cette époque (dessins, écriture) et le fait que les couleurs utilisées provenaient de pays éloignés : Le carmin du sud de la France, le pourpre et le jaune d'France et l'ultramarin, contenant de la gomme arabique du Hindou-Kouch. Qui aurait fourni ces matières premières aux moines sur les îles isolées de l'ouest irlandais dans une Europe sans commerce ?

Illig date définitivement le « Book of Kells » au début du 11e siècle, l'argument principal étant l'ultramarin, produit à partir du lapis-lazuli.L'histoire de la disparition du livre et de sa redécouverte en l'an 1006 ou 1007 est un indice pour la date de sa production car les mois passés sous l'herbe et la mousse l'auraient certainement beaucoup endommagé.

Figure 22 : Charlemagne par Dürer

4.4 CHARLEMAGNE COMME OBJET DE FALSIFICATIONS

La vie de Charlemagne est très problématique, mal documentée ou pleine de contradictions. « A la rigueur, on pourrait le retenir comme juriste, mais sont passés l'ethnologue, le mythologue, le philologue, le germaniste, le computiste, le souverain et théologien dominant le pape, cette imitation de Salomon, du Christ et d'Hercule, l'homme d'Etat, le fondateur d'innombrables monastères, églises et universités, l'aïeul de trop nombreux arbres généalogiques et maître de trop peu de vassales, le socialiste comme aïeul de la bourgeoisie et de la vassalité, le guerrier téméraire et inventeur de la cavalerie qui malgré cela ne pouvait pas franchir les frontières mérovingiennes, le souverain sur un pays sans villes, marchés, routes, monnaies, sans populations, sans récoltes, sans outils en fer, le bâtisseur de canaux sans commerce régional ou international, le maître d'œuvre de nombreuses constructions disparues sans laisser de traces. Où est le réformateur qui a changé l'éducation des enfants, l'enseignement moral, la langue allemande, la monnaie, l'armée, les poids et mesures, l'agriculture, la comptabilité ? Où est le fondateur de la renaissance carolingienne qui a porté ses fruits seulement sous les ottoniens ? » (Traduit presque littéralement de Illig, p. 331-332)

Le culte des reliques de Charlemagne portant tous les traits de l'idolâtrie est très douteux. Aix-la-Chapelle aurait dû devenir déjà très tôt un important lieu de pèlerinage mais c'est seulement au 14ᵉ siècle que cette sorte de pèlerinage devient populaire.

95

4.4.1   Les vraies répercussions de Charlemagne

Les biographes de Charlemagne sont d'accord pour dire qu'il fallait des siècles pour que la société médiévale s'aperçoive de la réalité carolingienne. Ce n'est pas un hasard que l'empereur Barberousse a sanctifié la grand Charles.

Pour Illig, il est évident que Charlemagne n'est en réalité que « Charles le fictif ». En effet, toutes ses performances, toutes ses possessions, toutes ses constructions datent d'époques ultérieures et ses réformes existent seulement sur le papier.

Wolfgang Braunfels, un des grands admirateurs et connaisseurs de Charlemagne a dû constater, que la vie du grand empereur est pleine de contradictions et dépasse de loin les possibilités d'un seul individu. Pour Illig, il est clair que les utopies émanent de l'imagination, que le temps des carolingiens est un échiquier fictif sur lequel des figures toutes aussi fictives sont déplacées selon l'humeur de « penseurs » ultérieurs.

4.4.2   Charlemagne le fictif : Quand et pourquoi ?

Le personnage du grand empereur a pris des contours nouveaux au fil des années. Les étapes principales de la création de sa légende doivent être cherchées chez les dynasties impériales : Saxons, Saliens et les Hohenstaufen.

Othon III (983-1002) est probablement le premier à avoir créé la légende de Charlemagne. Avec le support de quelques ecclésiastiques (son confident Gerbert fut promu pape – Sylvestre II) il reliait l'origine de l'empire fictif à son Grand-père, Othon 1er.

Sous Henri IV, la chapelle d'Aix a probablement été construite. Ce Salien était en conflit avec le pape Grégoire VII, qui l'avait obligé d'aller à Canossa pour faire pénitence. Lors de leur deuxième dispute, Henri VI le destituait et se fit couronner empereur par l'antipape Clément III.

Frédéric 1er Barberousse fut un fervent admirateur de Charlemagne. Il le fit exhumer, sanctifier et fit de lui l'objet d'un culte public. Il est à l'origine du terme « Saint Empire Romain ». L'iconographie de l'écrin de Charlemagne, conservé dans le dôme d'Aix-la-Chapelle a été créé par des orfèvres de la ville et montre clairement les aspirations impériales des Hohenstaufen. Cette adoration du grand Charles par les deux Frédéric irritait tellement les papes de sorte qu'Innocence IV appelait à une campagne de destruction pour détruire « nom, corps, semence et descendance des Hohenstaufen ».

En France, c'est Charles V (1364-1380) qui a établi un vrai culte autour du personnage de Charlemagne.

4.4.3   Cui bono ?

Lors du congrès de Munich sur les falsifications au moyen-âge, Horst Fuhrmann, déjà cité, parlait de « falsifications à caractère anticipatif » créant par là une contradiction en soi. Mais le conflit permanent entre Église et Empire nécessitait en permanence de nouveaux arguments qui étaient obtenus le plus facilement par des faux. Charlemagne était élevé au rang de super-pape pour renforcer le dos des empereurs lors de la controverse sur l'investiture. En revanche, la papauté s'emparait de son côté de Charlemagne en créant les donations de Pépin et du grand Charles pour légitimer les possessions territoriales de l'État de l'Église. Et les empereurs étaient mal placés pour nier l'existence de ces cadeaux et admettant en même temps que Pépin et Charlemagne étaient des fantômes créés de toutes pièces.

Le mal était fait : De plus en plus de monastères, de communes et de nobles se faisaient confectionner des certificats leur procurant des avantages terrestres et procurant du travail bien rémunéré aux scriptorium des abbayes.

La sanctification de Charlemagne servait les aspirations de Barbarossa pour mettre en valeur la proximité des empereurs avec la divinité, l'indépendance du pouvoir séculier et en même temps la légitimation religieuse de la dignité de l'empereur.

Quelles sont les conséquences de tout ce qui a été relevé pour la « source principale » Éginhard ? Comme tout ce qui provient de l'époque carolingienne on doit considérer la « Vita Caroli Magni» comme une falsification. Même les historiens qui ne mettent pas en question la véracité du récit déplorent les nombreuses erreurs, imprécisions et exagérations.

Personne ne sera jamais en mesure de démêler réalité et fiction dans les écrits moyenâgeux. Charlemagne et son père Pépin n'ont-ils pas combattu Lombards et Saxons, n'avaient-ils pas un frère nommé Karlmann, décédé mystérieusement, n'avaient-ils pas reçu l'onction, n'étaient-ils pas couronnés, ne faisaient-ils pas un don d'un état à l'église, n'étaient-ils pas contre les iconoclastes, ne participaient-ils pas à la construction de Saint-Denis ?

4.4.4 Saint-Denis : un exemple de confusion

La célébrissime abbaye de Saint-Denis au nord de Paris, fut construite – il faut le croire – entre 623 à 625 par le roi Dagobert I à l'honneur de St. Dionysius, qui, après sa décapitation se promenait du mont des martyrs (Montmartre) jusqu'au site de la future abbaye pour montrer qu'il voulait y être enterré. Depuis, l'abbaye est le sanctuaire des rois de France et conserve leurs insignes.

Suger (1081-1151), abbé depuis 1122, a reconstruit une partie de l'abbaye en laissant un reportage témoignant de ses motivations pour ces transformations. Ce reportage est très déconcertant puisqu'il ne mentionne nulle part les « vrais » fondateurs de l'abbaye, à savoir Pépin et Charlemagne ! Illig pense que les annales carolingiennes ont été rédigées au 12e siècle à Saint-Denis.

L'histoire archéologique de Saint-Denis baigne dans l'obscurité. Jan van der Meulen (1988) après avoir écrit la biographie de la cathédrale de Chartres, déplore que la plupart des cathédrales n'aient pas fait l'objet d'une étude archéologique du bâtiment. Jan van der Meulen et Jürgen Hohmeyer ont déploré une crédulité naïve par rapport à l'histoire de l'art médiéval. Ils ont développé une approche méthodologique se basant sur des critères objectifs et reliables. En renonçant à certaines coutumes devenues chères aux historiens, ils voulaient respecter le plus près possible les limites de ce qui est faisable lors de la construction des bâtiments. Ils visaient par-là l'approche restrictive de certains archéologues visant à ne chercher que ce qu'on espère trouver.

Outillés de cette approche, les auteurs analysèrent l'histoire de la construction de Saint-Denis : Déjà très tôt, ils concluent qu'il n'y a pas de traces d'une église entière construite par Dagobert, ni par Charlemagne. A partir d'une réinterprétation des données historiques et archéologiques ils parviennent à un tableau chronologique très différent de l'histoire officielle de l'abbaye. Illig constate avec satisfaction qu'une histoire de l'art critique a déjà congédié Dagobert et Charlemagne. Dans ce contexte, il ne faut pas oublier qu'un grand nombre de tombes royales n'ont pas été retrouvées dans l'abbaye (Dagobert, Charles Martel, sa femme Chrotrudis, ou de Pépin le Jeune). Illig déplore que malgré ces constats, il d se trouvent toujours des « experts » qui ne mettent pas en question des sources fictives.

Jan van de Meulen et Andreas Speer(1988) s'étonnent non seulement du grand nombre de constructions carolingiennes (1151) et de l'impossibilité de les localiser mais aussi du fait qu'elles sont socio économiquement inexplicables.

Le 12e siècle est fameux pour ses falsifications de documents. L'abbaye de Saint Denis n'échappe pas à la règle, tout au contraire. L'abbé Suger a falsifié le « privilège de Charlemagne » qui élevait le monastère au 1er rang de toutes les églises du pays, lieu de couronnement de tous ses successeurs. Suger se réfère à deux propriétaires fictifs de l'abbaye, Dagobert 1er et Charlemagne. Apparemment, le monastère était le lieu où a été rédigé la « Gesta Dagoberti », une falsification du 12e siècle, réalisée probablement aussi par Suger.

Aucun chercheur sérieux ne croit plus à l'idée que l'histoire de la France et de l'Allemagne en tant qu'États aurait démarrée avec les serments de Strasbourg. Une autre date plus réaliste pour la naissance de l'État français s'impose : Henri V avait fait la paix avec le pape (concordat de Worms) et menaçait Reims et le roi. Suger organisait la résistance : Toute la France affluait à St. Denis en 1124 pour jurer fidélité au roi. Voyant la résistance s'organiser, Henri V renonçait à sa campagne et Saint-Denis devenait le centre religieux de France et l'année 1124 peut être considérée comme l'année de naissance de la France.

Figure 23: La basilique Saint Denis

Louis VI se considérait comme le successeur de Charlemagne. En Allemagne, Frédéric Barbarossa suivait ce développement et s'empressait pour canoniser Charlemagne en 1165 pour s'assurer pour sa part la descendance impériale. Ainsi on comprend mieux pourquoi Charlemagne est glorifié comme héros national par deux nations : En se référant à lui, chacun des deux pays pouvait considérer son voisin comme faisant partie du territoire national. Le fait qu'il était un personnage fictif a largement contribué à sa promotion de double héros national.

Les moines de St. Denis contribuaient à gonfler la légende du grand Charles en rédigeant des « chroniques », des « chansons de gestes » comme la chanson de Roland qui se répandirent très vite dans toute la France, de sorte tous les français finirent par croire la légende et faisaient de Charlemagne leur héros national. Les moines inventaient ou renouvelaient le mystérieux « Pèlerinage de Charlemagne » à Jérusalem pour mieux vendre leurs reliques, que

Charles avait rapporté en grand nombre de la ville Sainte, certifiés par un document établi par le patriarche de Jérusalem et l'empereur byzantin et écrit par un moine de St. Denis.

A tout cela s'ajoutait le « Pseudo-Turpin », écrit entre 1149 et 1165. L'auteur qui empruntait le nom de l'évêque Turpin de Reims (784-794) et livrait avec la « Historia Caroli Magni et Rotholandi » le principal témoignage pour la canonisation de l'empereur. Dans le texte, il est question de la croisade de Charlemagne contre les Sarrasins. Il conquit toute l'Espagne jusqu'à Cordoue et un concile invoqué par lui définissait le primat de Santiago de Compostelle.

D'ailleurs l'écrin fabriqué sur commande de Frédéric Barbarossa exposé à Aix-la-Chapelle montre en 8 tableaux les actes héroïques de Charlemagne tous inspirés par le « Pseudo-Turpin » dont 5 ont comme sujet la campagne contre les Sarrasins. La statuette du « vrai » évêque figure à côté du « vrai » Charlemagne. L'écrin est le premier de son espèce sur lequel figurent des souverains profanes à côté des saints et prophètes, mais exclusivement des souverains allemands, bien sûr.

Le « Pseudo-Turpin » a largement contribué à soutenir les aspirations de l'abbaye de St. Denis et la consécration de l'abbé de St. Denis comme « primat de France ». Beaucoup d'indices suggèrent Suger comme l'auteur de ce document car personne d'autre que lui ne pouvait faire la différence entre faits historiques et légendes pieuses.

D'aucuns pensent aussi que Saint-Denis est le lieu de production de la « falsification Constantine ». Si Saint-Denis était également le lieu de production des « Fausses Décrétales ou Pseudo-Isidoriana » on aurait enfin trouvé l'origine de la plus grande falsification de documents ecclésiastiques, la « plus grande escroquerie de l'histoire mondiale » (Haller, selon Fried 1991).

D'aucuns pensent encore que de telles falsifications étaient possibles au moyen-âge parce que les gens de l'époque ne savaient pas distinguer le passé et le présent. Illig n'est pas d'accord : « Si nous devons prendre au sérieux le moyen-âge, nous devons accepter que pour des raisons de légitimation et donc des raisons de pouvoir, le moyen-âge s'est inventé soi-même pour une bonne (ou mauvaise) partie. » (P. 381)

4.4.5 Digression : L'étrange autodestruction des mérovingiens et la disparition des carolingiens

Dans un article plus récent[51], Illig se demande, comment on peut faire le lien entre l'époque mérovingienne et l'époque ottonienne si la moitié des rois mérovingiens et la totalité des souverains carolingiens sont fictifs ?

Une analyse approfondie montre cependant que les mérovingiens se sont littéralement massacrés eux-mêmes tandis que chez les carolingiens dominent les attaques cérébrales et autres accidents de la vie.

Les massacres mérovingiens :

Tableau 3: Les massacres des mérovingiens

561	Mort de Clotaire Ier : Le royaume est divisé parmi ses quatre fils : Caribert (Paris), Gontran Orléans) Chilpéric Ier (Soissons) et Sigebert Ier (Reims)
567	Mort de Charibert
573	**Meurtre** de la reine Galswinthe étranglée par Chilpéric Ier
575	**Meurtre** de Sigebert Ier (roi d'Austrasie) par Frédégonde
577	**Meurtre** de Mérovée, fils de Chilpéric Ier par Frédégonde
580	**Meurtres** de Clovis, fils de Chilpéric Ier et de son fils par Frédégonde
584	**Meurtre** du roi Chilpéric I$^{er.}$(Neustrie)
590	**Meurtre** du roi Gondovald (Neustrie)
593	Mort du roi Gontran (Bourgogne)
596	Mort du roi Childebert II (Austrie)
597	Mort de la reine Frédégonde (Neustrie)
605	**Meurtre** du majordome Protadius de la reine Brunehaut
610	**Meurtre** de la reine Bilichilde, épouse de Childéric II
612	**Meurtres** du roi Thibert II (Bourgogne) et de ses fils Sigebert II et Corbus par Thierry II

---

[51] Heribert Illig: "Der Untergang zweier Geschlechter" ; Zeitensprünge 1/2016, p. 54 ff.

613	**Meurtre** de Brunehaut (Austrie) par Clotaire II
613	**Meurtre** de Sigebert II (Austrie, Bourgogne) par Clotaire II
613	Mort du roi Thibert II
613	**Meurtre** de l'usurpateur Aletheus par Clotaire II

L'extinction des carolingiens

Tableau 4: l'extinction des carolingiens 1

876	**Mort** de l'empereur Louis II de Germanie
877	**Mort** de l'empereur Charles II le Chauve
878	**Attaque cérébrale** : Le roi Carloman d'Austrie
879	**Mort** du roi Lois II le Bègue
879	**Mort** accidentelle de Louis, fils de Louis III
880	**Mort** du roi Carloman d'Austrie
880	**Mort** de Brun, gendre du roi Louis le Jeune dans une bataille contre les Vikings
880	**Mort** d'Hugo, fil du roi Louis le Jeune dans une bataille contre les normands
881	**Attaque cérébrale** : Le roi Louis III le Jeune d'Austrie
882	**Mort** du roi Louis III le Jeune d'Austrie
882	**Mort** accidentelle du roi Louis III de Neustrie en poursuivant une femme de chambre

Restent les souverains Charles III le gros et Carloman

Tableau 5: l'extinction des carolingiens 2

883	Carles III, resté sans enfants, adopte Carloman
884	**Mort** de Carloman II à l'âge de 18 ans par un accident de chasse
885	**Aveuglement** : Hugo, fils de Clotaire II est enfermé dans un monastère

885	Charles III veut désigner son fils illégitime Bernard comme successeur
887	**Mort** du roi Boson IV de Provence, père de Louis III l'Aveugle
887	**Abdication** de Charles III le Gros, attaque cérébrale ou épilepsie
888	**Mort** de Charles III, fin de la lignée directe des carolingiens

Depuis seulement des carolingiens nés de branches collatérales ; seulement quatre d'entre eux meurent après 911

Tableau 6: L'extinction des carolingiens 3

894	**Mort** de Guy II de Spolète, couronné en 888
897	**Attaque cérébrale** : L'empereur Arnulf de Carinthie
898	**Mort** du roi Eudes (ou Odon) de Paris de la dynastie des Robertiens
899	**Mort** de l'empereur Arnulf de Carinthie
900	**Mort** de Zwentibold, roi de Bourgogne et de Lotharingie
911	**Mort** du roi Louis IV de Germanie
911	Charles III le Simple devient roi de la Neustrie le 1er novembre
912	**Mort** du roi Rodolphe Ier de Bourgogne
923	**Emprisonnement** de l'empereur Carles III le Simple
924	**Meurtre** de l'empereur Bérenger de Frioul
928	**Mort** de l'empereur Louis III l'Aveugle
929	**Mort** de l'ex-empereur Charles III le Simple

Contrairement aux meurtres des mérovingiens, les troubles de la phase finale de la dynastie carolingienne ne se sont pas traduites dans des légendes comme la chanson des Nibelungen ; un clan complètement oublié selon Illig.

4.4.6   Digression : Le « Spiegel » et Charlemagne

Le magazine allemand très influent « Der Spiegel » a consacré en juin 2012 un numéro spécial de sa série « Histoire » à « Charlemagne, le plus puissant empereur du moyen âge ». A part quelques remarques critiques quant à la véracité des aventures du Grand Charles, le magazine se fait le porte-parole des historiens traditionnels.

Dès le départ, le Spiegel admet quand-même que les traces réelles de l'empereur sont « si insignifiantes que le crochet par lequel il parafait ses documents ». En effet les documents émis par Charlemagne auraient été préparés par ses scribes et l'empereur les aurait « validé » par un petit crochet au milieu du monogramme célèbre. (P. 7).[52]

A part Aix-la-Chapelle, ils ne resteraient que quelques murets pour témoigner de l'époque glorieuse, les témoignages de ses biographes seraient des « œuvres de propagande lacunaires ». Chaque époque aurait créé « son » Charlemagne et c'est ainsi qu'au cours des siècles « des strates toujours plus épaisses de mythes et de récits se seraient formés autour du personnage ». (P. 17)

La rivalité entre Aix-la-Chapelle et Saint-Denis aurait mené à des falsifications massives au nom de l'empereur de documents au 12e et au 13e siècles. Les deux villes clamaient en effet le droit d'être l'unique lieu de couronnement des rois par la volonté du Grand Charles.

Les Nazis s'accaparaient le personnage de Charlemagne pour justifier leur expansionnisme. C'était eux les premiers qui inventaient le mythe de Charlemagne comme l'unificateur de l'Europe. Après la guerre, la ville d'Aix créait le « prix Charlemagne » (Karlspreis) sous l'influence d'anciens Nazis dont surtout Hans Globke, chef de cabinet du chancelier Adenauer, un politicien très actif dans la NSDAP (P. 21 et 29).

En dehors des innombrables idioties reprises par le Spiegel sur les pages suivantes, le magazine consacre une page entière (sur 150) à Heribert Illig. A côté d'une photo pas très flatteuse, Illig est décrit comme un personnage qui aurait créé autour de lui avec ses adeptes une secte au sens péjoratif du terme, aidé de « fouilleurs » sous-employés (P. 105). Il va de soi que les historiens sérieux haussent les épaules devant les énormités avancées par Illig et réfutent l'intégralité de son œuvre. En plus, ils le mettent à proximité des théories de conspiration en mélangeant templiers, Dan Brown et Shakespeare.

Ce n'est pas sans raison que le Spiegel est considéré comme la « Bild-Zeitung [53]» des « intellectuels ».

---

[52] Bruhns, Annette & Stoldt, Hans-Ulrich : Charlemagne, Der Spiegel Geschichte, 6/2012
[53] Quotidien populiste de droite

Pauvres tombes de l'oubli …[54]

ou

L'empereur dans la baignoire[55].

Les tombes disparues des mérovingiens et des carolingiens

Remarque : Après avoir rédigé le chapitre ci-dessous, je suis tombé sur un livre rare, difficile à obtenir, de Alain Erlande-Brandenburg, historien de l'art, archiviste, inspecteur général des musées français et président de la société française d'archéologie. Il a publié de nombreux livres et articles e.a. en 1975 « Le roi est mort, une étude sur les funérailles, les sépultures et les tombeaux des rois de France jusqu'à la fin du XIIIe siècle.[56] » Son livre traite principalement des rois et des reines mérovingiens et carolingiens qui nous intéressent ici, mais aussi des capétiens. Pour chaque dynastie, il évoque séparément les funérailles, les sépultures et les tombeaux. J'avais alors le choix de traiter séparément ce livre important ou de l'intégrer dans ce que j'avais déjà écrit. J'ai opté pour la deuxième possibilité pour éviter des répétitions inutiles. Alain Erlande-Brandenburg (AEB par la suite) ignore les mérovingiens et carolingiens qui régnaient dans les autres pays européens comme l'Allemagne et l'Italie et qui faisaient partie de l'empire selon l'histoire traditionnelle, du moins en ce qui concerne l'empire de Charlemagne.

J'ai marqué les citations directes et indirectes d'Alain Erlande-Brandenburg ainsi que les commentaires se rapportant à son livre en italiques.

Charlemagne aurait construit des centaines d'églises, de monastères et de résidences royales. Mais on recherche en vain leurs traces dans le sol. Bien que des centaines de documents falsifiés témoignent de leur existence, l'archéologie n'a pas pu fournir jusqu'à présent des

---

[54] 5e strophe de la chanson de Pete Seeger : « Ou vont les fleurs ? »
[55] Louis III, le Jeune semble avoir été inhumé à Lorsch dans un sarcophage en porphyre, qui n'était autre qu'une baignoire romaine. Il semble en outre qu'une baignoire semblable ait été utilisée pour l'inhumation de Louis le Chauve à Saint-Denis. Des rumeurs ?
[56] *Alain Erlande-Brandenburg : Le roi est mort, une étude sur les funérailles, les sépultures et les tombeaux des rois de France jusqu'à la fin du XIIIe siècle. Bibliothèque de la société française d'archéologie, Droz, Genève 1975*

preuves irréfutables. Comme je l'ai montré dans ce livre, Heribert Illig a rassemblé assez de preuves témoignant de leur inexistence. Ce qui est intéressant, c'est que ses thèses sont soutenues par des auteurs qui ne partagent pourtant pas son point de vue, comme Bernd Remmler dont le livre sur les palais disparus de Charlemagne est présenté dans ce livre[57].

Ce livre est d'autant plus intéressant que Remmler s'est rendu en personne aux endroits où auraient dû se trouver les palais en question. Nulle part il a trouvé des vestiges mais à Ponthion, il a découvert ce joli panneau indiquant l'endroit où se trouvait le magnifique palais.

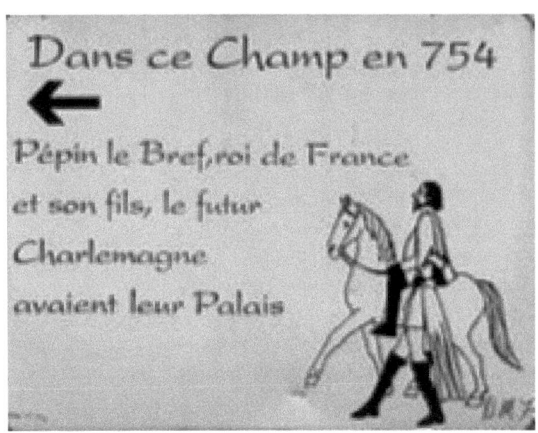

Figure 24: Le palais de Ponthion

Heribert Illig a décrit dans de nombreux articles la vaine recherche de la tombe de Charlemagne à Aix-la-Chapelle[58]. Ces articles qui témoignent de l'incroyable naïveté des historiens et archéologues et des politiciens qui les soutiennent ainsi que des sommes énormes qui sont dépensées pour redresser les évènements historiques dans le sens de l'historiographie « officielle ». Encore récemment des articles dans deux publications réputées en Allemagne (Der Spiegel, Süddeutsche Zeitung) posent des questions sur la tombe disparue de Charlemagne en discutant les thèses les plus absurdes. Ainsi par exemple, les moines de Stavelot auraient fait disparaître la tombe pour la protéger des Normands pillards[59]. Le Spiegel s'étonne du fait que parfois même des chiens ont droit à un monument funéraire contrairement au plus grand empereur de tous les temps.[60]

---

[57] Bernd Remmler: Die verschwundenen Paläste Karls des Großen.
[58] Heribert Illig: Aachen ohne Karl den Großen: Technik stürzt sein Reich ins Nichts. Mantis Verlag, Gräfelfing 2011
[59] http://www.sueddeutsche.de/leben/dem-geheimnis-auf-der-spur-das-verschwundene-grab-1.2434623
[60] http://www.spiegel.de/wissenschaft/mensch/aachener-dom-grab-von-karl-dem-grossen-bleibt-verschollen-a-695574.html

Dans le même ordre d'idées, relevons le fait que les égyptiens et les romains enterraient pharaons, rois et empereurs, et même leurs épouses et concubines, leurs serviteurs, enfants, chevaux, chiens et chats avec les honneurs dus à leur rang avec leur mobilier, armes et bijoux dans des endroits appropriés. Pourquoi les peuples du haut moyen-âge en Europe auraient-ils abandonnés ces traditions, les romains n'étaient-ils pas leurs prédécesseurs et leurs maîtres ? L'inventaire des tombes de dignitaires romains remplirait des volumes entiers. Après l'ère romaine, on trouve en effet de nombreuses tombes avec des offrandes jusqu'en pleine ère chrétienne, où cette habitude fut progressivement abandonnée.

Erlande remarque :

« En revanche, on se doit d'évoquer à ce propos l'Apothéose des empereurs romains après leur mort. Grâce au témoignage de Dion Cassius, le détail des funérailles que le Sénat avait accordées à Auguste nous est parfaitement connu. » (P. 10)

« En effet, les Germains emmenaient avec eux dans leurs tombes ce qui leur avait été reconnu comme leur propriété après partage de la succession. Il s'agissait évidemment de leurs objets mobiliers et de leurs armes. Ainsi le roi Childéric 1er, dont la tombe a été découverte en 1653 à Tournai en est l'exemple le plus illustre qui, en outre, a l'avantage d'être daté. » (P. 32)

En recherchant les traces des disparus on se croirait dans un roman policier. En comparaison avec ces dynasties, les rois de la série „Game of Thrones" ressemblent à des enfants de chœur, non seulement en ce qui concerne le nombre des meurtres commis mais aussi leur brutalité. Dans son article « Le déclin de deux dynasties », Illig s'est lui aussi étonné de cette brutalité.[61] Si on considère son « histoire » comme véridique, Grégoire de Tours donne un aperçu détaillé sur les massacres des mérovingiens et des carolingiens : Son „Histoire des rois francs" pourrait avoir comme sous-titre : „Initiation au fratricide". En effet, surtout les mérovingiens semblent avoir visés principalement leurs frères, fils, épouses, concubines, pères, mères, tantes, oncles, cousins et cousines avec leurs familles entières, petits-enfants, serviteurs, bétail, chiens et chats. Les vertus principales de ces nobles très chrétiens semblent avoir été la trahison, la manipulation, l'escroquerie, la cupidité et l'avidité du pouvoir, décrits non sans complaisance par Grégoire. A chaque page de son „Histoire", au moins un roi se met à la tête de son armée pour conquérir les royaumes de ses frères, oncles et cousins. En passant, les armées dévastent les territoires, tuent les habitants et leur bétail, brûlent les récoltes. Il doit y avoir eu des centaines de milliers de morts. „Là, les Thuringiens furent taillés en pièces, et le massacre fut si grand que le lit de la rivière (*Undstrut*) fut rempli de cadavres, et que les francs passaient d'une rive à l'autre sur ce pont de nouvelle espèce"[62]

*Alain Erlande-Brandenburg remarque que : « les renseignements que nous pouvons réunir sur les funérailles des souverains mérovingiens restent … très fragmentaires. Ils sont d'ailleurs, pour la plupart tirés des ouvrages de Grégoire de Tours, qui, seul, a pris soin de consigner ces détails lorsqu'il en fut le témoin visuel. **Avant lui et après lui – il mourut en 594 – nous sommes dans l'ignorance la plus complète. Nous sommes, cependant, en droit de tirer***

---

[61] "Der Untergang zweier Geschlechter"; Zeitensprünge 1/2016, p. 54 ff.

[62] Grégoire de Tours : L'histoire des rois de France, folio histoire, Gallimard, Paris 2012, S. 58

des conclusions qui s'appliquent à toute la période mérovingienne[63]. (Souligné par l'auteur, R.S.)

Dans ce contexte, il est bien sur légitime de se demander si à partir de quelques dizaines de pages d'un auteur sur lequel on ne sait presque rien suffisent pour décrire une période historique de plus de 150 ans sur laquelle on avoue se trouver dans l'ignorance la plus complète.

La généalogie des mérovingiens et des carolingiens

Établir un arbre généalogique semble faire partie des occupations préférées des historiens, peu importe que les personnages aient vécu ou non, peu importent leurs dates de naissance et de décès. L'épellation de leurs noms est un détail qui doit s'effacer devant un arbre généalogique avec de jolis portraits et de beaux écussons. A la rigueur, on met un point d'interrogation entre guillemets.

Une difficulté supplémentaire résulte de l'orthographie des noms des époques mérovingiennes et carolingiennes. A part « l'histoire » de Grégoire de Tours, ils n'existent presque pas d'autres témoignages écrits par des contemporains. On est donc bien obligé de lui croire ! Langue de départ est le latin avec les traductions consécutives en français et en allemand. Comme ces deux langues sont passées par de nombreux stades de développement avant de prendre la forme actuelle, ils en résultent de nombreux problèmes de traduction nonobstant le fait que de nombreux personnages ont été inventés pour remplir les chroniques.

Dans beaucoup de livres d'histoire, on trouve de tels arbres généalogiques. Dans le cadre de ce chapitre, je me limite à deux livres qui ne figurent certainement pas parmi les meilleurs, mais qui remplissent leur fonction. Le premier est un livre français, publié en 2012 par Patrick Périn, directeur du Musée National des Antiquités, auteur de nombreux livres historiques et Gaston Duchet-Suchaux, archiviste et paléographe, documentaliste chez Hachette, décédé en 2009, bons catholiques comme il se doit pour des historiens. Le premier livre s'appelle „Clovis et les mérovingiens". [64] Le deuxième livre a été publié par Mathias Becher dans la série „Geschichte Kompakt : Merowinger und Karolinger"[65]. Le premier livre traite uniquement des mérovingiens, le deuxième des deux dynasties. Je voulais comparer la façon de laquelle les sujets sont traités en France et en Allemagne et j'ai également consulté pour chaque souverain les sites sur Wikipédia Allemagne et Wikipédia France. Comme je m'y attendais, les articles diffèrent parfois de façon considérable et plus on avance dans le temps, plus les détails se font rares. Pour les derniers des mérovingiens et des carolingiens, on ne trouve que quelques dates et deux ou trois phrases résumant leur vie, exercice périlleux si l'on considère qu'ils n'ont jamais existé.

---

[63] *AEB, op. cit. p. 6*
[64] Patrick Périn, Gaston Duchet-Suchaux : Clovis et les mérovingiens. Éd. Tallandier, 2002, Paris
[65] Mathias Becher : Merowinger und Karolinger, Geschichte kompakt, Wissenschaftliche Buchgemeinschaft Darmstadt 2009

Dans son livre, AEB suit également la voie chronologique, mais ses listes de rois (et de reines) diffèrent sous maints aspects des tableaux généalogiques de Duchet-Suchaux, de Becher et de ceux que l'on trouve par dizaines dans Internet, surtout en ce qui concerne les dates de naissance et de décès. Mais comme il s'agit en partie de personnages fictifs, ces imprécisions ne doivent pas nous inquiéter outre mesure.

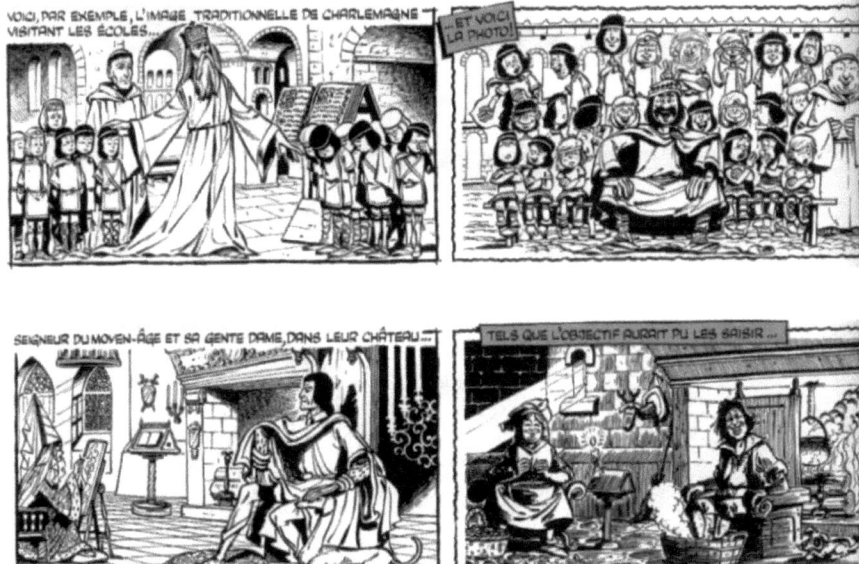

Figure 25: Si la photographie avait été inventée

Sur chaque site Wikipédia, on trouve de nombreux portraits et des reproductions de tableaux somptueux relatant leurs exploits héroïques, les uns plus invraisemblables que les autres. Les Romains nous ont laissé de nombreux portraits et sculptures de leurs empereurs, mais aussi de simples citoyens. Mais les portraits et tableaux des mérovingiens et des carolingiens ont tous, sans exception été produits au moyen âge et pendant la renaissance pour peindre un tableau romancé, idéalisé et héroïsant du haut moyen âge. Les rois sont tous de beaux hommes dans la fleur de l'âge, cheveux longs, barbes abondantes avec un regard soucieux fermement tourné vers l'avenir. Ceci semble étrange si l'on considère leurs surnoms comme le Bref, le Bossu, le Gros, le Chauve, l'Enfant etc. Leurs épouses sont grandes, belles et expriment bonté et gentillesse, bien que certaines d'entre elles ont étranglé leurs propres enfants. Cela me rappelle quelques dessins, de Marcel Gotlib[66], qui, dans „Pilote", a essayé de

---

[66] [66] Marcel Gotlib : Les dingodossiers 1, Dargaud, Paris 1972, P. 78/79

109

montrer à ses petits lecteurs comment la réalité aurait pu se présenter si à l'époque, la photographie avait déjà été inventée.

Pour chaque souverain, j'ai également vérifié les saisies sur les sites internet „Tombes et sépultures dans les cimetières et autres lieux des personnalités qui ont fait notre monde »[67] ainsi que „Cimetières de France et d'ailleurs"[68]. Ces pages sont une riche source pour les historiens. Les articles sur „tombes et sépultures" ne sont pas signés, mais probablement ils ont été rédigés par Mme. Marie-Christine Pénin ; c'est elle en tout cas qui possède les droits d'auteur et qui figure comme „webmaster". Malheureusement, les textes ne se laissent pas copier.

A cause de cela, je n'ai pas pu retrouver l'auteur d'une remarque qui m'a beaucoup plu : „Le tombeau : C'est très agaçant, mais autant le dire de suite, on ne l'a jamais trouvé ou alors il a disparu depuis des lustres ».

Rappelons que pour Illig, le temps fantôme s'étend du VIIe au Xe siècle. Tous les rois et reines appartenant à cette période sont donc fictifs, ce qui explique le manque flagrant d'informations précises à leur sujet.

Dans ce chapitre, je n'entre pas dans le détail de la vie des différents souverains mais je me concentre sur le moment et les circonstances de leur décès ainsi que l'emplacement de leur tombe. Parfois, il était inévitable d'ajouter certaines informations, surtout pour les personnages moins connus.

Les funérailles

Dans son livre « Le roi est mort », Erlande décrit le mort des souverains sous trois aspects : Les funérailles, les sépultures et les tombeaux : Comme il le répète à maintes reprises, ses sources sont rares, il ne peut évoquer qu'une seule cérémonie de funérailles : celles de Louis le Pieux : « Il est certain, si l'on en croit les quelques textes qui nous décrivent la mort de Louis le Pieux, que l'on a voulu dans cette cérémonie souligner le caractère royal du personnage. Tombé malade ..., il fut transporté à Ingelheim dans le palais qu'il avait fait construire sur une île du Rhin. Son demi-frère Drogon, évêque de Metz, lui octroya les derniers sacrements et se chargea après sa mort (20 juin 840) de sa sépulture. Un cortège formé d'évêques, d'abbés, de comtes, de vassaux et d'une grande foule constituée de clercs et de laïcs accompagna le corps du roi jusqu'à Saint-Arnoul de Metz, où il fut enterré. Ces quelques renseignements, quelle que soit leur insuffisance, permettent de constater que, dès cette époque, on n'hésitait pas à convoquer les plus grands personnages pour les funérailles de leur souverain. Mais ils ne sont pas suffisants pour que l'on puisse en suivre le déroulement. » (P. 8) Et pour cause ! Dans une note de bas de page, Erlande remarque que la distance entre Ingelheim et Metz est de 230 km !

---

[67] https://tombes-sepultures.com/
[68] http://www.landrucimetieres.fr/spip/

« *Il faut ensuite attendre plus d'un siècle pour trouver dans les chroniques un détail sur la mort des rois. Entre-temps, il faut se contenter de sèches mentions qui précisent seulement la date de cette mort et le lieu où le corps fut enterré. Les souverains se succèdent alors sur le trône d'une manière assez accélérée. Leur fin, le plus souvent accidentelle, comme les chutes de cheval, ou criminelle, ne retient guère l'attention des annalistes. Les Annales Bertiniani, qui restent une source essentielle pour le IXe siècle, s'interrompent après la mort d'Hincmar, en 882. Eginhard, qui avait ressuscité le genre biographique, disparaît en 840 et son exemple ne sera pas suivi avant trois siècles. Nithard, qui fut un écrivain consciencieux au service de son cousin Charles le Chauve, meurt en 843. L'histoire régionale et les biographies disparaissent au profit d'annales d'un évêché ou d'un monastère. Précieux pour l'histoire locale, ces ouvrages se révèlent décevants lorsqu'on y cherche d'autres renseignements plus généraux. L'annaliste signale les grands événements dont il a eu connaissance ou qu'il a vus, mais le détail des funérailles d'un roi n'intéressant guère son monastère ou son évêché, il se contente de consigner la date de sa mort.* » (P.9)

Les inhumations

« *Avant d'en terminer avec la période carolingienne, il faut souligner que nous ignorons tout de la façon dont les impératrices ou les reines étaient inhumées ... Le bilan des connaissances pour l'époque carolingienne reste finalement assez maigre.* » (P. 12) Erlande constate à plusieurs reprises l'absence complète d'une documentation précise sur les époques en question (PP : 14, 35, 39)

« *Alors qu'il existe, pour la période mérovingienne, quelques témoignages sur l'inhumation, l'époque carolingienne en offre fort peu. Aucune découverte n'a été faite en France depuis fort longtemps, si bien que les conclusions que nous en tirerons seront trop fragmentaires pour permettre de dresser un tableau* » (P. 36)

Erlande réussit quand même à faire de la nécessité vertu : « *Il n'en demeure pas moins étonnant que les religieux de Saint-Denis n'aient pas songé à exalter d'une façon particulière la mémoire d'un roi qui s'était montré durant toute sa vie un grand bienfaiteur (Louis VI). On retrouve ici la même précipitation qui avait entouré les funérailles de Charlemagne : ... Quant au roi Louis VII, mort en 1180, nous ignorons tout de ses derniers instants.* » (P. 14)

Les tombes

Erlande dresse également un constat dévastateur sur l'existence des tombes royales :

« *Tous les corps princiers avaient été déposés, comme le souligne Grégoire de Tours à propos de Clotilde, dans le sanctuaire (in sacrario), c'est-à-dire dans l'endroit le plus noble de la basilique, dont nous ignorons malheureusement le plan. Le souvenir de l'emplacement des tombeaux devait cependant rapidement se perdre, sans doute au cours des incursions des Normands en 856 ou 857* » (PP. 50, 62).

111

« *Childéric II fut d'ailleurs le dernier souverain mérovingien à venir reposer dans la basilique de Childebert, Nous n'avons plus par la suite aucun témoignage de sépultures royales, mais il faut reconnaître qu'à partir de cette époque les chroniqueurs ne prennent plus soin de nous renseigner avec précision sur le lieu de sépulture des derniers souverains mérovingiens* » (P. 52)

« *Les témoignages que nous possédons sur l'emplacement précis des tombes royales demeurent très rares pour l'époque mérovingienne. On est cependant assuré que les souverains avaient droit à une place privilégiée : Clovis est, en effet, inhumé dans le sanctuaire des Saints-Apôtres ; le roi Dagobert fut inhumé à droite des tombes des saints Denis, Rustique et Eleuthère et la reine Brunehaut avait prévu un oratoire qui ouvrait sur l'abside de Saint-Martin d'Autun. Nous sommes malheureusement dans l'ignorance pour tous les autres souverains, les chroniqueurs n'ayant pas pris le soin de donner ces précisions.* » (P. 59)

Pour les tombes des reines, Erlande note : « *En fait, il y eut fort peu de reines à être inhumées au cours du Moyen Age à Saint-Denis. Il faut attendre le règne de Charles V pour que la coutume soit prise ; auparavant on ne peut citer, pour le XIV· siècle, que Jeanne d'Evreux et Jeanne de Bourgogne. Ce n'est donc que très tardivement que l'abbatiale fut considérée comme le cimetière légitime des Reines de France* ». (P. 77)

Les Monuments funéraires

La reine Brunehaut fut cruellement assassinée par son neveu Clotaire II. Ses restes furent inhumés à Saint-Martin d'Autun dans une sorte « *d'oratoire funéraire spécialement aménagé pour recevoir la tombe de la reine. ... Cet oratoire est, en outre, le seul témoignage pour l'époque mérovingienne, d'une construction funéraire spécialement aménagée pour recevoir le corps d'un membre de la famille royale* » (P. 58)

Mais sur Internet, on ne trouve nulle part une allusion à des vestiges de ce monument ...

« *Si à l'époque mérovingienne nous n'étions pas toujours assurés que les souverains aient pris soin d'indiquer le lieu où ils désiraient être enterrés il n'en fut pas de même pour les carolingiens : ils ont toujours pris soin de le formuler dans un diplôme ou de l'exprimer à leurs familiers au moment de leurs derniers instants. ... Il faut en dernier lieu souligner le peu d'originalité des sépultures carolingiennes par rapport à celles des souverains espagnols ou anglais. ...Il n'existe donc rien de semblable en France où l'on ne trouve aucun exemple de constructions spécialement érigées pour servir de nécropole* ». (P.67)

Bien qu'il n'existe aucun autre témoignage sur l'oratoire de le reine Brunehaut, Erlande récidive à propos du roi Pépin, qui se serait fait enterrer à l'entrée de la basilique de St. Denis « *en signe d'humilité* ». Selon l'abbé Suger, Charlemagne fit construire un augmentum à cet endroit. « *Nous sommes en fait devant le seul témoignage carolingien d'un oratoire qui fut édifié spécialement pour contenir une tombe royale. (P. 72) Encore une fois, on cherche en vain des traces de cet « aumgmentum » sur Internet ...*

L'importance du « culte des morts » pour le culte des vivants.

Illig l'a souligné d'innombrables fois : La plupart des rois et reines des âges sombres ont été inventés de toutes pièces. C'est pourquoi qu'au moins les tombes sont d'une grande importance pour leurs « successeurs », des témoins en pierre de leur noble descendance.

Erlande fait quelques remarques à ce sujet :

« Il fallait donc que les rois capétiens reconstituent à leur profit une nouvelle légitimité pour que le pouvoir royal retrouve son autorité. (P. 12)

« Si un aussi petit nombre de gisants furent exécutés au milieu du XII' siècle à la mémoire des souverains mérovingiens, c'est que le souvenir des autres sépultures s'était complètement effacé. En effet, seuls Childebert, Chilpéric, Frédégonde ont eu droit à un tombeau ». (P.53)

*« Il est évident que cette disposition a été dictée par le Roi lui-même, qui, tout en séparant nettement les deux races carolingiennes et capétiennes, soulignait en fait l'unité du principe monarchique. Clovis, souverain mérovingien, était revêtu des regalia comme s'il avait été couronné et sacré. D'autre part, nous avons vu que les Carolingiens s'étaient efforcés d'établir entre eux et a race précédente des liens de parenté en épousant une femme de la dynastie mérovingienne et qu'il en avait été de même des Capétiens qui, par deux mariages successifs (Constance d'Arles et Isabelle de Hainaut), nouèrent des liens de parenté avec des descendants de Charlemagne. **L'installation dans cette croisée de transept des cendres de tous les rois de France manifestait ostensiblement que Louis IX en était l'héritier**. (Souligné par l'auteur, R.S.) (P. 83) »*

Mais aussi Jean Favier, dans sa biographie de Charlemagne :

« Quelques Carolingiens seront sacrés à Reims, d'autres ailleurs. Au XIIe siècle, les Capétiens cherchaient à embellir leur légitimité en raccordant leur dynastie à celle de Clovis, et la ville de baptême de Clovis deviendra obligatoirement – à l'exception de Louis VI - ... la ville du sacre. » [69]

Pour « embellir » l'histoire, comme le dit si bien Favier, on ajoute par ci et par là quelques détails savoureux comme celui que raconte Erlande :

« En effet, un siècle plus tard, en 858, dans une lettre rédigée par Hincmar et adressée par tous les évêques réunis en synode à Louis le Germanique, il est révélé au Roi la

---

[69] Jean Favier, P. 39

punition qu'a subie son ancêtre pour avoir spolié les biens d'église. Eucher, évêque d'Orléans, dans une vision, l'a vu brûler en enfer. Pour plus de sécurité, Eucher se rendit avec l'abbé Fulrad et saint Boniface jusqu'à sa tombe, qu'ils ouvrirent et d'où il sortit brusquement un dragon. L'intérieur du tombeau fut découvert noirci, comme s'il avait lé brûlé. » (P. 71)

Dates selon la chronologie traditionelle

Nom français	Nom allemand	Vécut de …à	Au pouvoir de à	Tombe ?	AEB[70]
					N°
Mérovée	Merowech	412-457	448-457 (?)	Pas de tombe	-
Childéric	Childerich	440-481	457-481	Restes[71]	-
Clovis Ier	Chlodwig I	466-511	481-511	Tombe disparue-	1
Clothilde		*? - 545*		*?*	*2*
Thierry Ier	Theuderich I	486-534	511-534	Pas de tombe	3
Clodomir	Chlodomer	495-524	511-524	Pas de tombe	6
Childebert Ier	Childebert I	496-558	511-558	Gisant St. Denis[72]	7
Ultrogothe		*?*			*8*
Clotaire Ier	Chlothar I	500-561	511-561	Indications[73]	9
Arnegonde		*†570 ?*		*Saint Denis[74]*	*10*
Radegonde		*†587 ?*		*Poitiers ?*	*11*
Thibert Ier	Theudebert I	495-548	534-548	Pas de tombe	4
Caribert Ier	Charibert I	520-567	561-567	Indications	12

---

[70] Pour Alain Erlande, je note dans cette colonne le numéro d'ordre attribué aux rois et reines mérovingiens. Les noms sans numéro d'ordre ne sont pas mentionnés dans le livre d'Alain Erlande. Les textes en italique désignent les reines mérovingiennes.

[71] Voir plus bas

[72] Selon le site de la Basilique St. Denis sur Wikipédia, toutes les tombes dans la basilique sont vides sauf 5 : Louis XVIII ; Louis VII, Louise de Lorraine, Louis XVI et Marie Antoinette

[73] „indications » veut dire qu'il y a des indications sur la possibilité d'une tombe, mais souvent il n'y a rien ou seulement une plaque commémorative.

[74] La seule tombe documentée d'une reine mérovingienne. En 2012, son sarcophage quittait St, Denis pour la première fois pour être exposé au musée archéologique de Francfort-sur-le-Main.

Gontran	Gunthram	532-592	561-592	Indications	13
Sigebert Ier	Sigibert I	535-573	561-575	Pas de tombe	16
Brunehaut		*† 614*		*Autun ?*	*17*
Chilpéric Ier	Chilperich I	539-584	561-584	Indications	14
Frédégonde		*†597*		*Dalle St. Germain*	*15*
Thibaut	Theudowald	535-555	548-555	Pas de tombe	5
Childebert II	Childebert II	570-596	575-596	Pas de tombe	18
Thibert II (Théodebert)	Theudebert II	586-612	596-612	Pas de tombe	19
Thierry II	Theuderich II	587-613	596-613	Pas de tombe	20
Clotaire II	Chlothar II	584-629	584-629	Indications, Dalle à St. Germain.	21
Bertrude		*† 620*		*Idem (?)*	*22*
Sigebert II (ou III)	Sigebert II	601-613	613	Pas de tombe	25
Dagobert Ier	Dagobert II	608-639	622-639	St. Denis[75]	23
Caribert II	Charibert II	618-632	628-632	Indications	24
Sigebert III	Sigebert III	630-656	632-656	Tombe disparue	
Clovis II	Chlodwig II	634-657	639-657	Gisant St. Denis	27
Ste. Bathilde		*† 685*		*Pas de tombe*	*28*
Childebert III	Childebert III	?-662	656-662	Pas de tombe	36
Dagobert II	Dagobert II	650-679	674-679	Pas de tombe	26
Clotaire III	Chlothar III	649-673	657-673	Pas de tombe	29

---

[75] Id.

116

Thierry III	Theuderich III	657-691	673-691	Arras : Tombe disparue	33
Dode		*?*		*Pas de tombe*	*34*
Childéric II	Childerich II	655-675	662-675	Tombe détruite	30
Bilhilde		*† ?*		*St. Denis ?*	*31*
Clovis III	Chlodwig III	670-676	675	Pas de tombe	35
Clovis IV	Chlodwig IV	682-695	691-695	Tombe disparue	
Childebert IV	Childebert IV	683-711	695-711	Pas de tombe	
Clotaire IV	Chlothar IV	685-719	717-719	Pas de tombe	38
Chilpéric II	Chilperich II	672-721	715-719	Pas de tombe	32
Dagobert III	Dagobert III	699-715	711-715	Tombe disparue	37
Thierry IV	Theuderich IV	712-737	721-737	Pas de tombe	39
Childéric III	Childerich III	714-753	743-751	Pas de tombe	

Pour dresser ce tableau, j'ai dû faire certains choix, de même pour le tableau des carolingiens. En ce qui concerne les tombes réelles ou fictives, Alain Erlande-Brandenburg reste souvent assez vague. Surtout pour les reines, il semble qu'il soit parti de l'idée qu'elles ont dû être enterrées avec ou proche de leurs maris. Souvent, il ne mentionne même pas les dates de naissance ou de décès. Comme historien d'art, il s'attarde parfois longuement sur les sculptures – souvent des gisants – qui décorent les tombes tout en sachent qu'elles ne sont pas d'époque. Il est vrai que ces sculptures ont été endommagées et réparées à maintes reprises, ce qui ne nous dit pas grand-chose sur le contenu des tombes dont on sait que la majorité sont vides. Les gisants commandés par Louis IX pour la cathédrale Saint-Denis, exécutés en quatre ans, se ressemblent d'ailleurs comme une goutte d'eau à l'autre. Mais le fait qu'ils ont été sculptés prouve la grande importance qui leur avait été accordée au 13ᵉ siècle.

Mérovée, roi des Francs saliens 412-457 (448-457(?))

Mérovée (ou encore *Merowig, Mérovech*), né vers 412 et mort en juillet 457, est considéré comme le deuxième roi des Francs saliens. Son existence est entourée de tant d'obscurité que certains historiens en ont fait un roi légendaire. Il aurait régné de 448 à 457.

Mérovée a donné son nom à la dynastie des Mérovingiens. Les rois mérovingiens n'ont jamais contesté son existence et se glorifièrent d'appartenir à sa lignée.

« A quand une découverte archéologique clarifiant le personnage ? »[76]

Comme il s'agit d'un précurseur des rois mérovingiens, AEB ne le mentionne pas.

Autant dire qu'il n'y a pas de tombe !

Childéric, roi des Francs saliens, 440-481 (457-481)

Childéric Ier, né vers 440 et mort en 481, est roi des Francs saliens à partir de 457 ou 458. Il est le père de Clovis Ier.

Childéric Ier est le premier roi de la dynastie des Mérovingiens dont la filiation soit attestée. Les sources littéraires et les recherches archéologiques le définissent à la fois comme un « rex », roi des Francs, et un gouverneur romain de la province de Belgique seconde. Son tombeau, découvert en 1653, contenait des armes telles qu'une *spatha* (épée à lame large), une francisque ou encore un scramasaxe. On y a également retrouvé de nombreux bijoux en or, ainsi qu'un *paludamentum*, le manteau porté par les généraux romains.

Le trésor de Childéric, qui comprenait 80 kg d'objets en or, fut volé au Cabinet des médailles dans la nuit du 5 au 6 novembre 1831, et l'or fondu pour faire des lingots. On ne retrouva que quelques pièces (dont deux abeilles) dans la Seine, où on les avait jetées. Il subsiste aujourd'hui du trésor de belles gravures qui en ont été dressées lors de sa découverte, et quelques fac-similés que les Habsbourg avaient fait fabriquer. Le peu qui reste du trésor est aujourd'hui exposé au Cabinet des Médailles de la Bibliothèque nationale à Paris. Lors de fouilles récentes, la tombe n'a pas pu être localisée avec précision. Une plaque commémorative indique l'endroit supposé.

Comme il s'agit d'un précurseur des rois mérovingiens, AEB ne le mentionne pas.

Donc : plaque commémorative à Tournai, restes du trésor à la Bibliothèque Nationale

Clovis Ier, roi des Francs, 466-481 (481 – 511) (1)

Clovis meurt à Paris le 27 novembre 511, âgé de 45 ans. On présume qu'il est décédé d'une affection aiguë au bout de 3 semaines. Selon la tradition, il aurait été inhumé dans la basilique

---

[76] Tombes et sépultures (www.tombes-sépultures.com)

des Saints-Apôtres (saint Pierre et saint Paul), future église Sainte-Geneviève, qu'il avait fait construire sur le tombeau même de la sainte tutélaire de la cité.,

Figure 26: Le baptème de Clovis (XVe siècle)

Clovis fut inhumé, comme l'écrit Grégoire de Tours, dans le *sacrarium* de la basilique des Saints-Apôtres. Les sarcophages royaux furent probablement posés sur le sol et non enfouis, selon l'usage qui s'imposa dès la génération des fils de Clovis. Malgré le souhait de Clovis, la basilique ne servit pas de mausolée à la dynastie mérovingienne. On ignore ce qu'il advint des tombes du couple royal ainsi que celles de leur fille Clotilde, et leurs petits fils Thibaud et Gonthier, assassinés à la mort de Clodomir. Il est possible que les sarcophages aient été enfouis dans le sous-sol si un agrandissement nécessita son arasement et si ces travaux n'eurent pas lieu avant la seconde moitié du IXe siècle, il est possible qu'ils furent pillés ou détruits à l'occasion des invasions normandes (845, 850 et 885).

L'église ne fut pas détruite puisque l'on se contenta à chaque fois de quelques réparations. Les châsses des saints furent évacuées en lieu sûr, puis replacées après les attaques. Si l'on est informé du sort des reliques, on ignore en revanche ce qu'est devenu le tombeau de Clovis durant les attaques normandes.

Tombe disparue

Alain Erlande-Brandenburg[77] note qu'il existait un gisant dont l'ancienneté a souvent été mise en cause. Il discute longuement les tribulations du gisant, ses réparations et déplacements mais nous laisse dans l'incertitude sur la tombe originale. Il évoque **Clotilde**, *la femme de Clovis :*
Pas de tombe (2)

Thierry Ier, roi de Metz 486 – 534 (511-534) (3)

La mort de Thierry survient en 534, à l'âge de 55 ans, dans la vingt-troisième année de son règne, alors que son fils Thibert fait le siège d'Arles. Je n'ai trouvé aucune indication sur le lieu du décès ni sur une tombe éventuelle.

AEB : « **Vraisemblablement** » inhumé à Saint Arnoul à Metz.

Pas de tombe

Clodomir, roi d'Orléans, 495-524 (511-524) (5)

Clodomir se lança … dans une seconde expédition contre les Burgondes en compagnie de Thierry. Il fut tué lors de la bataille de Vézeronce le 21 juin 524 après avoir été trompé par des adversaires qu'il poursuivait. Conformément à la loi salique, sa tête fut tranchée et plantée au bout d'une lance, en signe d'accomplissement d'une faide. Il n'y a aucune indication sur un tombeau

AEB : On ignore l'emplacement de sa tombe. …Clodomir devint le célèbre Saint-Cloud.

Aucune indication sur une tombe

Childebert 1er, roi de Paris 496-558 (511-558) (7)

Childebert meurt le 13 décembre 558, à moins de 60 ans, jour choisi pour la dédicace solennelle de la basilique Saint-Vincent et Sainte-Croix, appelée ensuite Saint-Germain-des-Prés, qu'il avait fondée en 543 pour glorifier les reliques de saint Vincent. On n'ajourne pas la cérémonie, qui est en même temps, fait unique, celle des funérailles du roi. L'évêque Germain officiait au maître-autel entouré de six autres évêques et la dépouille de Childebert est inhumée dans le caveau qui l'attendait et qu'il avait lui-même désigné. Mort sans descendance, son royaume

---

[77] Alain Erlande-Brandenburg : Le roi est mort, Editions Droz, Genève 1975, p. 133-134

revient à Clotaire qui, seul roi restant, réunifie le royaume de Clovis Iᵉʳ. Son épouse Ultrogothe fut également enterrée à Saint-Germain-des-Prés.

En 1656, on redécouvrit son tombeau et le sculpteur Michel Bourdin réalisa un sarcophage orné du gisant datant du 12ᵉ siècle. Le tombeau fut profané au cours de la révolution. Les cendres de Childebert et d'Ultrogothe disparurent. Le gisant fut installé plus tard dans la basilique. De tels gisants furent fréquemment exécutés pour des inhumations qui ont eu lieu il y a bien longtemps avant, comme p. ex. celui en Allemagne du duc de Saxe, Widukind. La légende dit qu'il ait vécu au IXe siècle, mais au XIIe siècle, on lui dédiait un gisant dans l'église collégiale d'Engern. On parle dans ce cas de cénotaphes, du grec « tombes vides », donc des tombes sans cendres ni ossements.

AEB arrive aux mêmes conclusions.

Gisant à Saint-Germain-des-Prés

*AEB : **Ultrogothe**, femme de Childebert, († ?), cendres dans la tombe de Childebert ? (8)*

Clotaire Iᵉʳ, roi de Soissons 500-561 (511-561) (9)

À la fin de son règne, le royaume franc est à son apogée, couvrant toute la Gaule et une partie de l'Allemagne actuelle. Il meurt à la fin de l'année 561 d'une pneumonie aiguë à 60 ans, laissant son royaume à ses quatre fils qui allèrent l'enterrer à Soissons, dans la basilique Sainte-Marie qu'il avait commencé à faire construire sur le tombeau de saint Médard.

L'Abbaye de St. Médard, devenue victime d'un incendie qui la ravagea lors des invasions normandes au 9ème siècle, fut détruite par les huguenots en 1567 lors des guerres de religion et démantelée jusqu'à la crypte à la Révolution, le tombeau de Clotaire a disparu depuis longtemps.

La tombe de son épouse Arnegonde a été trouvée en 1959 par des archéologues à Saint-Denis. Elle fut identifiée grâce à un anneau en or portant son nom.

AEB : Plaque tombale et statue du XIIIe siècle

Indications pour une tombe

*AEB : **Arnegonde**, seconde épouse de Clotaire, (†±565) tombe découverte en 1957 à St. Denis (10)*

*AEB : **Radegonde** († 587), femme de Clotaire Ier : tombe à Poitiers (11)*

Thibert Ier, Roi de Metz, 495-448 (534 548) (4)

Il est tué par un bison lors d'une partie de chasse en 548. Il laisse son royaume à son fils Thibaut qu'il avait eu de Deoteria.

AEB : Chez AEB, Thibert figure sous le nom de Théodebert Ier († 547)..

Pas de tombe

Charibert Ier, roi de Paris 520-567 (561-567) (12)

Il meurt le 5 mars 567, âgé de moins de 50 ans, près de Bordeaux, alors qu'il visitait ses possessions méridionales. À sa mort, malgré quatre épouses, il ne laissa que des filles. Ses trois frères se disputèrent âprement son héritage.[78]

La logique, renforcée par la découverte en 1704 d'un tombeau (sarcophage) qui lui fut attribué, voudrait qu'il ait été inhumé dans l'abbaye de Saint-Germain-des-Prés. Mais il n'y a pas de certitude absolue sur le lieu de sa tombe.[79]

Pas de tombe

Gontran, roi des Francs 532-592 (561-592) (13)

Il meurt dans son lit, le 28 mars 592 à l'âge de cinquante-huit ans. Il fut inhumé à l'Abbaye Saint-Marcel-lès-Chalon. Son monument funéraire fut détruit - pour changer - par les Sarrazins en 731.[80]

Dans les années 1440, Jean Rollin, évêque de Châlons lui érigea un tombeau qui fut détruit en 1562 par les Huguenots pendant que les restes du roi franc étaient dispersés aux quatre vents. Seule la tête fut sauvée et conservée dans un reliquaire en argent. La cathédrale de Saint-Jean de Maurienne avait, on ne sait à quelle époque, obtenu un bras de son fondateur, et le conserva jusqu'en 1793 où il fut jeté à la rue et disparut avec les autres reliques.

AEB : tombe détruite par les calvinistes

Indications vagues sur une tombe disparue

*AEB : **Frédégonde** († 596) tombe et dalle à Saint Germain, dalle détruite pendant la Révolution, datée au 12ᵉ siècle, mauvaise restauration (15)*

---

[78] Wikipédia
[79] Tombes et sépultures
[80] https://fr.wikipedia.org/wiki/Abbaye_Saint-Marcel-l%C3%A8s-Chalon

Sigebert Ier, roi de Metz 535-575 (561-575) (16)

Sigebert est mort à l'âge de 40 ans, après quatorze années de règne. Il fut assassiné à Vitry près de Douai sur les ordres de Frédégonde. Sa dépouille resta sur place. Chilpéric, sorti de Tournai, se chargea de l'emporter et lui fit rendre les honneurs dus à son rang. Cette inhumation eut lieu à Lambres-sur-la-Scarpe près de Douai. Plus tard, sa dépouille fut rapatriée près de celle de son père, Clotaire. Sa tombe ne fut pas retrouvée ou identifiée, probablement parce que l'abbaye Saint-Médard fut détruite par les Normands et les Magyars, puis reconstruite au XIe siècle. L'abbaye fut détruite en 1567 au début des guerres de religions, reconstruite en partie en 1630 avant d'être rasée jusqu'à la crypte en 1793.[81]

AEB : Inhumé à Soissons, tête retrouvée mais perdue par la suite.

Pas de tombe

Chilpéric Ier, roi de Soissons 539-584 (561-584) (14)

Entre le 20 et le 28 septembre 584, peu après le départ de sa fille, Chilpéric est à son tour assassiné près de sa *villa* de Chelles après une partie de chasse

Chilpéric est enterré auprès de Childebert Ier dans l'église Saint-Vincent-Sainte-Croix (plus tard nommée Saint-Germain-des-Prés).

Vers 1163, pour orner son cénotaphe, l'abbaye de Saint-Germain-des-Prés fait sculpter un gisant de Chilpéric surélevé par des colonnettes, le représentant couché sur le dos tenant un sceptre. A cause de travaux, en 1656, les restes de Chilpéric furent réinhumés dans un sarcophage « pansu » sur lequel on remplaça son ancienne dalle. L'ensemble fut brisé en 1791.

AEB : La disparition de cette tombe est une cruelle perte ... car étant d'une étonnante qualité d'après les documents graphiques. (P. 138)

Indications pour une tombe

---

[81] Wiki/Tombes et sépultures

Figure 27: Chilpéric étrangle Galswynthe

*AEB : **Brunehaut** († ± 613) tombe à Saint Médard (?) délabrée, reconstruite par le cardinal Rolin au 17ᵉ siècle, détruite pendant la Révolution. (17)*

Thibaut 1ᵉʳ, roi de Metz 535-555 (548-555) (5)

Souffrant d'un handicap physique, voire de dégénérescence, Thibaut voit son état s'aggraver jusqu'à devenir complètement impotent. Il finit par mourir en 555 avant l'âge de 20 ans. Thibaut étant mort sans laisser de descendance, son grand-oncle Clotaire Ier s'accapare de son royaume et se marie à sa veuve.

Pas de tombe

Childebert II, roi d'Austrasie 570-595 (575-595) (18)

Childebert II mourut empoisonné avec son épouse, en 596, à 25 ans. Ses deux fils Thibert II et Thierry II, s'entredéchirèrent pour la succession, malgré l'influence de Brunehaut. Le premier

124

lui succède en Austrasie alors que le second reçoit le royaume de Bourgogne et celui d'Orléans. On ignore où se trouve sa tombe.

Pas de tombe

Thibert II, roi des Francs d'Austrasie 586-612 (596-612) (19)

Thibert, retiré dans Cologne, manifestait l'intention de s'y défendre jusqu'à la dernière extrémité, quand Thierry arriva devant cette ville. Le roi de Bourgogne fit sommer les habitants de lui livrer mort ou vif le roi d'Austrasie, les menaçant, s'ils s'y refusaient, de brûler leur ville et de les passer tous au fil de l'épée. Effrayés par ces menaces, les habitants de Cologne tuèrent le roi vaincu, et du haut des remparts jetèrent sa tête aux pieds du vainqueur. Une tombe n'est pas connue.

AEB mentionne Thibert II sous le nom de Théodebert II : Tombe inconnue.

Pas de tombe

Thierry II, roi des Francs de Bourgogne 587-513 (595-613) (20)

Au mois de mai 612, il remporte la victoire lors des batailles de Toul et de Tolbiac (actuelle Zülpich, près de Cologne).

Il s'attribue le royaume d'Austrasie, après l'élimination de Thibert et de son fils Mérovée.

Cette période est de courte durée : Thierry meurt en 613, soit empoisonné, soit de dysenterie. Une tombe n'es pas connue.

AEB : Mort à Metz, tombeau inconnu.

Pas de tombe

Clotaire II, roi de Neustrie/roi des Francs 584-629 (584-629) (21)

Clotaire meurt le 18 octobre 629 à l'âge de 45 ans, et est inhumé, comme son père, dans la basilique Saint-Vincent de Paris, intégrée par la suite à l'abbaye Saint-Germain-des-Prés.

Probablement refait au 11ᵉ ou au 12ᵉ siècle, son tombeau fut détruit dans la nuit du 27 au 28 mars 1791. Un fragment supposé appartenir au torse de son gisant est conservé au musée Carnavalet.

AEB : Dalle disparue

Indications vagues pour une tombe

Sigebert II, roi d'Austrasie et de Bourgogne 601-613 (613) (cf. Sigisbert - 25 ?)

Sigebert II (602[1] - 613) ou Sigisbert II est le fils de Thierry II. Il règne quelques mois sur l'Austrasie et la Burgondie en 613 sous l'autorité de son arrière-grand-mère Brunehilde.

Clotaire II intrigue avec les Grands du royaume de Sigebert II contre Brunehilde, jusqu'à ce qu'elle décide de se débarrasser de Clotaire II. Elle envoie Sigebert et Warnachaire former une armée en Saxe et en Thuringe mais Warnachaire fait échouer la mission pour avoir entendu que Brunehilde voulait le faire assassiner. Warnachaire et ses alliés rejoignent alors les Neustriens qui rattrapent leurs ennemis et capturent Sigebert II, Corbus et Mérovée. À Renève, sur la rive droite de la Saône, ayant capturé les membres de la famille royale austrasienne et burgonde, Clotaire II le fait mettre à mort avec son frère Corbus. Brunehilde est mise à mort peu de temps après. Aucune indication sur une tombe.

Aucune indication sur une tombe

AEB consacre quelques lignes à Sigebert II qu'il considère comme le fils de Dagobert 1er. Il ne mentionne pas Sigebert III, roi de Metz. Il semble qu'il y ait confusion parmi les historiens ...

Dagobert Ier, roi des Francs 608-639 (622-639) (23)

Le roi Dagobert meurt le 19 janvier à l'âge de 36 ans.

Avant de mourir, il avait choisi d'être enterré, non à l'abbaye de Saint-Germain-des-Prés, comme ses prédécesseurs depuis Childebert Ier en 558, mais à la nouvelle basilique Saint-Denis dont il a fait construire l'enceinte, sur le lieu où reposait déjà depuis 570 Arégonde, son arrière-grand-mère et quatrième épouse de Clotaire Ier. De Dagobert, dernier roi unique du *regnum Francorum*, il subsiste le tombeau en style gothique rayonnant que fait installer au XIIIe siècle le roi Louis IX.

Durant la révolution, le sarcophage du roi fut profané pour récupérer le plomb afin d'en faire des balles. Les os furent jetés dans une fosse commune pour être transférés plus tard dans l'ossuaire de la basilique. Le monument funéraire fut déplacé dans un musée et réinstallé plus tard dans la basilique.

AEB : Tombeau vandalisé, rénové et réaménagé à plusieurs reprises. Etat actuel très différent du tombeau original.

Gisant dans la Basilique Saint-Denis

Figure 28: Tombe de Dagobert Ier

à Saint Denis

Caribert II, roi d'Aquitaine, 618-632 (628-632) (24)

Caribert II (né en 606/610 - mort le 8 avril 632), roi d'Aquitaine à partir de 629. Il est le fils du roi des Francs Clotaire II et de Sichilde. Il est roi d'Aquitaine de 629 à sa mort en 632.

Le 8 avril 632, Caribert mourut après un bref règne de trois ans probablement assassiné sur ordre de Dagobert. Son corps fut inhumé dans la basilique Saint-Romain, à Blaye où se trouvait selon la légende, la sépulture de Roland, tué à Roncevaux.

127

Fortement endommagée lors des guerres de religion, la basilique est remaniée à la fin du XVIᵉ siècle, tandis que la présence de pèlerins périclite. Le sanctuaire est finalement sacrifié lors de l'édification de la citadelle au XVIIᵉ siècle.

Des fouilles archéologiques entamées en 1969 permettent de redécouvrir les fondations de la basilique. On ne trouve pas de tombes.

Même constat chez AEB.

Indications pour une tombe

Sigisbert ou Sigebert III, roi de Metz 630-656 (632-656) (cf. Sigebert - 25 ?)

Sigebert est assassiné le 1ᵉʳ février 656, à l'âge de 26 ans, dans un complot. Ses restes, profanés à la Révolution, sont conservés à la cathédrale de Nancy, ville dont il est le saint patron. Il est considéré, ensemble avec son demi-frère Clovis II comme un des premiers « rois fainéants ».

Si la cathédrale de Nancy est consacrée à Notre-Dame de l'Annonciation, un culte particulier y est rendu à Saint Sigisbert, dont les reliques, qui étaient conservées à la cathédrale dans la niche du chœur et étaient restées intactes depuis mille ans, furent profanées à la révolution et remplacées, sous l'Empire, par une statue de la Vierge à l'Enfant de 1669 due à César Bagard. Quelques débris, dont une côte, furent pieusement sauvés et enfermés sous le Premier Empire dans un nouveau reliquaire en bois doré surmonté d'une couronne, rappelant la condition royale de Saint Sigisbert.

AEB ne donne pas d'indication sur la situation de sa tombe à Nancy. Il le désigne – incorrectement ? - comme Sigebert II. (P. 144)

Tombe disparue

Clovis II, roi de Neustrie 634-657 (639-657) (27)

Clovis est considéré comme le premier roi fainéant. Il mourut à l'âge de 23 ans

« Clovis fut inhumé à la basilique Saint-Denis. Son tombeau fait partie des 16 sépultures que Louis IX fit rechercher en 1264 pour asseoir la ligne des Capétiens dans celles qui l'avaient précédée. Conséquence, malgré des différences, son gisant partage une même communauté de traits que les 15 autres représentatifs du style d'une époque à laquelle ils n'appartenaient pas. »[82]

Le tombeau fut profané en 1793 et le gisant est le seul vestige. Ses restes ont été jetés dans une fosse commune.

---

[82] Tombes et sépultures

128

Même constat chez AEB.

Gisant à la basilique Saint-Denis

*AEB mentionne **Sainte Bathilde**, femme de Clovis II mais ne mentionne pas de tombeau. (28)*

Childebert III/Childebert l'adopté, roi d'Austrasie ? (656-662)

Étant donné les habitudes polygames des rois mérovingiens, il est difficile de dire si Childebert III est fils de Chimnechilde ou d'une concubine de Sigebert III. Dans ce dernier cas, l'exil du futur Dagobert II serait en fait un moyen d'éliminer un héritier avec qui il aurait fallu partager le royaume. Il n'y a aucune indication sur une tombe.

AEB ne mentionne pas Childebert III

Pas de tombe

Dagobert II, roi de Metz, 650-679 (676-679) (26)

Selon la *Vita Dagoberti* écrite à la fin du IXe siècle, il serait mort assassiné en forêt de Woëvre.

Une tradition locale rapporte qu'en 872, un enfant découvre dans l'intérieur de l'autel de l'église Saint-Rémi de Stenay (Meuse) l'épigramme funéraire du roi Dagobert. Le roi Charles II le Chauve est informé de cette trouvaille. Il fait alors lever de terre le corps se trouvant près de l'inscription et l'expose à la vénération des fidèles sur l'autel de l'oratoire du palais de Douzy.

Le 10 septembre 872, en présence du roi, Hincmar de Reims, Bernard de Verdun et d'autres évêques procèdent à la canonisation de Dagobert. L'église de Stenay est rebaptisée « église Saint-Dagobert ». L'église fut détruite pendant la Révolution et les reliques disparurent à jamais, sauf un crâne trépané (!), conservé au cloître de Mons. Dagobert II n'est pas mentionné dans "Tombes et sépultures"

AEB indique Saint Rémy à Stenay comme lieu d'inhumation. Sur le site Internet de la ville, on indique que « plus rien ne subsiste de l'église Saint Dagobert ».[83]

Pas de tombe

Clotaire III, roi de Neustrie, 649-673 (657-673) (29)

Né vers 652, il est le fils ainé du roi Clovis II et de la reine Bathilde. Il accède au trône à l'âge de 5 ans, et sa mère exerce alors la régence. En 664, Bathilde se retire dans un monastère et

---

[83] http://www.portail-rennes-le-chateau.com/stenay.htm

laisse le pouvoir au maire du palais Ébroïn. Clotaire meurt en 673, à l'âge de 20 ans. Son frère Thierry lui succède[1].

Les historiens sont divisés : Inhumation à Chelles ou à St. Denis ? « A la lecture de ce qui précède, on s'en doute, sa tombe ne fut jamais retrouvée. »[84]

Selon AEB, Clotaire III fut inhumé à Celles et un gisant fut exécuté après l'incendie de 1225 de l'église de Chelles. Il disparut pendant la Révolution.

Pas de tombe

Thierry III, roi des Francs 657-691 (673-691) (33)

Le roi Thierry tombe entre les mains de Pépin de Herstal. Celui-ci le prive totalement de tout pouvoir de décision et l'oblige à le suivre en Austrasie. En Neustrie, Pépin laisse Norbert, l'un de ses fidèles, diriger les affaires de Neustrie. Thierry meurt quelques années après, en 691, à l'âge de 34 ans. Il laisse deux fils, Clovis et Childebert, qu'il a eus de la reine Clotilde.

Il fut inhumé dans la basilique bénédictine de St. Vaast à Arras. Un magnifique mausolée fut érigé sur la tombe au 13e siècle. Lors des transformations de l'église en 1747, la tombe fut descendue dans les caves et fait partie de celles qui n'ont jamais été retrouvées.

AEB mentionne une description très détaillée de la tombe « complètement » disparue.

Tombe disparue

AEB mentionne **Dode**, *femme de Thierry III, inhumée comme son mari à Arras. (34)*

Childéric II, roi des Francs 655-675 (662-675) (30)

Bodilon, un noble franc humilié par le roi, profite que Childéric parte à la chasse pour le tuer avec son épouse, la reine Bilichilde alors enceinte. L'apprenant, les conseillers du roi - Wulfoald en tête - s'enfuient en Austrasie. Le roi Childéric n'avait que 20 ans et ne laisse aucun héritier. Son frère Thierry III lui succède.

Au XVIIe siècle, des gisants de style gothique marquaient dans le chœur de l'église Saint-Germain-des-Prés l'emplacement des tombes de Childebert Ier, Ultrogothe, Chilpéric Ier, Frédégonde, Clotaire II, Bertrude, Childéric II, Bilichilde et leur fils. En 1645 et 1646, des travaux dans le chœur entraînèrent la réfection du pavement et la découverte de nouvelles sépultures. De nouveaux travaux en 1656, lors de l'aménagement des stalles, conduisirent au

---

[84] Tombes et sépultures

déplacement des gisants et des sarcophages sous-jacents. En 1656, on constata que certaines tombes avaient été violées et vidées des objets précieux – probablement par les moines - dont certaines avaient été vues intactes en 1645. On attribua alors au roi Childéric II, un sarcophage au riche mobilier funéraire masculin, car le nettoyage du tombeau permit la découverte à l'emplacement de la tête de l'inscription gravée CHILDR REX.

On refit une plaque tombale en 1658 avec une effigie gravée qui fut détruite à la Révolution

AEB parle d'un tombeau disparu. (p. 146)

Donc : Pas de tombe

*AEB mentionne **Bilhilde**, femme de Childéric II, dont une dalle, gravée en 1658, se trouverait à Saint Denis. (31)*

Clovis III, roi des Francs 670- ? (675-676) (35)

Né vers 670, il est prétendument fils du roi Clotaire III, mais en fait un imposteur produit par Ebroïn. En 675, à la suite de l'assassinat du roi Childéric II, les Neustriens et les Burgondes proclamèrent roi Thierry III. Les Austrasiens et l'ancien maire du palais Ebroïn, écartés du pouvoir, proclament roi d'Austrasie, le jeune Clovis, un enfant de cinq ans. Voyant qu'il était très peu soutenu, Ebroïn renonce à soutenir Clovis en échange du titre de maire du palais de Neustrie. Clovis III est déposé. Il est sans doute envoyé dans un monastère où il meurt à une date inconnue.

AEB : Inhumé « vraisemblablement » à Choisy, tombe détruite par les Normands en 896. En 1793, les os furent déposés dans le cimetière communal…

Pas de tombe

Clovis IV, roi des Francs 677-695 (691-694)

Clovis IV est le roi des Francs de 691 à 694. Il est parfois confondu avec Clovis III dans des généalogies qui ne prennent en compte que les rois Francs de Neustrie.

Né vers 680, fils ainé et successeur du roi Thierry III, il accède au trône à l'âge de 11 ans, et meurt à 15 ans. Comme il est mineur pendant toute la durée de son règne, le maire du palais d'Austrasie, Pépin de Herstal, règne en son nom. Son frère Childebert lui succède, à sa mort, en 695. Il est enseveli au monastère de St-Étienne à Choisy, qui fut détruit par les Normands en 895/896. Il ne reste plus aucune trace d'une tombe

AEB ne mentionne pas Clovis IV

Tombe disparue

Childebert IV, roi des Francs 683-711 (695-711) (37 ?)

Né vers 683, fils cadet du roi Thierry III, il succède sur le trône à son frère aîné Clovis.

Les nombreux diplômes que le roi Childebert a souscrits prouvent sa grande activité. En 697, il fait condamner Drogon, fils aîné de Pépin d'Herstal, à rendre un bien à un monastère. Il meurt en 711 et est enseveli au monastère de St-Étienne à Choisy, qui fut détruit par les Normands en 895/896. Il ne reste plus aucune trace d'une tombe

AEB mentionne un Childebert III mort en 711 et inhumé à Choisy-au-Bac. Encore une confusion ?

Pas de tombe

Clotaire IV, roi d'Austrasie 685-719 (717-719) (38)

Son origine est incertaine. Né vers 685, il est choisi par le maire du palais d'Austrasie Charles Martel pour s'opposer au roi Chilpéric et au maire du palais de Neustrie Raganfred. Il meurt en 719.

Il n'y a pas d'indications sur sa tombe

Selon AEB, il serait « vraisemblablement » inhumé à Choisy-le-Bac.

Pas de tombe

Chilpéric II, roi de Neustrie 672-721 (715-719)

Né peut-être vers 671, aucune source contemporaine n'indique sa filiation.

En 719, à la suite du décès du roi Clotaire, le duc Eudes d'Aquitaine renvoie Chilpéric à Charles pour se faire pardonner d'être entré en rébellion. Chilpéric est alors proclamé roi de tous les Francs.

Oublié de tous, il fut inhumé à Noyon. On ignore l'endroit précis.

AEB ne mentionne pas Chilpéric II

Pas de tombe

Dagobert III, roi des Francs 699-715 (711-715) (37)

Né vers 699, fils et successeur du roi Childebert IV, il accède au trône à l'âge de 12 ans, et meurt à 16 ans. Comme il est mineur pendant toute la durée de son règne, les maires du Palais règnent en son nom

Dagobert meurt en 715 des suites d'une maladie. Il laisse un fils nommé Thierry.

« Bien que les chroniqueurs ne mentionnent pas son lieu de sépulture avec certitude. Il est probable qu'il s'agisse de l'abbaye Saint-Étienne de Choisy-en-Bac près de Compiègne. Dans ce cas, comme c'est le cas de son père, sa tombe fut certainement détruite par les Normands. »[85]

AEB : « Vraisemblablement » inhumé à Choisy-au-Bac.

Pas de tombe

Thierry IV, roi des Francs 712-737 (721-737) (39)

Thierry IV, né vers 713 et mort en 737, a été roi des Francs. Il a régné de 721 à 737.

Né vers 713, à la mort de son père Dagobert III, en 715, il est placé à l'abbaye de Chelles. Lorsque le roi Chilpéric II meurt sans héritier en 721, Charles Martel installe Thierry sur le trône ..

Thierry IV est réputé avoir été inhumé à la basilique Saint-Denis. Néanmoins, faute de preuves tangibles, il subsiste quelques doutes. Aucune tombe pouvant lui être attribuée ne fut retrouvée lors de diverses campagnes de fouilles.

AEB doute également de St. Denis comme lieu de sépulture.

Pas de tombe

Childéric III, roi des Francs 714-753 (743 à 751)

Childéric est placé sur le trône entre le 15 février et mars 743 par Pépin le Bref, le fils de Charles Martel, sans doute pour plaire à l'aristocratie partisane de l'ancienne dynastie franque, car le clergé et plusieurs peuples, qu'il tient en soumission, mettent en cause sa légitimité. Childéric est quant à lui tonsuré et enfermé au monastère de Saint-Bertin, près de Saint-Omer entre le 22 décembre 751 et le 23 janvier 752. Childéric III meurt vers 755. Il est inhumé dans le cloître de l'abbaye mais les fouilles réalisées au XIXᵉ siècle n'ont pas permis d'identifier sa sépulture. Aucune trace de sa tombe ne fut trouvée.

AEB ne mentionne pas Childéric III

---

[85] Tombes et sépultures

Pas de tombe

Résumé

Dans cet alinéa, nous avons essayé de savoir, si les dépouilles mortelles des souverains et souveraines mérovingiens ont trouvé un endroit digne et à la hauteur de leur position dans la société pour leur dernier repos. Mais on a eu des résultats surprenants :

18   *N'ont pas de tombe, c.à.d. que dans les sources analysées dans le contexte de ce livre on ne trouve aucune mention d'une tombe éventuelle*

8   *Dans 8 cas, on trouve une indication d'une possible sépulture sans pour autant donner des précisions sur l'endroit éventuel.*

6   *Dans 4 cas, on indique un endroit précis tout en admettant que la tombe a complètement disparue La tombe de Childéric II a été complètement détruite Du trésor contenu dans la tombe de Childéric à Tournai ils ne subsistent que de maigres restes suite à des pillages et à un vol à la Bibliothèque Nationale.*

3   *3 sépultures royales sont localisées à Saint-Denis (2) et une à Saint-Germain-des-Prés. Mais les tombes sous les gisants de Childebert Ier, de Dagobert Ier et de Clovis II sont vides suite aux nombreuses destructions et pillages des tombes.*

35   **Donc des 35 rois, ils ne restent que trois gisants sur leurs tombes vides, deux abeilles en or et plein de mystères sur leurs dépouilles mortelles.**

8   *Pour les 9 reines mentionnées par Alain Erlande-Brandenburg, 8 n'ont pas de tombes connues. On suppose qu'elles ont été inhumées avec ou près de leur époux. Parfois il y a des indications vagues tirés de quelques documents d'époque.*

1   *Seule, la reine Arnegonde semble avoir bénéficié d'une tombe dans la cathédrale de Saint-Denis, bien que la tombe n'ait été découverte qu'en 1959.*

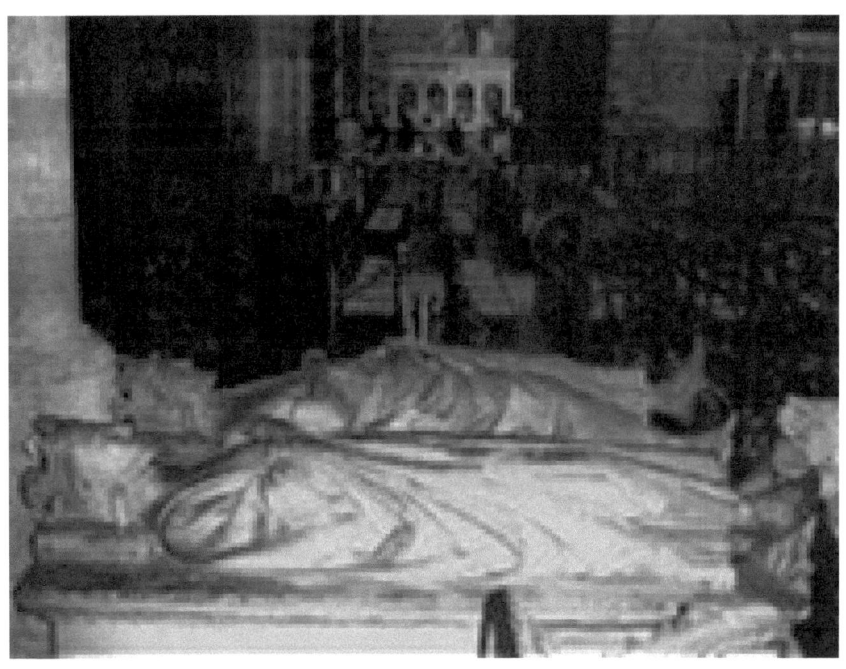

Figure 29: Gisants de Clovis II et de Charles Martel à Saint Denis

Dates selon la chronologie traditionelle

Nom français	Nom allemand	Vécut de … à	Au pouvoir de…à	Tombe ?	AEB
Pépin de Landen	Pippin der Ältere	580-640	615-625	indications	
Grimoald Ier	Grimoald der Ältere	615-657	643-657	Pas de tombe	
Pépin de Herstal	Pippin der Mittlere	635-714	679-714	Indications	
Plectrude		*† ?*		*Cologne ?*	*41*
Charles Martel	Karl Martell	690-741	718-741	Gisant à St. Denis[86]	42
Childebrand Ier	Childebrand	? - 751	-	Pas de tombe	
Pépin III, le bref	Pippin III, der Jüngere	714-768	751-768	Gisant à St. Denis	43
Berthe		*† 783*		*Gisant à St. Denis*	*44*
Griffon	Grifo	726-753	-	Pas de tombe	
Carloman	Karlmann	710-754	741-747	Mont Cassin ? tombe disparue	43 ?
Bernard	Bernhard	797-818	-	Pas de tombe	
Charlemagne	Karl der Große	748-814	768-814	Aix-la-Chapelle	47
Luitgarde	*Luitgarde*	*† 800*		*Dalle disparue*	*48*
Fastrade	*Fastrada*	*† 794*		*Mayence ?*	*49*

---

[86] Sur le site de la Basilique St. Denis sur Wikipédia, on note que toutes les tombes dans la basilique sont vides sauf 5 : Louis XVIII ; Louis VII, Louise de Lorraine, Louis XVI et Marie Antoinette

Hildegarde	*Hildegerd*	*† 783*		*Metz ?*	*50*
Carloman	Karlmann	751-771	768-771	Indication Reims[87]	45
Pépin le Bossu	Pippin der Bucklige	770-811	-	Pas de tombe	
Charles le Jeune	Karl der Jüngere	772-811	-	Pas de tombe	
Pépin d'Italie	Pippin (Karlmann)	777-810	781-810	Pas de tombe	
Louis le Pieux	Ludwig der Fromme	813-840	778-840	Indication Metz[88]	51
Ermengarde	*Irmingard*	*805-851*		*Indication Angers ?*	
Judith	*Judith*	*† 843*		*Tours ?*	
Lothaire Ier	Lothar I	795-855	814-855	Indication Prüm[89]	
Bernard	Bernhard	797-818	812-818	Pas de tombe	
Pépin d'Acquitaine	Pippin von Aquitanien	797-838	814-838	Pas de tombe Poitiers ?	53
Engelberge	*Engelberga*	*† 838*		*Poitiers?*	*54*
Louis le Germanique	Ludwig der Deutsch	806-876	843-876	Indications Lorsch	
Emma de Bavière	*Hemma*	*808-876*		*Plaque tombale*	
Charles II le Chauve	Karl der Kahle	843-877	823-877	Gisant à St. Denis, tombe disparue	55
Ermintrude	*Irmentrude*	*† 869*		*Gisant à St. Denis*	*56*
Louis II d'Italie	Ludwig II von Italien	825-875	839-875	Indications Milan[90]	

---

[87] Voir chez Carloman
[88] Voir chez Louis le Pieux
[89] Voir chez Lothaire Ier
[90] Voir chez Louis II d'Italie

137

Louis II	Ludwig II	† 879		Compiègne ?	57
Adélaïde	*Adelheid*	*† ?*		*Compiègne ?*	*58*
Lothaire II	Lothar II	835-869	855-869	Indications Plaisance[91]	
Carloman de Bavière	Karlmann	830-880	876-880	Plaque à Altötting[92]	
Louis III, le Jeune	Ludwig III, der Jüngere	835-882	876-882	Plaque à Lorsch / Gisant à St. Denis[93]	59
Charles III, le Gros	Karl III, der Dicke	839-887	876-887	Indications Reichenau[94]	
Louis le Bègue	Ludwig der Stammler	846-879	877-879	Pas de tombe	
Arnulf de Carinthie	Arnolf von Kärnthen	850-899	877-899	Pas de tombe	
Hugues	Hugo	863-895		Pas de tombe	
Zwentibold	Zwentibold	870-900	895-900	Pas de tombe	
Louis IV de Germanie	Ludwig das Kind	893-911	900-911	Indications Ratisbonne[95]	
Charles l'Enfant	Karl das Kind	849-866	855-866	Pas de tombe	
Carloman II	Karlmann II	867-884	879-884	Gisant à St. Denis	60
Charles III, le Simple	Karl III der Einfältige	879-929	893-929	Pas de tombe Péronne ?	61
Egive	*Eadgifhu*	*† ?*		*Soissons ?*	*62*
Fréderonne	*Frederuna*	*† ?*		*Reims ?*	*63*
Louis IV	Ludwig IV	† 954		Reims ?	64

---

[91] Voir chez Lothaire II
[92] Voir chez Carloman de Bavière
[93] Voir chez Louis III
[94] Voir chez Charles le Gros
[95] Voir chez Louis l'Enfant

Gerberge	*Gerberga*	*† ?*		*Reims*	*65*
Lothaire	Lothar	† 986		Reims ?	66
Emma	*Emma*	*† ?*		*Pas de tombe*	*67*
Louis V	Ludwig V	† 987		Compiègne ?	68

Saint Pépin de Landen, maire du palais, 580-640 (615-625)

Pépin de Landen ou Pépin l'Ancien (né vers 580 - mort en 640) est un maire du palais d'Austrasie de 615 à 629, puis de 639 à 640. Il est considéré comme l'ancêtre de la dynastie des Pippinides.

Inhumé dans son domaine de Landen, sa dépouille fut transportée en l'abbaye Saint-Pierre de Nivelles à une date ignorée. Les tombes de Pépin ainsi que de sa femme et de sa fille ont disparu. En 1981 on découvrit les fondations d'une chapelle considérée comme crypte familiale des Pippinides

AEB ne mentionne pas St. Pépin ...

Indications pour une tombe

Grimoald Ier, maire du palais, 615-657 (643-657)

Grimoald Ier était maire du palais d'Austrasie, appartenant à la dynastie des Pippinides et des Carolingiens, fils de Pépin l'Ancien. On ne connait pas les dates exactes de sa naissance et de sa mort.

Il fut attiré dans un guet-apens et fait prisonnier par Clovis II de Neustrie, emmené à Paris et exécuté dans sa prison. Nulle part on ne trouve une indication sur sa tombe

AEB ne mentionne pas Grimoald ...

Pas de tombe

Pépin de Herstal, maire Austrasie, de Neustrie et de Bourgogne, 635-714 (679-714) (40)

Pépin II de Herstal, dit Pépin d'Héristal, Pépin le Gros ou encore Pépin le Jeune (né vers 635- mort le 16 décembre 714 à Jupille-sur-Meuse), est maire du palais d'Austrasie.

Pépin de Herstal meurt le 16 décembre 714, Sur le site allemand de Wikipédia, on note qu'il a été inhumé à Chèvremont (Vesdre)

Selon d'autres sources, « Pépin de Herstal aurait été inhumé en l'Abbaye St. Arnoul de Metz. … Si cela est un fait, quand et dans quelles circonstances cela se réalisa-t-il ? » Lors du siège de la ville en 1552, « tous les tombeaux auraient été transférés à l'intérieur de l'enceinte. En était-il ainsi ? … Bien que son cas ne soit pas unique, on reste toujours étonné qu'un personnage d'une telle envergure n'ait pas laissé davantage de traces post-mortem.

Une stèle funéraire lui est dédié dans une église à Cologne.

AEB consacre une seule ligne à Pépin et dit qu'il « passe pour avoir été inhumé à Saint-Arnoul à Metz ».

Indices pour une tombe (41)

*AEB : **Plectrude**, femme de Pépin († ?) Notre-Dame du Capitole, Cologne. Plaque tombale sculptée autour de l'an 1185 et une deuxième sculptée autour de l'an 1285. Cendres disparues. (41)*

Charles Martel, maire du palais en Austrasie 690-741 (718-741) (42)

En 741, Charles Martel, sauveur du monde occidental après les batailles de Tours et de Poitiers contre les Sarrazins, mourut à la suite d'une maladie fiévreuse à Quierzy. Il fut le premier Carolingien à être inhumé à St. Denis et non à Metz.

Sa tombe fut déplacée en 1264 par Louis IX avec 15 autres tombes pour « affirmer la continuité entre Mérovingien, Carolingiens et Capétiens ». On la déplaça une deuxième fois à la révolution française. Il reste le gisant où Charles est représenté avec sceptre et couronne, bien qu'il ne fût jamais roi, fait également souligné par AEB (P. 149)

Gisant à St. Denis

Childebrand Ier, (*? -†751)

Duc des Francs et comte de Bourgogne, il est à l'origine de la famille des Nibelungides attachée au service des Carolingiens. Il est également connu pour être le second continuateur de la chronique médiévale de Frédégaire. En 751, la chronique est reprise par son fils, ce qui permet de dater sa mort à la période qui suit 751.
Très peu est connu de la vie de Childebrand, on ignore où il a été enseveli.

AEB ne mentionne pas Childebrand.

Pas de tombe

Pépin III, le Bref, 714-768, (751-768) (43)

Pépin III, dit «le Bref » né en 714 et mort le 24 septembre 768 à Saint-Denis, près de Paris, est roi des Francs de 751 à 768. Issu de la famille noble franque que l'on appellera les Pippinides, maires du palais de père en fils et véritables détenteurs du pouvoir sous les derniers Mérovingiens, il sera le premier maire du palais à être proclamé roi, créant ainsi une dynastie, les Carolingiens. Il est le fils de Charles Martel et le père de Charlemagne.

Pépin meurt d'hydropisie le 24 septembre 768 à l'abbaye de Saint-Denis, après avoir partagé le royaume entre ses deux fils, Charles (futur Charlemagne) et Carloman Ier

Alexandre Lenoir, médiéviste, pensa avoir retrouvé la tombe primitive du premier roi carolingien et fit un relevé du sarcophage. Néanmoins, il reconnut qu'il n'avait aucune preuve formelle confirmant son hypothèse. On ne sait ce que devint ce sarcophage. De nouvelles fouilles pourraient permettre d'apporter de nouveaux éléments.

Au XIIIe siècle, les restes supposés de Pépin et de son père Charles furent ramenés sous la croisée du nouveau transept pour y recevoir les gisants qu'on voit encore de nos jours. Entre la translation des cendres royales, ordonnée par Louis IX et effectuée en deux campagnes durant l'année 1264, et la dédicace des nouveaux tombeaux en 1267, trois ans s'étaient écoulés permettant la commande et la réalisation des monuments funéraires.

Gisant à St. Denis

AEB : **Berthe**, *femme de Pépin († 783) : Gisant à St. Denis (44). Berthe, connue après dans les légendes comme « Berthe avec le grand pied » mourut à Choisy-au-Bac en Picardie. Sa dépouille mortelle fu amenée à Saint-Denis où elle fut inhumée à côté de Pépin. Au cours de la Révolution, en 1793, les tombes furent profanées et détruites.*

Griffon, 726 753

Griffon ou Grippon (v. 726-753) est un prince carolingien, fils de Charles Martel maire du palais d'Austrasie, de Neustrie et de Bourgogne et duc des Francs, et de sa seconde épouse, la princesse bavaroise Swanahilde. Ses demi-frères Carloman et Pépin le bref l'avaient écarté de son héritage et il dut combattre toute sa vie pour avoir sa part.

Au bout de deux ans de combat, Griffon, contraint de quitter l'ouest du royaume, décide de se rendre en Italie afin de se joindre au roi des Lombards Aistolf, le plus puissant adversaire de son frère. Mais en traversant les Alpes, Griffon trouve la mort en 753, tué par des hommes de Pépin à Saint-Jean-de-Maurienne en Savoie. Une tombe n'es pas connue.

Pas de tombe

AEB ne mentionne pas Griffon.

Carloman, ±710-754 (741-747)

Carloman, né vers 710, mort selon les sources le 17 août ou le 4 décembre 754 à Vienne (Isère), est un aristocrate franc de la famille carolingienne, fils de Charles Martel et frère de Pépin le Bref, maire du palais de 741 à 747. Écarté du pouvoir, il se retira dans l'abbaye du Mont-Cassin en Italie.

Envoyé en France en 754 pour une mission de paix, il meurt à Vienne.

Ramené au Mont-Cassin il y reçut une sépulture honorable dans l'église du monastère. Le monastère fut détruit à plusieurs reprises et rasé par les bombardements de 1944. Il ne reste plus aucune trace de sa tombe.

AEB ne mentionne pas Carloman.

Pas de tombe

Bernard († 787)

Apparemment, Bernard était le fils illégitime de Charles Martel. Je n'ai rien trouvé sur sa vie, une tombe n'es pas connue. Parfois, on essaye de de le présenter comme fils de Carloman, respectivement comme gendre de Pépin. Ces tentatives ont été réfutées par l'historien allemand L. Weinreich[96].

AEB ne mentionne pas Bernard.

Pas de tombe

---

[96] http://www.manfred-hiebl.de/mittelalter-genealogie/karolinger/bernhard_787.html

Figure 30: Reliquaire de Charlemagne à Aix-la-Chapelle

Charlemagne ± 748-814 (768-814) (47)

Heribert Illig a publié de nombreux articles sur la recherche désespérée de la tombe – et des vestiges du palais royal – du plus grand empereur de tous les temps à Aix-la-Chapelle. C'est pourquoi je n'ai pas besoin ici d'entrer dans les détails. Il fait un résumé de ses recherches dans son livre récent : Aix sans Charlemagne[97]. Je tiens quand-même à citer deux publications qui montrent le désarroi des journalistes et « historiens » qui n'admettent pas que le grand Charles n'ait jamais existé.

Le premier texte a été publié dans le magazine très connu « Der Spiegel ».

« Aix-la-Chapelle. C'est étrange. Parfois même les chiens ont droit à monument funéraire. Ce n'est pas le cas pour Charlemagne … Il est considéré comme un des plus grands souverains européens, sa cathédrale comme le berceau de l'Europe – et pourtant il semble qu'il fut enfoui sommairement quelque part.

A Aix-la-Chapelle, on n'y croit pas. Pendant 3 années, des archéologues ont encore une fois fouillé la cathédrale. Mais aujourd'hui, ils ont abandonné. Pas de tombe, pas de sensation. »[98]

---

[97] Heribert Illig: Aachen ohne Karl den Großen, Mantis Verlag Gräfelfing 2011
[98] http://www.spiegel.de/wissenschaft/mensch/aachener-dom-grab-von-karl-dem-grossen-bleibt-verschollen-a-695574.html

Erlande note à propos d'Aix-la-Chapelle : « Charlemagne sentit le besoin de fixer le centre du pouvoir, il choisit une obscure ville d'eau où il construisit un magnifique palais avec sa chapelle ; Aix, qui retournera au néant dès la mort du souverain. » (P. 70)

Le deuxième texte se trouve sur Internet : « Il semble que la tombe ait été cachée par les moines de Stavelot pour la protéger contre les Normands. Peut-être qu'on l'a oublié depuis. Jusqu'à ce que Othon III l'ai fait rechercher et ouvrir. En 1165, Frédéric Barberousse fit ouvrir la tombe une deuxième fois à l'occasion de sa béatification. Les ossements furent transférés du sarcophage dans un cercueil en bois. En 1215, le cercueil fut remplacé par un reliquaire qui fut scellé. Depuis, le reliquaire fut ouvert à plusieurs reprises pour en soustraire des reliques. Aujourd'hui, il y a 90 os et fragments d'os dans le reliquaire, la mâchoire et le crâne ont disparu. »[99]

Vu l'importance du personnage, je me permets de citer plus extensivement AEB, bien que je trouve qu'il a peu à dire sur le dernier lieu de repos du plus grand empereur de tous les temps : *« Plus étonnant demeure le cas de Charlemagne : Eginhard, qui était présent lors de la mort de l'empereur, rapporte quelques détails bien maigres : «Son corps, conformément au rite, une fois lavé et la toilette faite, fut porté à l'église et inhumé au milieu de la désolation du peuple tout entier» On ne peut être plus bref. » (P. 8)*

Et plus tard : « Eginhard rapporte que le corps de l'empereur fut enseveli le jour même de sa mort et que sa tombe fut placée sous une arcade dorée avec son portrait et une épitaphe. On a vu que la représentation du souverain était vraisemblablement de stuc. Le souvenir de l'emplacement se perdit ensuite, puisque Otton III, en l'an mil ignorait le lieu où il fallait fouiller. Le corps fut trouvé, aux dires de Thietmar de Mersebourg, « in sale regio » qu'on pense pouvoir identifier avec le fameux sarcophage de proserpine. Le 25 décembre 1165, Frédéric Barberousse en sortit les cendres qu'il plaça dans un monument de bois. En 1215, elles furent placées dans la fameuse châsse qui fut mise sur l'autel. Elle fut ouverte en 1482 et reléguée en 1780 dans la sacristie. En 1847, une nouvelle ouverture permit d'identifier en toute certitude (souligné par l'auteur R.S.) les restes de l'empereur. » (P 150)

Des questions ?

Tombe à Aix-la-Chapelle jamais localisée

Hildegarde *(† 783), la première épouse de l'empereur semble avoir été inhumée à Metz, mais, hélas, « il n''existe aucune mention du tombeau » malgré le souhait de Charlemagne qu'à sa tombe brûlent des cierges en permanence et que les fidèles y viennent pour prier.(p.151) (50)*

---

[99] http://www.mflothow.de/10karo/10ereignis/0814todkarldgrossen.htm

Fastrade, († 794) la 2ᵉ femme de Charlemagne fut inhumée à Mayence selon AEB (49). La construction de l'église St. Alban à Mayence fut loin d'être terminée et le sarcophage lui attribué date du haut moyen-âge.

*AEB mentionne **Luitgarde**, († 800), la troisième femme ou concubine de Charlemagne inhumée à Tours. Une dalle la représentant a disparue à la fin du XVIIIe siècle. (48)*

Carloman Ier, 751-771 (768-711) (46)

Carloman Iᵉʳ, né en 751 à Soissons, mort le 4 décembre 771 à Samoussy dans l'Aisne, fut roi des Francs de 768 à 771. Il est le fils et successeur de Pépin le Bref.

À partir de juin 771, pressentant sa mort venir, il cède plusieurs de ses domaines à l'église abbatiale de Saint-Rémi de Reims en échange d'une sépulture en son sein. Les causes de sa mort soudaine le 4 décembre 771 en son palais de Samoussy sont incertaines car aucun témoin de l'époque ne donne de précisions.

Carloman Iᵉʳ fut inhumé en l'église abbatiale de Saint-Rémi de Reims. Cependant, cinq éléments ont conduit les historiens à s'interroger sur la destinée de sa sépulture.

1. Le frère de Charlemagne n'a pas été honoré par un monument funéraire lors de la campagne de décoration du XIIᵉ siècle .
2. Avant la Révolution française, il y avait de nombreuses épitaphes dans l'église abbatiale de Saint-Rémi de Reims mais aucune ne mentionnait Carloman Iᵉʳ.
3. Le sarcophage qui lui a été attribué à Reims à partir du XVIIᵉ siècle n'était probablement pas le sien.
4. Dans la basilique Saint-Denis, existaient un tombeau et un gisant attribués au roi Carloman Iᵉʳ, fils du roi Pépin.
5. Lors de la Révolution française, en 1793, le tombeau est vidé, comme celui des autres monarques.

« Sa sépulture soulève bien des questions. Le souvenir de l'emplacement de sa tombe s'évanouit avec le temps. Les historiens du 17ᵉ siècle ont pensé qu'un sarcophage de marbre … pouvait être le sien. Ce sarcophage disparut à la Révolution. A la basilique Saint-Denis, bien avant la Révolution, un tombeau avec gisant lui fut pourtant attribué, et continue à l'être, malgré certaines invraisemblances »

Autant dire qu'une réelle tombe n'existe pas.

AEB parle d'un sarcophage de marbre disparu lors de la Révolution.

Indications pour une tombe disparue à Reims

Pépin le Bossu, 770-811

Pépin le Bossu, né en 769 ou 770 et mort en 811, est un grand noble franc de la famille carolingienne, considéré comme le fils illégitime de Charlemagne. Il est compromis dans une conspiration contre son père. Charlemagne convoque une assemblée pour juger les comploteurs : tous sont déclarés coupables de haute trahison et condamnés à mort. Mais Charlemagne semble toujours garder une certaine affection pour son fils car il commue la sentence de Pépin en peine d'enfermement à perpétuité. Conformément à la pratique habituelle en ce cas, Pépin devient moine, en l'occurrence à l'abbaye de Prüm.

Il y meurt une vingtaine d'années plus tard en 811, probablement de la peste.

Dans cette abbaye, on conserve les sandales de Jésus-Christ, mais la tombe de Pépin ne fut jamais retrouvée.

AEB ne mentionne pas Pépin le bossu.

Pas de tombe

Charles le Jeune, 772-811

Charles le Jeune (± 772 – 4 décembre 811) est le deuxième fils de Charlemagne et le premier par sa troisième épouse, Hildegarde de Vintzgau. Lorsque Charlemagne divisa son empire entre ses fils en 781, son fils Charles fut désigné roi des Francs. Son frère aîné, Pépin le Bossu, fut déshérité, et ses frères cadets Carloman (sous le nom de Pépin) et Louis reçurent respectivement l'Italie et l'Aquitaine.

Charles meurt d'une attaque le 4 décembre 811. Il ne laisse pas d'enfants. Comme Charles, Pépin et Carloman ne survécurent pas leur Père, Louis le Pieux héritait de tout l'empire. La tombe de Charles le Jeune n'est pas connue

AEB ne mentionne pas Charles le Jeune.

Pas de tombe

Pépin d'Italie 777-810 (781-810)

Pépin d'Italie, né en 777, mort à Milan le 8 juillet 810, est un des fils de Charlemagne, roi d'Italie de 781 à 810. Il est le troisième fils de Charlemagne et le second d'Hildegarde de Vintzgau. Il est baptisé par le pape Adrien Ier avec le prénom de *Carloman*.

En 810, Pépin soumet l'Istrie, des villes dalmates et Venise, territoires relevant de l'empire byzantin. Il meurt peu après. Il fut enterré à Milan ou à Vérone. Sa tombe n'est pas connue

AEB ne mentionne pas Pépin d'Italie.

Pas de tombe

Louis le Pieux, 778-840 (813-840) (51)

Louis Ier dit « le Pieux » ou « le Débonnaire », né en 778 à *Cassinogilum* (localisation incertaine, soit Casseuil près de Bordeaux , soit plus probablement Chasseneuil-du-Poitou dans la Vienne) et mort le 20 juin 840 à Ingelheim près de Mayence, est roi d'Aquitaine jusqu'en 814, puis empereur d'Occident de 814 à sa mort. (cf. p. 111 "les funérailles)

Il est inhumé auprès de sa mère dans l'abbaye Saint-Arnould de Metz.

Charlemagne avait fait de l'abbaye Saint-Arnoul de Metz la nécropole d'une partie de sa famille. Sa mère Hildegarde, ses sœurs, ainsi que ses fils, dont l'empereur Louis le Pieux, y furent enterrés. Il s'agirait originellement d'un sarcophage du Ve siècle sorti des ateliers d'Arles ; seuls des reliefs sculptés de la face antérieure ont alors pu être conservés, toutes les autres parties du sarcophage ayant été détruites ou dispersées depuis la Révolution. Les fragments conservés permettent de reconnaître l'iconographie du Passage de la mer Rouge.

Des fragments du sarcophage se trouvent aujourd'hui au musée de Metz.

Indications vagues pour une tombe à Metz ?

On ne me connait presque rien de la vie de l'épouse de Louis le Pieux, **Irmingarde de Hespenau** *(780-818). Il semble qu'elle mourut à Angers et y fut enterrée par Louis.*

AEB mentionne **Judith***, femme de Louis le Pieux († 843) avec des indications plus que sommaires sur une éventuelle tombe disparue à Tours. (52) Le « pain de Judith » fut distribué jusqu'en 1803 comme nourriture pour les pauvres au cloître de Corvey.*

Lothaire Ier, 795-855 (814-855)

Lothaire Ier, né en 795 – mort le 29 septembre 855 à Prüm, est le fils de Louis Ier dit *le Pieux* et d'Ermengarde de Hesbaye. Il fut roi d'Italie, de Lotharingie et empereur d'Occident de 840 à 855.

Peu de temps avant de mourir en 855, Lothaire Ier abdique pour aller s'enfermer dans l'abbaye de Prüm. Avant d'y mourir, il a soin (traité de Prüm) de partager son empire entre ses trois fils : Louis reçoit le royaume d'Italie avec le titre d'empereur, Charles la Provence jusqu'à Lyon, et Lothaire II le reste, toute la partie nord de l'empire, de la Frise jusqu'au sud de l'actuel département de la Haute-Marne. Ce dernier domaine va s'appeler la Lotharingie, nom issu du latin *Lotharii Regnum*, le royaume de Lothaire.

Inhumé à l'abbaye de Prüm, des restes furent transférés dans le nouvel autel de l'église et retrouvés en 1860. Avec l'aide financière de l'empereur Guillaume Ier, un nouveau monument funéraire fut érigé.

AEB ne mentionne pas Lothaire 1$^{er.}$

147

Pépin d'Aquitaine, 797-838 (814-838)

Pépin Ier d'Aquitaine (né vers 797, mort le 13 décembre 838 à Poitiers) est un carolingien, roi d'Aquitaine de 817 à 832 puis de 834 à 838.

Il est condamné à mort par l'assemblée de Pîtres comme *traître et apostat* en juin 864. Sa peine ayant été commuée en réclusion par le roi, il est enfermé à Senlis où il serait mort quelque temps après. Après sa mort il est apparemment inhumé en l'église Sainte-Radegonde.

Selon une autre source, Pépin serait mort à Poitiers et inhumé dans l'abbaye. « Malgré leurs riches découvertes funéraires, aucune des fouilles entreprises jusqu'à présent n'ont permis de trouver la moindre trace de sa tombe.

AEB mentionne également un document du Xie siècle qui parle d'une tombe à Poitiers.

Pas de tombe

*AEB mentionne **Engelberge**, femme de Pépin († 838) qui aurait été inhumée à Poitier comme son mari, mais il n'y a aucun témoignage. (54)*

Louis le Germanique, 806-876 (843-876)

Louis II dit *le Germanique* ou *de Bavière*, né vers 806, mort le 28 août 876, est un des petits-fils de Charlemagne qui procèdent au partage de l'empire en 843. Duc de Bavière sous le règne de Louis le Pieux, il est roi de Francie orientale de 843 à sa mort. Il tire son surnom du fait qu'il hérite de la partie est de l'empire de son père.

Louis meurt en 876, laissant le royaume à ses fils Louis et Charles et le royaume de Bavière à Carloman. Il peut être considéré comme le premier souverain allemand. Il fut enterré à l'abbaye de Lorsch qui fut détruite par les espagnols en 1621. À part une plaque commémorative, rien ne subsiste de sa tombe

*Figure 31: Plaque tombale de Louis le
Germanique à Lorsch*

Selon une autre source, les tombes dans l'enceinte du cloître furent pillées en 1800 par un garde-champêtre, les sarcophages vendus comme mangeoires pour le bétail.[100] Les reliques en or furent vendus à l'évêque de Mayence et perdus dans la suite.

AEB ne mentionne pas Louis le Germanique.

Indications pour une tombe disparue à Lorsch

*L'épouse de Louis le Germanique, la reine **Emma de Bavière** (808-876) mourut à Ratisbonne. Dans l'église St. Emméram est conservée une plaque tombale de très grande qualité datant du XIIIᵉ siècle. Comme elle ne porte pas de nom, il pourrait aussi s'agir d'une plaque dédiée à la reine Uta, épouse d'Arnulf de Carinthie.*

---

[100] www.tribur.de/blog/2011/07/15/begrabnisorte-der-karolinger/

Charles II le Chauve, 823-877 (843-877) (55)

Charles II dit « le Chauve », né le 13 juin 823 à Francfort-sur-le-Main – mort le 6 octobre à Avrieux, est un des petit-fils de Charlemagne qui se partagent l'Empire en 843. Roi d'Aquitaine durant le règne de son père Louis *le Pieux*, il est roi de Francie occidentale de 843 à 877 et est couronné empereur d'Occident en 875.

Un jour, en rentrant d'Italie, il est atteint d'une pleurésie, se réfugie à Aussois et meurt des suites de cette maladie, le 6 octobre 877. La rumeur publique accuse rapidement Sédécias (Zédéchias), un de ses médecins juifs de l'avoir empoisonné, avec la complicité de Richilde.

Au cours du retour vers Paris, en raison de la décomposition du corps, son corps est enterré à Saint-Pierre de Nantua. En 884, ses ossements sont ramenés à l'abbatiale de Saint-Denis.

En effet, l'empereur et roi Charles II, avait lui-même exprimé le désir d'être inhumé dans l'abbatiat de Saint-Denis en 867.

On ignore toutefois quel était l'aspect de ce premier tombeau impérial. C'est trois siècles et demi plus tard que la réalisation d'un nouveau tombeau donne le coup d'envoi à la réorganisation sous Louis IX du nouveau transept et du chœur de la basilique Saint-Denis en lieu mémoriel de la royauté. En 1245, le « magnifique » tombeau en bronze était achevé.

Après la journée du 10 août 1792, la convention décida de faire fondre toutes les statues et monuments en bronze de la monarchie abolie. Les statues de bronze des tombeaux ainsi que les gisants en métaux furent enlevés et fondus au cours des journées de profanation des tombes de la basilique Saint-Denis.

AEB discute longuement la mise en place et la disparition d'une dalle de bronze fondue probablement pendant la Révolution. Dans son livre, on trouve une photo de la baignoire de Porphyre qui a servi de sarcophage à Charles le Chauve, voir la note de bas de page au début de ce chapitre. Il ne mentionne pas, contrairement à d'autres sources, l'existence d'un gisant à St. Denis.

Pas de tombe

101

---

[101] http://saintdenis-tombeaux.forumculture.net/t143-baignoire-romaine-baptistere-de-clovis-ou-sarcophage-de-charles-le-chauve

Figure 32: Baignoire ou sarcophage?

*AEB mentionne **Hermintrude**, femme de Charles le Chauve († 869) dont il existe un gisant à St. Denis curieusement placé à côté de Carloman (figure 143, P. XXXVI) (54). Hermintrude se séparait de son mari et se retirait à l'abbaye de Hasnon où elle mourut.*

Louis II d'Italie, 825-875 (839-875)

Louis II d'Italie, dit Louis « le Jeune » (1er novembre 825 – 12 août 875), est le fils aîné de Lothaire Ier (795-† 855) et d'Ermengarde de Tours (804-† 851). Il fut roi d'Italie de 844 à 875 et empereur d'Occident de 850 à 875 (corégent de son père de 850 à 855).

Louis II meurt en 875 près de Brescia et, ne laissant aucun héritier mâle, la couronne impériale et son domaine passent aux mains de son oncle Charles le Chauve.

Une pierre tombale dans l'église S. Ambrogio à Milan témoigne du roi des Lombards.

AEB ne mentionne pas Louis II d'Italie.

Dalle tombale à Milan

Lothaire II, 835-869 (855-869)

Lothaire II ou Lothar (± 835 – † 869) est un roi des Francs régnant sur un territoire compris entre l'Escaut et le Rhin et comprenant la plus grande partie de l'Austrasie et de la Frise. Il est le second fils de Lothaire Ier et d'Ermengarde de Tours

N'ayant pas d'héritier, il tente de divorcer et de marier une concubine dot il a un fils. Une première tentative réussit, mais est révoquée par le pape. Il tente une ultime démarche pour fléchir Adrien II qu'il rencontre à l'abbaye du Mont-Cassin, mais contracte une fièvre paludéenne et meurt à Plaisance le 8 août 869.

AEB ne mentionne pas Lothaire II.

Indications pour une tombe à Plaisance

Carloman de Bavière, 830-880 (876-880)

Carloman de Bavière (v. 830 – 880) est roi de Francie orientale de 876 à 880. Il est le fils aîné de Louis le Germanique et d'Emma de Bavière.

Atteint de paralysie en novembre 877, il est déposé en faveur de son frère Louis III le Jeune. Il meurt le 22 mars 880, et laisse un seul enfant, illégitime, Arnulf qui est reconnu roi de Francie orientale en 887.

Il est inhumé au monastère qu'il fit construire à Ötting.

En 1619, sa tombe est remplacée par une plaque en marbre devant l'autel. Une deuxième plaque porte l'inscription : « Ici, Carloman a été enterré ou du moins on le croit » (traduction très approximative de : « Hier war einst Karlmann entweder gelegen oder man glaubt, dass er hier gelegen gewesen sei »). Quand on soulevait la plaque lors des fouilles de l'an 2000, on constatait qu'il n'y avait pas d'excavation pour la dépouille mortelle, donc un cénotaphe. Deux tiers de l'église furent fouillés à l'époque pour découvrir la tombe.

AEB ne mentionne pas Carloman de Bavière.

Dalle tombale sans tombe à Ötting

Louis III le Jeune, 835-882 (876-882) (59)

Louis III (entre 863 et 865 – 5 août 882) est roi des Francs de 879 à 882. Il règne sur la Francie occidentale aux côtés de son frère cadet Carloman II, qui lui survit et règne seul après sa mort.

Louis III meurt le 5 août 882, âgé d'environ 18 ans. Il se fracasse le crâne contre le linteau d'une porte trop basse et tombe de cheval alors qu'il poursuivait la fille d'un certain Germond, courue se réfugier dans la maison de son père.

Cette mort héroïque méritait bien une tombe à St. Denis, installée par les soins de Louis IX. Certains historiens lui attribuent la baignoire en porphyre comme sarcophage. Sa tombe fut également pillée par le garde-champêtre avide d'argent qui avait déjà pillé la tombe de Louis le Germanique.

« Louis et Carloman furent inhumés à la basilique Saint-Denis. Leurs sépultures firent partie de la seconde vague de translations qu'effectua Louis IX en 1264-1265... Les tombeaux furent ornés d'un gisant dans le même style que tous les autres. A la Révolution, les gisants furent déposés au Musée des Monuments Français et réintégrèrent la basilique par la suite. »[102]

C'est étrange, mais ce fait n'est pas indiqué ni sur le site allemand, ni sur le site français de Wikipédia.

AEB ne consacre que quelques lignes au gisant de Louis III sans donner des détails sur sa vie et les circonstances de sa mort. Une Photo montre les gisants de Louis III et de Carloman à St. Denis. (Fig. 135, P. XXXVII)

Plaque tombale à Lorsch, Gisant à Saint-Denis

Charles III le Gros, 839-888 (876-887)

Charles III dit « le Gros », né en 839 à Neudingen, près de Donaueschingen , et mort le 12 ou 13 janvier 888 au même endroit, est un prince et souverain carolingien.

Au moment de perdre le pouvoir, Charles est obèse, fou et épileptique après avoir subi en février 887 une trépanation pour soulager ses souffrances. Il meurt sans héritier légitime le 12 janvier 888, au cloître de Neudingen situé en bordure du Danube. Son corps est inhumé au monastère de Reichenau avec tous les honneurs dus à son rang.

Pierre tombale à Reichenau, transférée en 1728 dans la sacristie. Sur le site de l'abbaye, on ne trouve aucune indication sur ce tombeau prestigieux.[103]

AEB ne mentionne pas Charles le Gros

Louis le Bègue, 846-879 (877-879) (57)

Louis II dit « le Bègue » (né le 1er novembre 846, mort le 11 avril 879 à Compiègne) est roi des Francs de 877 à 879. Il est le fils de Charles II dit le Chauve.

De santé fragile, Louis meurt le 11 avril 879, alors qu'il s'apprêtait à lancer une expédition pour soumettre Bernard de Gothie comte d'Autun et de Mâcon, qui s'était déclaré rebelle.

Inhumé au milieu de la nef abbatiale Saint-Corneille de Compiègne. Transfert du tombeau à droite du chœur en 1267 par Louis IX. En 1647, le caveau fut ouvert, il ne contenait que des cercueils remplis de cendres. Pendant la Révolution, le caveau fut rempli de combles. Lorsque

---

[102] Tombes et sépultures
[103] https://de.wikipedia.org/wiki/M%C3%BCnster_St._Maria_und_Markus_(Reichenau-Mittelzell)

l'église fut détruite, la rue Saint-Corneille, qui passe par-dessus le caveau, fut nivelée sans se soucier des dépouilles, qui, en toute logique, doivent être toujours sous le milieu de la rue[104].

AEB raconte à peu près la même histoire et mentionne des statues en bois dont il ne reste bien sûr aucune trace.

Pas de tombe

*AEB mentionne **Adelaïde**, femme de Louis le Bègue († ?) inhumée à St. Corneille, mais hélas, il n'y a aucun témoignage. (58)*

Arnulf de Carinthie, 850-899, (887-899)

Arnulf de Carinthie (vers 850 – 899) est un monarque carolingien, empereur d'Occident de 896 à 899.

Au cours d'une campagne en Italie, il est victime d'une attaque cérébrale qui l'oblige à rentrer en Bavière en 897. Ayant cessé de gouverner dans les faits à partir de cette date, il meurt à Ratisbonne le 8 décembre 899. Il n'y a pas d'indications sur sa tombe.

Pas de tombe

AEB ne mentionne pas Arnulf.

Hugues (863-895)

Hugues ou Hugo né entre 855 et 860, mort après 895 à l'abbaye de Prüm, est un fils illégitime de Lothaire II, premier roi de Lotharingie et de sa concubine Waldrade.

Après de multiples conflits sanglants pour accéder à son héritage, il finit par avoir les yeux crevés en 885 sur l'ordre de Charles III le Gros qui le fit enfermer à l'abbaye de Saint-Gall puis à l'abbaye de Prüm où il mourut vers 895.

L'abbaye de Prüm a été détruite à plusieurs reprises. Une tombe de Hugo n'est pas connue

Pas de tombe

AEB ne mentionne pas Hugues

---

[104] Tombes et sépultures

Zwentibold, 870-900, (895-900)

Zwentibold règne peu de temps mais assez pour dresser contre lui toute l'aristocratie du pays. Au cours d'une bataille livrée près de l'abbaye de Susteren, contre Étienne, Gérard et Matfried, il trouve la mort au mois d'août 900, le 13 pour certains ou le 30 pour d'autres.

Selon un document rédigé plus tard, il aurait été inhumé dans l'abbaye de Susteren. Cette Abbaye a été détruite à plusieurs reprises (les inévitables Vikings, les espagnols, la révolution française …) et on n'a pas retrouvé la tombe de Zwentibold. Depuis 1982, son effigie couronne la « fontaine de Zwentibold » à Bad Münstereifel.

Pas de tombe

AEB ne mentionne pas Zwentibold

Louis IV de Germanie, 893-911 (900-911)

Louis IV de Germanie, dit l'Enfant, est né en juillet 893 à Altötting et mort le 24 septembre 911 en Bavière. Il fut roi de Francie orientale (Germanie) de 899 à 911.

Il était le seul héritier légitime d'Arnulf de Carinthie, Zwentibold étant son rival. Le 4 février 900, il fut proclamé roi de la Francie orientale à l'âge de 6 ans.

Louis l'Enfant meurt sans descendance, entre le 20 et 24 septembre 911 en Bavière et il est inhumé à Ratisbonne. Il est le dernier roi carolingien de Germanie. Je n'ai pas trouvé de précisions sur la situation exacte de la tombe.

AEB ne mentionne pas Louis IV de Germanie

Indications pour une tombe à Ratisbonne ?

Charles l'Enfant, 849-869, (855-866)

Charles l'Enfant, né vers 847/848, mort le 29 septembre 866 est roi d'Aquitaine du 15 octobre 855 à sa mort en 866. Il est le second fils du roi Charles II le Chauve.

Charles n'exerce qu'une autorité nominale sur l'Aquitaine. Au début de 862, à peine majeur, il prend comme épouse la veuve d'un comte nommé Humbert, sans l'autorisation de son père, Destitué suite à ce mariage, Charles le Chauve envoie Charles l'Enfant de nouveau régner à Bourges comme roi d'Aquitaine. Un an plus tard, le jeune homme est tué accidentellement au cours d'une chasse. Il ne laisse pas de descendance et est enterré à Bourges.

A Bourges, il n'y a aucune trace de sa tombe

AEB ne mentionne pas Charles l'Enfant

Pas de tombe

Carloman II, 867-884, (879-884) (60)

Carloman II né vers 867, mort le 6 décembre 884 à Lyons-la-Forêt, roi des Francs de 879 à 884, fils de Louis II dit *le Bègue* et d'Ansgarde de Bourgogne.

Toutefois, il meurt le 6 décembre 884, quelques jours après avoir été involontairement blessé à la jambe par un coup de boutoir donné par un des vassaux au cours d'une partie de chasse au sanglier dans la forêt de Bézu. Disparu à l'âge de dix-sept ans, il est inhumé à Saint-Denis.

Louis IX lui fit ériger un monument funéraire à la basilique à côté du gisant de Carloman Ier.

AEB donne quelques indications vagues sur le gisant.

Gisant à St. Denis

Charles III le Simple, 879-929 (893-929) (61)

Charles III, dit «le Simple», né le 17 septembre 879, mort le 7 octobre 929 à Péronne, dans la Somme, est roi de Francie occidentale de la fin du IXe et du début du Xe siècle.

Charles est mêlé à des luttes sanglantes pour le pouvoir. Il est attiré dans un guet-apens lors de sa fuite en Lorraine et fait prisonnier. Désormais inutile, il n'y survit que deux ans. Il meurt le 7 octobre 929 à Péronne au terme de six années de captivité.

Des auteurs ont supposé qu'il serait mort de faim, d'autres qu'il aurait été empoisonné par Herbert de Vermandois. Sa dépouille est inhumée au milieu du chœur de l'église Saint-Fursy de Péronne. Plus tard, lors de la reconstruction du chœur, le monument est déplacé derrière le grand autel. L'église a été détruite sous la Révolution, et le tombeau a disparu, ainsi que les restes du roi·

AEB parle d'un gisant dont il ne subsiste qu'une enluminure.

Pas de tombe

*AEB mentionne **Egive**, femme de Charles le Simple (902-955?), inhumée apparemment à St. Médard ä Soissons. (62) Sa plaque tombale a été décrite au XVIIe siècle par Jean Mabillon.*

***Fréderonne**, femme de Charles III († 10.02.917). « En 1842, on crut retrouver son cercueil ». (P. 155) (63)*

Louis IV (±920-954) (936-954) (64)

Louis IV, dit «d'Outre-mer» (né entre septembre 920 et septembre 921–10 septembre 954, Reims), fils de Charles III le Simple et d'Edwige de Wessex, est un roi des Francs (936-954) de la dynastie carolingienne.

Après la déchéance en 922 de son père le roi Charles III le Simple, sa mère et le prince Louis, âgé de deux ans, se réfugient en Angleterre (d'où son surnom d'Outremer). Devenu l'héritier carolingien par la mort en captivité de Charles III (929), il est rappelé d'Angleterre par le puissant marquis de Neustrie Hugues le Grand afin de succéder au roi Raoul mort au début de l'année 936, laquelle marque alors le retour de la dynastie carolingienne.

Il meurt accidentellement d'une chute de cheval entre Laon et Reims en 954.

AEB : Un dessin et le bas d'une sculpture sont tout ce qui reste du tombeau de Louis IV à Reims

*AEB mentionne **Gerberge**, femme de Louis IV († ?) dont on « crut retrouver en 1842 son cercueil ». (P. 156) (65) La date de son décès reste incertaine mais St. Rémy à Reims comme lieu de sépulture semble correct.*

Lothaire, roi des Francs (941-986) (954-986) (66)

Fils de Louis IV d'Outremer et de Gerberge de Saxe, il succède à son père, et est sacré le 12 novembre 954 en l'.

Au début de 986, Lothaire envisage d'attaquer Cambrai, ville d'empire, mais dépendant de l'archevêché de Reims, ainsi que Liège.

Il pense que l'évêque Rothard pourrait livrer la ville, en échange de sa nomination comme archevêque de Reims et de Liège, dont l'archevêque Notger a finalement rallié les Ottoniens, mais il meurt subitement à Laon le 2 mars 986. Il a droit à de grandioses funérailles et fut enterré à gauche de Louis IV, son père dans le chœur de Saint-Rémi de Reims.

AEB : Une tête est tout ce qui reste du Monument funéraire de Lothaire

*AEB mentionne **Emma**, femme de Lothaire († ?) dont on a perdu toute trace (67). Elle vivait et mourut probablement dans un cloître en Bourgogne.*

Louis V (967-987) (986-987)

Louis V, dit « le Fainéant », né vers 967 et mort le 21 mai 987, est roi des Francs de mars 986 à mai 987. Fils de Lothaire et d'Emma, il est l'ultime monarque d'Europe à appartenir à la dynastie carolingienne, le pouvoir en France passant ensuite aux Capétiens.

AEB note que selon les chroniqueurs, il fut enterré à Compiègne (P. 156)

*La reine **Adélaïde** (950-1026).*

Le mariage avec Louis V pendant cinq ans restait sans enfants. Mais des mariages successifs sont issus cinq fils, deux filles et probablement encore quatre enfants. Elle fut inhumée dans la crypte familiale de l'abbaye Montmajour près d'Arles, qui existe encore.

Résumé :

Dans ce deuxième alinéa, nous avons essayé de savoir, si les dépouilles mortelles des 37 souverains carolingiens ont trouvé un endroit digne et à la hauteur de leur position dans la société pour leur dernier repos. Mais on a eu de nouveau des résultats surprenants :

15   *Dans 15 cas, il n'y a pas la moindre indication sur une tombe dans tous les livres et sites consultés lors de cette enquête.*

17   *Pour 17 souverains, dont le célébrissime Charlemagne, il y a bien des indications sur leurs tombes, mais dans la plupart des cas, on n'y trouve rien ou soit une plaque commémorative, soit une dalle tombale. Dans le cas le Carloman à Altötting, Heribert Illig raconte qu'« à cet endroit on a soulevé la dalle pour constater avec sidération qu'en dessous il n'y avait pas d'excavation pour contenir un cadavre. On a par la suite fouillé les deux tiers de l'église pour trouver la tombe, mais sans succès. »[105]*

5   *On trouve 5 sépultures royales à St. Denis attribuées à des carolingiens. Les gisants de Charles Martel, Pépin le Jeune, Charles le Chauve, Louis le Jeune et Carloman II reposent sur des tombes vides suite aux nombreuses destructions et pillages. Notons toutefois que le dernier héritier légal des Carolingiens, Charles de Basse-Lotharingie (953-991), bien que mort dans un geôle à Orléans, a trouvé une tombe dans la basilique Saint Servais de Maastricht.*

37   ***Des 37 nobles carolingiens, ils ne restent donc que 5 gisants sur les tombes vides et quelques plaques et dalles sans contenu et beaucoup d'énigmes sur leurs dépouilles mortelles.***

2   *Deux reines carolingiennes (Berthe et Hermintrude) sont représentées par un gisant à Saint-Denis*

---

[105] Heribert Illig: Bayern und die Phantomzeit, Gräfelfing 2002, p. 267 f.

2   *Ils existent deux plaques tombales de Plectrude à Cologne et de Emma de Bavière à Ratisbonne. Les ossements ont disparu*

11   *Des reines restantes mentionnées par Alain Erlande-Brandenburg et Heribert Illig, il n'y a que de vagues indications sur leur lieu de sépulture mais aucune indication sur une tombe.*

15   ***Des 15 reines carolingiennes, ils ne restent donc que 2 gisants sur les tombes vides, deux dalles sans contenu et beaucoup d'énigmes sur les lieux de leurs sépultures.***

CONCLUSION

Dans ce chapitre il a été constaté à plusieurs reprises, que toutes les cultures de l'antiquité consacraient beaucoup de temps, de patience et de moyens aux funérailles, sépultures et tombeaux de leurs souverains et souveraines. Souvent des édifices monumentaux devaient maintenir à jamais le souvenir de leurs défunt(e)s. Nous avons cité des exemples de la Mésopotamie, de l'Égypte, des Romains, des Celtes etc. Il est d'autant plus étonnant que deux des cultures les plus importantes aux yeux de l'historiographie traditionnelle semblent avoir manqués à cette tradition. Ou est-ce que Clovis Ier, Dagobert Ier, Charles Martel, Pépin de Landen voir même Charlemagne n'étaient pas dignes d'une tombe aussi petite fusse-t-elle? Ou est-ce que les rites funéraires n'avaient soudainement plus joué aucun rôle chez les Mérovingiens et les Carolingiens pour être redécouverts par les Capétiens ? Ou est-ce que Heribert Illig avait quand-même raison en prétendant que ces souverains n'avaient bel et bien jamais existés ?

Pas seulement Saint-Denis :

> **La disparition des monuments funéraires de Saint-Germain-des-Prés**
>
> En 1656, l'établissement d'un nouvel autel dans le chœur repousse le gisant de Chilpéric vers l'Ouest, entre les piliers septentrionaux du carré du transept, entre les sépultures de Childéric II et de Frédégonde.
>
> Au moment de la Révolution française, les moines sont chassés et l'église devient en 1791 une simple église paroissiale. Dans la nuit du 27 au 28 mars 1791, on détruit les gisants à coups de masse, pour libérer les emplacements devant être réservés à des sièges (!)
>
> Seules les dalles-gisants de Frédégonde et de Childebert sont remployées, même brisées, comme carrelage. Louis XVIII les fit transférer à Saint-Denis à la Restauration.
>
> Toutes les autres ont disparu, à l'exception du petit fragment du gisant de Clotaire II. En revanche, ces disparitions ont évité toute tentation de pillage ou de profanation à partir de 1793. Il serait aujourd'hui intéressant de refaire des fouilles dans les secteurs concernés. On retrouverait peut-être les sépultures de Sigebert, Caribert, Frédégonde, Chilpéric, mais aussi des fils de ce dernier (Mérovée et Clovis) ainsi que celles des filles de Childebert. [106]

---

[106] http://saintdenis-tombeaux.forumculture.net/t34-les-tombeaux-merovingiens-de-saint-germain-des-pres

5.2.1   Digression : Emmet Scott : Mahomet et Charlemagne

Heribert Illig vient d'être découvert par un historien américain, Emmet Scott. Scott est spécialiste de l'histoire du moyen orient médiéval et de l'Islam. Dans un premier livre qui vaut la peine d'être présenté dans ce contexte, il part des théories de Henri Pirenne (1862-1935)[107], historien belge qui dans un livre publié en 1937 « Mohammed et Charlemagne » dresse un bilan très négatif de l'impact de l'Islam sur la culture du moyen âge dans les régions de l'Europe de l'Ouest. Scott s'approprie et développe les idées de Pirenne et arrive aux conclusions suivantes[108] que je traduis ici in extenso (p. 216-217) :

« Au septième siècle le monde méditerranéen fut fondamentalement transformé. Partout le style de vie romain disparaissait, depuis la Palestine à l'est jusqu'en Espagne à l'ouest. Les grandes villes furent détruites ou abandonnées et la vie redevenait plus rurale. L'agriculture romaine qui approvisionnait les grandes villes de l'âge classique n'existait plus. Les digues, les canaux d'irrigation et les terrasses qui pendant des siècles ont produit de larges quantités de vivres pour alimenter Rome et les autres métropoles de l'empire tombaient en ruine. Les couches arables furent emportées par l'érosion et une couche de sédiment maintenant connue comme « Younger Fill » a commencé à recouvrir les villes et les villages. Comme les fermes éparpillés et les villages et villes de l'empire furent abandonnés, de nouveaux villages perchés, spécialement en Europe du sud, commençaient à apparaître sur les montagnes.

Si les transformations décrites plus haut se passaient en l'an 600 de notre ère ou un peu avant comme Hodges, Whitehouse et beaucoup d'autres historiens et archéologues traditionnels maintiennent, cela doit être considéré comme une des grandes énigmes de notre histoire. Rien de ce que nous savons sur le sixième siècle ne pourrait l'expliquer. L'épidémie de peste qui sévissait sous Justinien en 542 n'y était certainement pour rien comme le prouvent les excavations des villes du Moyen-Orient, qui était pourtant très animées et peuplées à l'époque et dont il ne subsiste que des ruines, témoins de destructions violentes à partir de l'an 614. Mais si on suppose que ces évènements ont eu lieu pendant les deux ou trois décades qui suivent cette date, on comprend mieux ce qui s'est passé à l'époque. En effet, en ce moment ont eu lieu les ruineuses guerres perses qui ont détruit la majeure partie des villes d'Anatolie et de Syrie et bientôt, ce fut l'apparition des arabes sur la scène mondiale. Et ce furent d'avantage les guerres et conquêtes arabes que celles des perses qui expliquent la permanence et l'ampleur des destructions. Les dommages de guerre causés par les perses auraient vite pu être réparés – comme ils l'étaient maintes fois avant – s'ils n'avaient pas été suivis immédiatement par les arabes. Le concept religieux du jihad (guerre religieuse permanente) rendait impossible toute possibilité de paix entre les arabes et le monde extérieur. Comme c'était le devoir de tout musulman en bonne condition physique de faire le jihad, les dirigeants arabes avaient pris l'habitude de faire des raids dans les territoires des infidèles une ou deux fois par an. Toutes les

---

[107] https://fr.wikipedia.org/wiki/Henri_Pirenne
[108] Emmet Scott: Mohammed & Charlemagne revisited: The History of a Controversy. New English Review Press, Nashville 2012

régions frontières du Dar-al-Islam[109] étaient susceptibles d'être envahies, et c'est précisément ce qui s'était passé en Anatolie et de larges régions d'Espagne, comme La Mancha. Plus tard, les arabes ont créé un semblable désert en Hongrie, où les plaines fertiles et bien peuplées de la Puszta ont été transformées en une morne prairie.

Comme le concept du jihad assurait une guerre permanente sur les frontières de l'Etat islamique, les dispositions de la loi sharia (la loi islamique) signifiait même dans les régions contrôlées par les musulmans, les fermiers et les commerçants n'étaient pas protégés contre les bandits bédouins et les éleveurs qui laissaient pâturer leurs troupeaux sur les terres irriguées, avec le résultat d'une dégradation, voire d'une destruction complète. En conséquence, toute l'économie et les formes de vie du monde classique disparaissaient. Des terres jadis fertiles furent réduites à un état semi-désertique, et les grandes villes réparties sur les territoires allant du Nord de la Syrie à la côte atlantique nord-africaine furent réduites à des villes fantômes. La vie urbaine qui florissait dans ces citées, avec leurs académies, bibliothèques et théâtres, disparaissait et avec elle, la majeure partie de l'héritage artistique et culturel de la Grèce et de Rome.

En Europe méditerranéenne, les pirates arabes, animés par la conviction qu'il était légitime, voir juste de vivre des ressources et richesses des infidèles, lançaient des attaques permanentes contre les villes et villages côtiers, pillant les propriétés des civils et des ecclésiastiques et détruisant les récoltes. Les documents en provenance du début du Moyen Âge regorgent de descriptions de ces atrocités. D'une même manière, le trafic maritime en Méditerranée fut visé par les djihadistes confisquant la cargaison et captivant les passagers pour les vendre comme esclaves. Très vite, tout commerce cesse entre l'Europe chrétienne et l'Est islamique. L'approvisionnement avec les luxes levantins, qui procuraient un minimum de vie civilisée dans les villes et villages de l'Ouest, tombait à sec el l'Europe fut rejetée vers ses propres ressources. En Gaule, le centre de gravité se déplaçait vers le Nord, et une culture distinctement médiévale se mettait en place. »

Avant d'arriver à cette conclusion, Scott étudie en détail les évènements du 6e et du 7e siècle et des « Dark Ages » qui suivirent, pas seulement en Europe Occidentale mais aussi dans le proche et moyen Orient. Il constatait plusieurs choses :

- *« Rome » n'a pas disparu d'un coup sous les attaques des « barbares »*
- *Les « barbares » acceptaient et adoptaient le style de vie romain et le maintenaient*
- *Le grand changement a eu lieu après les invasions islamiques qui coupaient l'Europe de l'Ouest de ses traditionnelles sources d'approvisionnement et poursuivaient leurs raids sur les côtes méditerranéennes.*

Les villes du proche orient et du Maghreb étaient certes ravagées par les musulmans mais Scott se pose la question, pourquoi ces villes n'ont pas été reconstruites par leurs

---

[109] L'islam divise le monde en deux parties : Le « Dar-al-Islam », la maison de l'islam et le « Dar-al-Harb », la maison de la guerre. Il existe donc un état permanent de conflit entre l'islam et le reste du monde.

habitants et pourquoi on ne trouve pas de vestiges archéologiques pendant les trois siècles qui suivirent la date fatidique de 614.

Il analyse en détail l'archéologie de l'Italie et de l'Afrique du Nord, de la Gaule et d'Europe Centrale, des îles britanniques et de l'Irlande de l'Espagne et de l'Empire byzantin pour arriver partout à la même conclusion :

Il n'y a pas d'évidence archéologique pour une rupture entre le 7ᵉ et le 10ᵉ siècle. Dans tous les domaines comme la construction d'églises, la vie culturelle et artistique, la production de livres dans les monastères, une certaine continuité peut être constatée bien que dans certains domaines comme par exemple la production de documents, le manque de papyrus est douloureusement ressenti. Scott essaye de trouver des explications dans son livre et vers la fin, il évoque la possibilité d'une catastrophe naturelle touchant toute l'Europe et le Moyen Orient ou les effets d'un changement climatique. Mais il réfute immédiatement ces hypothèses comme peu convaincantes et avance une troisième explication, celle du « temps fantôme » de Heribert Illig.

Cette hypothèse, il va la développer en détail dans un second livre publié en 2014 intitulé « A Guide to the Phantom Dark Age ».[110] Dans ce livre, il fait un excellent résumé des deux livres les plus connus de H. Illig, à savoir « Das erfundene Mittelalter » et « Wer hat an der Uhr gedreht ? ». Il n'évoque pas les travaux d'Illig sur la chronologie égyptienne et mésopotamienne. « En effet, l'image que l'on aperçoit de l'histoire Européenne après avoir enlevé les « siècles fantôme » est à la fois étonnamment nouvelle mais étrangement familière. Des faits historiques auparavant incompréhensibles voir même exotiques donnent maintenant du sens[111] ».

Il consacre un long chapitre à l'archéologie des villes, des châteaux et des monastères en Europe et au proche orient pour constater encore une fois qu'il y a bel et bien continuité si on retire les trois siècles fantôme. Il donne l'exemple du site de Byblos au Liban où on trouve pour toutes les époques un grand nombre de vestiges archéologiques excepté celle allant de 636 à 1098, la 18ᵉ période des Abbassides et des Umayyades.

---

[110] Emmet Scott: A guide to the Phantom Dark Age. Algora Publishing, New York 2014
[111] Op. cit, p. 8

Heribert Illig et son ami Gerhard Anwander (✝) habitent tous les deux en Bavière près de Munich. Quoi de plus évident alors de vérifier leur théorie du haut moyen âge fictif sur le territoire de « leur » pays. La Bavière est représentative pour l'Europe Centrale, parce qu'au sud du limes, elle était dominée par les romains et au nord vivaient des germains libres. En plus, elle fut habitée depuis la préhistoire sans interruption avec des traces archéologiques abondantes, sauf pour l'époque carolingienne que les deux chercheurs caractérisent par le jeu de mots d'Arno Schmidt, écrivain allemand très connu, « **Rien, personne, nulle part, jamais** ». « Entre 614 et 911 il n'y a **rien** en Bavière, **personne** n'y a vécu, **nulle part** on trouve des traces, cette époque n'a **jamais** existé. »[112]

Ils existent de nombreux « documents », sur les souverains et l'histoire bavaroise, mais leur origine est dans l'ombre, la plupart, voir leur totalité son des faux et l'histoire de la Bavière pour la période qui nous intéresse a dû être reconstruite bien plus tard. Les listes de souverains qui circulent depuis le 14ᵉ siècle comportent entre 6 et 22 noms et se contredisent.

Les actes du congrès de Munich sur les falsifications des documents du moyen âge comportent plus de 3700 pages où on constate que tout a été falsifié : de la simple pièce justificative aux bulles impériales, des lettres papales aux actes des conciles : Là où pouvoir et influence, possessions et droits étaient en jeu, les faussaires entraient sur la scène. L'historien de droit, Constantin Faussner a développé sur ce congrès la thèse que tous les documents antérieurs à l'année 1122 sont des faux : La plupart des documents concernant l'époque carolingienne ont été produits au cours du 10ᵉ jusqu'au 13 siècle. Toute une époque a donc été inventée de toutes pièces et pour démontrer cela, Illig et Anwander ont fait cette recherche en Bavière.

Pour commencer, ils ont fait un inventaire des localités mentionnées dans les documents anciens en se basant sur des répertoires comme le « Manuel historique des noms des localités de Bavière » de Karl Puchner (1951). Puchner a établi une liste des noms des localités en décrivant l'intervalle entre la date d'une première mention et la date de la mention consécutive. Les traits entre les dates désignent des siècles ou la localité n'a pas été mentionnée dans aucun document. Voici quelques exemples :

* Aiterndorf   823   ---   ---   ---   1229
* Alxing   836   ---   ---   1160
* Anzing   812   825   856   ---   1092
* ...
* Tulling   825   ---   ---   1183
* Zell   814   815   ---   ---   1141
* Zorneding   813   859   ---   1024

[112] Heribert Illig, Gerhard Anwander: Bayern und die Phantomzeit: 2 volumes, Mantis Verlag, Gräfelfing 2002, p. 14

164

Et ainsi de suite. Entre la première mention à l'époque carolingienne et la première mention postcarolingienne, la différence peut atteindre jusqu'à 568 ans !

Illig et Anwander ont trouvé dans le « Lexique des noms de lieu bavarois » quelques 2.200 mentions. Pour ces 2.200 lieux, il y a seulement 24 agglomérations documentées, 14 églises en bois, 55 églises en pierre et 14 restes avec entrelacs trouvés dans 88 lieux, donc **104 vestiges considérés comme carolingiens. Donc moins de 4%** !

Ceci contraste fortement avec les 16 cathédrales, 232 monastères et 65 résidences royales que Charlemagne aurait fait construire sur l'ensemble de son territoire (selon Albrecht Mann, 1967). Les archéologues et les historiens de l'art n'ont pu trouver que dans 6% de ces constructions des vestiges dont l'origine reste en plus très discutable.

Les deux auteurs ont consulté plusieurs ouvrages de référence pour préciser leurs recherches: La revue annuelle du "Landesamt für Denkmalpflege" (Administration des sites et monuments): "Das Archäologische Jahr in Bayern" (L'année archéologique en Bavière) qui documente toutes les trouvailles archéologiques de l'année courante. Et les 5 volumes de l'oeuvre de référence pour la Bavière de Georg Dehio: "Handbuch der deutschen Kunstdenkmäler". Pour les grands musées à Augsburg, München, Nürnberg et Regensburg (Ratisbomme), mais aussi pour les grands musées en dehors de la Bavière comme Berlin, Cologne, Mayence etc. ils ont fait la même constatation: Tous ces musées n'ont pas assez de place pour archiver, voir même exposer les objets en provenance de l'époque romaine, mais pour le haut moyen-âge, une seule salle ou quelques vitrines suffisent.[113] Lors de leur pélérinage à travers la Bavière, ils ont visité chaque petit musée local et les grands musées et ont examiné chaque objet. Sur les rares trouvailles classes au temps du Haut Moyen-Âge, ils ont dû constater que la plupart – sauf quelques rares exceptions – appartiennent soit aux siècles avant ou après le "temps fantôme". Pour les exceptions, ils ont laissé prévaloir la présomption du doute, comme par exemple pour le calice de Tassilo III, tout en exprimant clairement leur opinion.

Il est extrèmement interessant de suivre leur démarche, qui à mon avis, est une expérience unique qui pourrait servir de modèle our d'autres régions en Europe.

Illig et Anwander poursuivent leur recherche systématique an analysant les témoins possibles d'une présence carolingienne, à savoir

- Les terrassements
- Les champs funéraires
- Les agglomérations du haut moyen-âge
- Indices pour des églises en bois
- Les bandes à entrelacs
- Les églises en pierre du haut moyen-âge

---

[113] Illig/Anwander: Bayern und die Phantomzeit, Vol 1, P. 102-103

Après, ils évoquent en détail trois villes supposées témoigner de la grandeur de l'empereur comme Ratisbonne, Freising et Salzbourg.

6.1.1 Les terrassements

Les terrassements ou remparts existent depuis l'âge de pierre. Malheureusement, ces constructions sont peu explorées par l'archéologie comme ils se trouvent pour la plupart dans des forêts et sont difficiles d'accès. Ils servaient d'abord comme lieux de refuge pour les habitants de l'époque et sont pour la plupart de forme circulaire ou carrée. Les rares historiens qui ont essayé d'élucider l'énigme des terrassements ont émis l'hypothèse qu'elles se trouvaient le long des routes romaines ou médiévales et servaient à « défendre » ces routes ou des points névralgiques du réseau. En même temps, les historiens ont essayé avec succès de reconstruire le réseau routier romain et moyenâgeux en Bavière.

Un exemple hors du commun est la « Fossa Carolina », un rempart de 3km de long et de 12 m de haut. Les admirateurs de Charlemagne veulent que l'empereur ait voulu relier le Danube au Rhin par un canal, mais cette hypothèse ne peut pas être soutenue : Bien que de nombreuses fouilles ont été entreprises sur le terrain, aucun indice n'a pu être trouvé pour témoigner du projet d'une voie navigable. Bien qu'idéalement située sur la ligne de partage des eaux entre les deux fleuves, l'utilisation prévue de la « fossa » reste un mystère.

6.1.2 Les champs funéraires

Les adversaires de la théorie du moyen âge inventé mentionnent souvent le grand nombre de tombes de l'époque en question. Or le haut moyen âge se trouve au croisement des cultes païens et chrétiens qui observaient des rites funéraires différents. Si les mérovingiens aimaient enterrer leurs morts avec des offrandes tels qu'armes, bijoux, accessoires vestimentaires et même articles de ménage, les chrétiens abandonnèrent peu à peu ces coutumes.

Un grand champ funéraire a été découvert en 1938 à Aubing, un faubourg de Munich. Presque mille tombes ont été répertoriées dont une partie avaient déjà reçu la visite de pilleurs. La datation a quand-même pu être établie grâce aux offrandes restantes et se situe clairement avant les « dark ages ». Toutes les tombes ont été creusées avant 700 et on note aussi l'absence de tombes royales et tombes de la noblesse.

6.1.3 Les agglomérations du haut moyen-âge

À partir de quel moment peut-on parler d'une agglomération ? Illig et Anwander sont très modestes en exigeant au minimum deux maisons d'habitation avec dépendances.

Or qu'en est-il durant la « renaissance carolingienne », cette époque dorée du haut moyen âge en Bavière ? Plusieurs constatations s'imposent :

- Sur tout le territoire bavarois, seulement 43 lieux remplissent le critère défini en haut sur 2200 localités mentionnées dans les documents. À cause de son importance, Ratisbonne est traité séparément.
- Bien que Charlemagne ait construit un grand nombre d'églises, monastères et résidences royales, on n'en trouve aucune trace en Bavière.
- On doit noter également l'absence totale de sépultures de souverains, de représentants de la noblesse ou de guerriers.
- Dans les musées, les témoignages des périodes romaines, mérovingiennes et ottoniennes abondent, mais les témoignages du haut moyen âge sont absents ou limités sur quelques vitrines.

Illig et Anwander se sont rendus dans les 43 endroits répertories et ont examiné les vestiges attribués aux carolingiens. Il va sans dire que la totalité des vestiges trouvés ont été « reclassés » avant ou après la période entre 614 et 911, définie par Niemitz comme « temps fantôme ». 16 de des « endroits » ont été inclus dans l'échantillon parce qu'ils aimeraient appartenir à l'époque carolingienne sans pouvoir présenter le moindre indice ; deux d'entre eux déclarent même être le lieu de naissance de Charlemagne. Pour les 27 qui restent, on constate l'existence de toutes petites agglomérations qui ne peuvent même pas prétendre être un village proprement dit. Il n'y a pas la moindre construction en pierre, voire même les restes d'une résidence royale ou impériale. Bien qu'il y ait en Bavière un grand nombre de villas romaines avec leurs dépendances répertoriées, on ne trouve aucune ferme domaniale carolingienne.

La continuité de l'occupation ne peut pas être prouvée par les historiens et archéologues. Souvent ils utilisent des vestiges à datation incertaine pour faire le lien entre les époques mérovingiennes et ottoniennes. Souvent ils s'étonnent de la prospérité inattendue des 11e et 12e siècles et parlent même d'explosion de la population, un des mystères de la société médiévale.

6.1.4   Indices pour des églises en bois

Selon l'image traditionnelle, les Germains vivaient dans des forêts denses et le bois était leur matériel de construction préféré. Il est d'autant plus étrange, qu'on trouve à peine des constructions d'églises en bois. Pour les 2200 localités documentées Illig et Anwander ont trouvé 26 indices pour l'existence de telles églises.

Leurs adversaires prétendent que, comme le bois périt vite, on ne trouve plus de traces de ces constructions. Illig et Anwander répliquent, qu'ils restent quand-même des traces, comme les trous des poteaux, des restes de bois assez bien conservés dans des milieux humides etc. De tels indices existent en abondance pour le temps de bronze, mais pas pour l'époque carolingienne où ils sont plutôt rares.

Dans leur échantillon, des constructions considérées comme « églises » sont parfois tellement petites qu'elles ne se prêtaient certainement pas à l'exercice du culte. Pour les dater, il faut avoir recours aux tombes qui souvent les entourent. Comme il s'agit d'une période entre paganisme et chrétienté les offrandes dans les tombes donnent des indications précieuses sur l'époque à laquelle les morts ont été enterrés. La plupart des tombes examinées contiennent des offrandes selon les coutumes païennes et peuvent donc être situées avant l'ère chrétienne vers ± 700.

Illig et Anwander se posent la question pourquoi on trouve des églises chrétiennes dans des champs funéraires païens ? Encore une énigme du haut moyen âge !

6.1.5 Les bandes à entrelacs

« En peinture et en sculpture, les **entrelacs** sont des ornements (pictural ou de bas-relief ou de gravure) évoquant des cordes sans extrémités et enchevêtrées, en général symétriques ou se répétant le long d'une frise, avec des croisements visibles qui permettent de suivre chaque corde le long de son tracé.» (Wikipédia)

Les ornements en forme d'entrelacs se retrouvent chez les égyptiens, les romains, dans l'empire byzantin, chez les coptes etc. Au 6ᵉ siècle, ils se répandent également en Europe. On les trouve au nord de l'Italie, sur la côte dalmate, en Autriche, en Irlande et également plus tard en France et en Allemagne.

Dans la chronologie traditionnelle, on parle de deux points culminants dans l'utilisation de ces ornements au 7ᵉ et au 11ᵉ siècle mais en tenant compte des trois siècles fantôme, il y a continuité.

Les ornements en forme d'entrelacs sont répandus surtout dans les régions influencées par l'arianisme et d'autres « hérésies » monophysites. Au lieu d'utiliser les symboles traditionnels du christianisme, on a recours à ces formes abstraites enchevêtrées ou des représentations d'animaux et d'êtres humains souvent monstrueux. Il n'est pas étonnant que l'église catholique avec Grégoire VII essayé d'éliminer ces hérésies et leurs formes d'expression variées.

En Bavière, Illig a répertorié 15 endroits où se trouveraient des ornements en entrelacs pour la période qui nous intéresse. Ce sont surtout des clôtures (ou barrières) de chœur et de encadrements de portes ou de fenêtres. On les trouve surtout dans les églises ou les monastères. Le plus bel exemple provient d'Ilmmünster et se trouve actuellement dans la collection archéologique de l'État à Munich (Archäologische Staatssammlung).

Figure 33: Clôture de choeur d'Illmünster

Comme il fallait s'y attendre, aucun des ornements en forme d'entrelace répertoriés dans les 15 endroits en Bavière n'est daté correctement. Les termes « probablement », « selon toute évidence », « sans doute » dominent. S'il est vrai que certains peuvent être datés au 6ᵉ siècle, la plupart le sont cependant aux 10ᵉ jusqu'au 12ᵉ siècles.

6.1.6   Les églises en pierre du haut moyen-âge

61 églises en Bavière sont attribuées à l'époque carolingienne. Illig et Anwander font un pèlerinage à ces différents endroits pour évaluer la situation. Ils y ont ajouté 19 localités où, selon toute évidence, devraient se trouver des restes du haut moyen âge parce qu'elles sont mentionnées dans des documents ou dans les récits historiques.

Curieusement, les répertoires archéologiques ne mentionnent aucune construction profane pour cette période. Les sujets de Charlemagne auraient-ils vécu dans des églises, ou pire, dans des tombes ?

De leur voyage à travers la Bavière, je ne vais mentionner que les étapes les plus importantes.

Altötting : (Stiftskirche) L'église gothique contient quelques éléments d'une basilique romane, précédée d'une église abbatiale fondée par le roi Carloman de Bavière. Les archéologues recherchent toujours des traces de cette église ainsi que la tombe de Carloman, car sous la plaque funéraire, aucun enterrement n'était prévu. Ils ont trouvé par contre un denier de Charlemagne, la seule pièce de monnaie « carolingienne » trouvée en Bavière, attribué par Illig à Charles III, le Simple, frappé entre 911 et 912.

Frauenchiemsee et **Herrenchiemsee** : Ces îles charmantes dans le Chiemsee abritent deux monastères avec leurs églises et dépendances. Longtemps attribués au 11ᵉ siècle, des fouilles récentes ont amené les archéologues à « vieillir » les vestiges de quelques siècles. La fondation du monastère de Frauenchiemsee est attribuée au Duc Tassilon III de Bavière. On y trouve un hall d'entrée (Torhalle) carolingien, le sarcophage de la bienheureuse Irmengard et le calice de Tassilon, un des plus importants témoins de l'époque carolingienne en Allemagne. Le calice et les candélabres de Tassilon ainsi que les vestiges découverts sont du 11ᵉ siècle, Tassilon et Irmengard des personnages fictifs.

Figure 34: Frauenchiemsee: Torhalle côté sud

Benediktbeuren : Charlemagne a fait cadeau au monastère du radius de St. Bénédict, ce qui contribua à faire de ce monastère un lieu de pèlerinage populaire.

A **Klais** près de Garmisch-Partenkirchen on a trouvé une cloche qui nous donne une idée du son de cloche carolingien.

A **Andechs**, une souris a trouvé au cloître d'Ebersberg un trésor contenant une partie de la couronne d'épines du Christ, la nappe de table de la dernière cène et la ceinture de St. Jean, certifiés authentiques par une lettre du Pape.

Sollnhofen : Un ermite anglo-saxon nommé Sola se construisit un ermitage dans un endroit christianisé depuis un siècle. Il élargissait sa modeste demeure en un monastère fortifié avec une basilique considérée comme carolingienne à cause de quelques chapiteaux à entrelaces et un médaillon représentant Sola (ou Louis le Pieux ou Mithra). Illig date l'ensemble au 11e siècle.

Figure 35: Châpiteaux de la basilique de Sola

Würzburg, siège du gouvernement du district de Basse-Franconie, ville résidentielle de souverains et d'évêques pendant des siècles, a été touché durement par les bombardements à la fin de la 2e guerre mondiale. Les fouilles entreprises avant la reconstruction de la cathédrale Saint Kilian révélaient – bien sûr – des traces de constructions datant « probablement » de l'époque carolingienne. Le Grand Charles aurait assisté en personne au sacre par l'évêque Burkard en 788. Würzburg aurait été un des hauts lieux des carolingiens, mais il n'y a pas de traces d'autres bâtiments ni de signes d'une habitation continue pendant les trois siècles qui nous intéressent. L'église Sainte Marie à l'intérieur de la forteresse n'est d'ailleurs plus considérée comme d'origine carolingienne, mais datée au 11e siècle.

Augsburg est également un des villes importantes en Bavière, occupée déjà par les romains qui y laissèrent beaucoup de vestiges. Cinq églises semblent avoir des origines carolingiennes : 1) St. Jean Baptiste, 2) St. Ulric avec les tombes de la martyre Afra, morte en 304 et de l'évêque Simpert, mort en 807, neveu de Charlemagne. 3) La cathédrale attribuée à l'évêque Simpert, « découverte » suite à une mention dans un document de 823. Les fouilles en dessous de la cathédrale actuelle n'ont pas permis de faire le lien avec la période carolingienne.

171

4) les fondations d'une église non identifiée qu'Illig situe à l'époque mérovingienne et 5) l'église St. Gothard qu'il situe au 11e siècle.

En résumé, les 61 églises et 19 lieux examinés ne fournissent aucune preuve d'une origine carolingienne. Deux tiers des églises sont datées uniquement sur base de documents, 14 selon des critères non identifiables tels les ornements en entrelacs et 6 sur base de tessons de céramique. Souvent les historiens et les archéologues ont recours à la numismatique pour situer des découvertes. Or sur tout le territoire examiné, on n'a trouvé que des pièces de monnaie romaines. Embarrassés par cette absence de monnaies carolingiennes, les historiens prétendent sans se gêner que les habitants de l'époque vécussent en économie naturelle. Ceci est d'autant plus aberrant que les romains avaient un système monétaire très développé qui a d'ailleurs resurgi à l'époque ottonienne.

Autre fait aberrant : Les historiens rendent responsables les invasions hongroises – à l'image des invasions normandes à l'ouest - qui auraient eu lieu pendant et après l'époque carolingienne pour expliquer la volatilisation totale, la réduction en poussière des vestiges de trois siècles.

Illig critique aussi les nombreux raisonnements erronés dus à la surinterprétation des documents anciens. Comme les documents montrent que X a été construit en 750 et que l'architecte de X a reçu les plans du maitre d'œuvre de Y, l'église Y a forcément dû être construite bien avant 750. Ou : Comme les Bavarois ont été christianisés avant 700, la construction de l'église Z doit forcément avoir eu lieu vers 700.

6.1.7   Ratisbonne

La ville de Ratisbonne mérite d'être traitée séparément. Comme poste avancé de l'empote romain, lieu de résidence des Agilofings, les premiers ducs bavarois, résidence préférée du royaume de la Francie orientale, résidence d'empereurs, de rois et d'évêques, capitale du duché de Bavière dès le 10e siècle, Ratisbonne semble un lieu de dilection pour témoigner de ces temps.

La présence romaine est très bien documentée, des millions d'objets trouvés, des milliers de tombes répertoriées, des vestiges archéologiques nombreux. La période après 940 est également bien documentée avec une vingtaine de constructions – murs, pont en pierre, églises, résidences – dont l'origine se situe au 11e siècle.

Figure 36: Ratisbonne, vieux pont

Mais qu'en est-il des Agilofings et des Carolingiens ? Entre 200 et 300 ans de présence laisseraient supposer une abondance en vestiges archéologiques, tombes et objets trouvés. Mais les historiens et les archéologues commencent à se poser des questions quant à l'absence de témoignages de cette époque bien que Charlemagne en personne y ait résidé pendant deux ans pour coordonner sa campagne contre les hongrois. Malheureusement, il ne reste aucune trace de sa résidence. Embarrassés, les historiens ont essayé de renouer les périodes d'avant et d'après l'époque carolingienne en attribuant des vestiges mérovingiens et ottoniens à l'époque carolingienne. Illig définit plusieurs catégories pour la période de la préhistoire jusqu'au moyen-âge :

Objets trouvés par hasard (tessons, outils etc.) : Sur 5409 objets trouvés et répertoriés, seulement 15 sont attribués au haut moyen-âge

Habitations : Sur le territoire de la ville, on a identifié 632 endroits habités dont seulement 14 sont attribués au haut moyen âge sur 363 pour l'époque romaine, donc 26 fois plus. Illig et Anwander font l'analyse de ces 14 endroits et doivent constater que tous ne remplissent pas les critères pour être classés sans hésitations au haut moyen âge. Sur 2460 pièces de monnaie romaines trouvées à R., une seule a été attribuée à l'époque carolingienne, ce qui jette une lumière pâle sur l'économie monétaire prospère de Charlemagne. Une seule aiguille trouvée dans une tombe est le seul indice qui permet de classer tout le cimetière avec des tombes sans offrandes au haut moyen âge !

Palais seigneuriaux et épiscopaux : 10 de ces palais devraient se trouver à R. Mais les fouilles aux endroits spécifiés dans les documents n'ont donné aucun résultat pour l'époque en question. Comme R. est supposée être la capitale de la Bavière et le sièges des rois agilofings il semble que des derniers ont dû résider dans des tentes. De même pour le palais des Carolingiens dont il ne subsiste aucune trace mais duquel d'aucuns s'amusent à faire des plans et des dessins. Les autres 8 palais ainsi que 5 résidences épiscopales sont également des chimères.

Parmi les grandes constructions en pierre de Ratisbonne qui existent encore aujourd'hui, des historiens et archéologiques s'efforcent sans répit de découvrir ou de prouver leur origine carolingienne on doit citer la **cathédrale** gothique, construite sur les ruines d'une grande église romane. **L'église de Harting** fut érigée sur les fondements d'une villa romaine utilisée plus tard comme cimetière. Une tombe de cheval contenait un étrier et est datée par Illig avant 600. **L'église de Niedermünster** a été construite en 8 étapes sur les fondements d'un camp militaire romain agrandi plus tard, d'une maison d'habitation romaine, d'une petite église datée au 7e siècle, d'une église nettement plus grande datée au 9e siècle, d'une basilique « monumentale » attribuée au duc Henri I de Bavière en 950 et une cathédrale commencée en 1146. Après discussion, Illig raye l'église du 9e siècle et place la petite église du 7e au 10e siècle. **La tour des Romains**, dont les fondations sont considérées comme carolingiennes et daté au 12e siècle par Illig car la construction de tours n'existe pas au haut moyen âge. La **Vieille Chapelle** aurait été une église carolingienne munie d'un clocher. Pour les mêmes raisons que la tour des romains, Illig la classe au 11e siècle. **L'église St. Emméram**, « la plus grande église préromane de l'Allemagne » est étroitement liée à la tombe du saint, autour de laquelle elle a été reconstruite at agrandie maintes fois. Les ossements trouvés dans la tombe sont ceux d'un homme à la carrure d'un boxeur poids lourd qui ne correspond pas à la description du saint dans un document contemporain. Ici encore, on ne trouve pas de traces des Carolingiens.

En résumé, Illig constate qu'à Ratisbonne, on ne trouve pour l'époque carolingienne ni murs d'enceinte, ni maisons, ni fermes, ni résidences royales, ni artisans, ni maisons de commerce, ni tombes.

6.1.8   Freising et Salzbourg

Freising est un des hauts lieux de l'art brassicole allemand où se confirme la règle de vie des Bavarois : Les montagnes d'en bas, les églises du dehors et les brasseries de l'intérieur. Freising était destiné à devenir la première ville au moyen âge en Bavière mais peu à peu, Munich a pris ce rôle en accumulant les attributs d'une vraie capitale. Au haut moyen âge, Freising aurait été le « lieu central » des Agilofings. Ils auraient construit un monastère, une église qui devint une cathédrale au fil des années. Sur le « Domberg » on aurait trouvé un château fort, une résidence royale, le monastère, des remparts, une chapelle, la cathédrale et le scriptorium de l'évêque Arbeo mais malheureusement, ils n'en subsistent pas de traces. Freising aurait regorgé d'activités culturelles sur le plan littéraire, artistique et musical avec un conservatoire pour compositeurs et une manufacture d'orgues.

Bien sûr, les hongrois convoitaient ces richesses et lors d'un de leurs nombreux raids, ils dévastèrent Freising. Heureusement qu'il y avait l'évêque Lambert qui réussit à cacher la cathédrale par un brouillard tellement dense que les torches et les flèches incendiaires s'éteignirent. Un miracle encore plus spectaculaire constitue le fait qu'encore au 20e siècle, il y ait des chercheurs, qui étudient ces récits pour vérifier leur véracité. Ils arrivent à la conclusion, que cet évènement ne peut désormais plus être considéré comme historique (Fischer, 1959). Ils

174

ont obtenu cette « certitude » par l'étude de chroniques de l'époque, qui ne mentionneraient pas la cathédrale. Et Illig ajoute : probablement parce que la cathédrale n'existait pas encore.

En effet, les fouilles archéologiques montrent que la construction de la cathédrale tout comme du monastère bénédictin de Freising-Weihenstephan ont débuté au 11ᵉ siècle. Les vestiges datant d'époques antérieures ne sont pas carolingiens, ce qui n'empêche pas une brasserie locale de revendiquer le titre de la plus ancienne brasserie du monde comme des documents apportent la « preuve » que près du cloître fondé par St. Corbinien de Freising se trouvait un champ de houblon qui fournissait ce précieux ingrédient aux moines.

Salzbourgg faisait partie du territoire bavarois jusqu'en 1799. C'est pourquoi Illig et Anwander l'incluent dans leur recherche. La **cathédrale** de la ville, aurait été construit entre 767 et 774 sur le site de l'ancienne église de l'évêque Virgil, un missionnaire irlandais. Illig la date au 11ᵉ siècle à cause de son architecture trop avancée pour le haut moyen âge. La tombe de Virgil n'a été découverte qu'en 1181 à l'intérieur du dôme, une histoire typique pour les « découvertes » de tombes du haut moyen âge en Allemagne et en Angleterre au 12ᵉ siècle. **L'abbaye St Pierre** est considérée comme la plus ancienne des pays germanophones. Une analyse des fouilles ne laisse aucun doute que la construction a eu lieu entre le 10ᵉ et le 11ᵉ siècle, de même que le château fort de **Hohensalzburg**.

> Illig termine par citer Schiller (Aux amis)
>
> « Tout ne se répète que dans la vie
> Seule la fantaisie est éternellement jeune
> Ce qui ne s'est jamais et nulle part déjà arrivé
> Cela seul ne vieillit jamais ! »
>
> Traduit par © Pierre Mathé[114]

6.1.9   Résumé

Illig et Anwander résument leur recherche et concluent :

« Il n'y a aucun témoignage matériel tangible pour l'existence de temps fantôme ! Les chroniques et documents sont réfutés par l'évidence matérielle. C'est la preuve d'une invention de toute une époque ! Le territoire analysé avec son appartenance partielle à l'empire romain est représentatif pour toute l'Europe. Ce résultat est de la plus haute importance pour notre continent et son histoire. Il rayonne loin en Afrique du Nord et en Asie. » (P. 542)

---

[114] http://www.lieder.net/lieder/get_text.html?TextId=72821

Dans les chapitres précédents, l'architecture dite carolingienne a été évoquée à plusieurs reprises, surtout dans le chapitre consacré à Charlemagne. Dans un article récent[115], Heribert Illig constate qu'il y a beaucoup moins de témoignages sur ces constructions sur le territoire de la France que du côté allemand. Apparemment, aucun archéologue en France n'a voulu rechercher les célèbres palais carolingiens.

Les chiffres sont étonnants : Pour l'ensemble du territoire dominé par Charlemagne, Albrecht Mann[116] (cité d'après Illig) a recensé 1695 « grandes constructions » évoqués dans les documents entre 476 (fin « officielle » de l'empire romain) et la mort de Lothaire 1er en 855, dont 312 cathédrales, 1254 monastères et 129 palais royaux. Seulement 215 de ces bâtiments ont fait l'objet de fouilles archéologiques et pour un très petit nombre d'entre eux, des restes ont pu être identifiés. Les fouilles en Allemagne ont été très nombreuses, ce qui n'est pas le cas pour la France.

Dans son article, Illig se base sur un livre de Carol Heitz, publié en 1987 chez les éditions Errance, Paris : La France préromane : Archéologie et architecture religieuse du haut Moyen Age (IVe siècle – an Mille) et celui de Marcel Aubert : L'architecture religieuse en France à l'époque romane (Paris, 1930)

« Sous le règne de Charlemagne, et surtout vers l'an 800, un rôle prépondérant revient à l'architecture. ...Une statistique publiée lors de la grande exposition consacrée en 1965 par le Conseil de l'Europe à Charlemagne, à Aix-la-Chapelle même, révéla l'ampleur étonnante de l'effort accompli alors dans le domaine de l'architecture. Pour l'ensemble du territoire carolingien et la période allant de 768 à 855 (englobant en gros les règnes de Charlemagne et de son fils Louis le Pieux) on décompte 27 cathédrales nouvelles, 417 (!) monastères et 100 résidences royales : 16 de ces 27 cathédrales furent bâties sous Charlemagne ainsi que 232 monastères et 65 palais. » (Heitz, p. 137)

Mais : « Nous ne connaissons qu'une faible partie de cette richesse monumentale – 1/7ème environ, estime-t-on - car la plupart des édifices ont sombré avec les siècles et ont été remplacés ; parfois ils furent incorporés dans des constructions plus récentes. » (Heitz, p. 138)

Ou elles ont été détruites de fond en comble par les Normands là où les vestiges carolingiens sont introuvables. « Malheureusement ici encore (*à Poitiers*) les Normands interrompirent la croissance paisible du monastère (Heitz, p. 78) ... Toute cette richesse disparut par la faute des Vikings qui l devastèrent l'abbaye (*à Jumièges*) à maintes reprises à partir de 841. (Heitz, p. 164) ... L'abbaye carolingienne de Hilduin (*à Soissons*) fut dévastée par les Normands en 886. (Heitz, p. 197) ... Quatre incursions normandes en Champagne (880, 882,

---

[115] Heribert Illig: Frankreichs frühmittelalterliche Bauten. Zeitensprünge 2/2017, P. 220-250
[116] Albrecht Mann: Großbauten vorkarlischer Zeit und aus der Epoche von Karl dem Großen bis zu Lothar I.; in Braunfels/Schnitzler, Herrmann (Hgg. 1965): Karl der Große – Lebenswerk und Nachleben. 3. Von 5 Bänden: Karolingische Kunst; Düsseldorf, 320 f.

885, 897) et une guerre fratricide (893-895) avaient sonné le glas de tout élan artistique. (*à Reims*) (Heitz, p. 250). » pour ne citer que quelques exemples.

« Ce bel épanouissement fut menacé dès ses débuts par les Normands, ces hommes venus du Nord, par bateaux, avides de s'emparer des richesses accumulées sur des rivages plus hospitaliers que les leurs. Charlemagne réussit encore à s'en défendre, au prix d'une politique de construction ou de fortification de digues armées qui furent à même, autour de 800, d'inspirer quelque respect aux Vikings cruels et cupides. Cependant dès 840/850, les incursions se multiplient : tels des serpents noirâtres, les flottes des pirates remontent les rivières et mettent à feu et à sang tout ce qui vaut la peine d'être pillé. Le sac de Tours en 853 constitue un désastre analogue à celui de Metz en 451, perpétré par Attila. Aux calamités normandes, qui durèrent près d'un siècle, s'ajoutèrent, au 10e les incursions en Occident des cavaliers hongrois. De 920 à 950, ceux-ci brûlèrent mainte bourgade et incendièrent des monastères aussi réputés que Saint-Philibert de Tournus ou l'abbaye de Corbie en Picardie. » (Heitz, p.9).

Heitz semble être un catholique fervent : Sans sourciller, il évoque la "sainte tunique du Christ", le "tombeau de la Vierge", la "relique de la Sainte Croix", un "clou de la crucifixion de Saint Pierre, qui fut hélas perdu" ..., "la ceinture et la tunique de la Vierge" etc. Par les catholiques, Charlemagne est considéré comme un Saint : « Désormais, nous nous trouvons au seuil d'une époque qui connaîtra une véritable « explosion » architecturale et cela grâce à la volonté créatrice et à la foi chrétienne d'un de nos plus grands souverains de l'Occident : Charlemagne. »

Une étude récente publiée par l'*Independent* (29 juillet 2017) montre que les personnes religieuses s'accrochent à certaines croyances contre toute évidence parce qu'elles sont étroitement liées à leur « compas moral ». Les individus dogmatiques tiennent à leur foi même s'ils sont contredits par des experts parce que ces croyances ont une « résonnance émotionnelle ».

Parfois, l'ombre d'un doute semble néanmoins apparaître entre les lignes : Ainsi, en parlant du livre de Jean Hubert « l'art préroman », publié en 1938, il notait que celui-ci traitait d'un monde jusque-là inconnu – espèce de **trou noir** (*surlignage par l'auteur*) entre l'Antiquité tardive (on l'appelait « basse » à l'époque) et notre monumental art roman. (Heitz, p. 7) ...Il y a lieu d'accorder ne grande attention à ce « sursum corda » qui d'un *saeculum obscurum* – **siècle obscur** – (*surlignage par l'auteur*) sut progressivement faire naître une nouvelle culture. (Heitz, p.9). Mais les rares auteurs qui mettent en doute l'origine carolingienne d'un manuscrit ou d'un édifice tombent en disgrâce : « Le document majeur reste une vue d'ensemble du monastère, dessinée vers 1090 par le moine Hariulf, ...l'origine, surtout la substance carolingienne du dessin a parfois été contestée à tort, sans raison fondamentale. » (Heitz, p. 139)

En fait Heitz s'engageait dans la même voie que les historiens d'outre-Rhin :

Croyance sans faille dans les documents d'époque. A propos de l'abbatiale Saint-Pierre-aux-Nonnains, qui « ne cessa de grandir au cours du 8e siècle, **comme le prouve un diplôme de Charlemagne (de 781)** (*surlignage par l'auteur*) qui désigne avec précision l'abbaye : « *Monasterium superius in honore Sancti Petri infra muro Mettis civitate constructum* ». (C.q.f.d.) » (Heitz, p. 112)

Prolongation de la période mérovingienne jusqu'au règne de Charlemagne et extension de la période du premier art roman (nommée 'première architecture capétienne' par Heitz, architecture ottonienne chez Illig) vers l'arrière à Charlemagne pour combler le vide archéologique de la période carolingienne.

Dans son article, Illig sépare résidences royales et édifices religieux tandis que Heitz suit plus ou moins un ordre chronologique.

6.2.1   Digression : le plan de St. Gall

Souvent, en décrivant les grands monastères et églises dites carolingiennes, les auteurs se réfèrent au « Plan de St. Gall ».

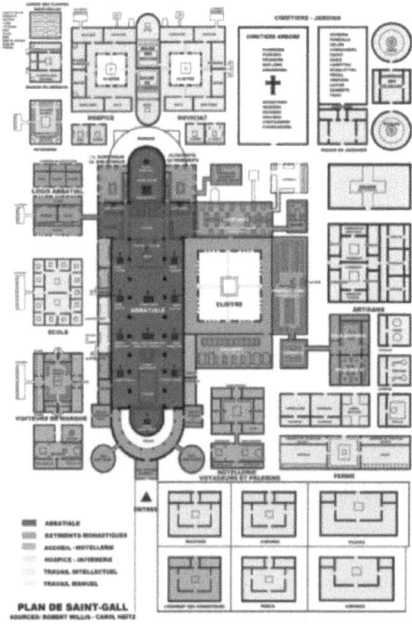

Figure 37: Plan ideal de St. Gall

178

« Le **plan de Saint-Gall** est un célèbre dessin architectural médiéval provenant de l'abbaye de Saint-Gall, en Suisse, et datant du début du 9ᵉ siècle, c'est-à-dire de l'époque de construction du complexe (vers 820). L'original est préservé à la bibliothèque de l'abbaye (Stiftsbibliothek Sankt Gallen, Ms. 1092). Il s'agit d'une pièce unique, seul croquis architectural subsistant d'une période de sept siècles allant de la chute de l'Empire romain jusqu'au 13ᵉ siècle. Ce plan est donc considéré comme un trésor national en Suisse, et demeure l'objet d'un fort intérêt de la part des historiens, architectes, et artistes pour son caractère unique, ses qualités esthétiques et sa signification culturelle. »[117]

Pour Illig, il s'agit ici d'un « plan idéal » pour un monastère qui n'a d'ailleurs jamais été réalisé en pratique. Il est surprenant qu'aucun chercheur ne se soit étonné du fait que ce plan est l'unique plan architectural avant le 13ᵉ siècle, précédant donc de 400 années l'évidence européenne. Un seul historien, Volker Hoffmann[118], a analysé le plan d'une manière critique pour découvrir que dans les détails, il est complétement contradictoire et que ce « modèle de perfection » soit plutôt un « modèle des absurdités ». [119]

6.2.2   Les palais impériaux

Attigny (Ardennes) : Ce palais n'existe que sur le papier. Heitz le nomme une seule fois comme résidence d'hiver de Charlemagne. Wikipédia[120] (version allemande) raconte un tas d'anecdotes autour de cette résidence, mélangeant presque tous les rois à son histoire (Pépin le Jeune, Charlemagne, Louis le Pieux, Charles le Chauve, Charles le Simple etc.) En partant de ces anecdotes, Wikipédia tire des conclusions sur la structure du palais : Comme quelqu'un y venait pour prier, il fallait y avoir une église, comme Charlemagne y passait l'hiver, il fallait bien y avoir une salle de trône, des habitations, une réserve de chasse, comme l'empereur aimait tuer le gibier. Le palais devait se trouver sur le territoire de la commune avoisinante de Sainte Vaubourg, mais de toutes ces merveilles, il ne reste aucune pierre. Un bel exemple pour montrer comment un palais peut être reconstruit à partir d'anecdotes. D'ailleurs aucune fouille n'a été entreprise sur le site.

Compiègne (Hauts-de-France) a été considéré comme la seconde Aix-la-Chapelle. Heitz raconte que « Charles le Chauve fit ériger à Compiègne une rotonde qui se voulait l'exacte réplique de la chapelle palatine d'Aix. » (P. 158). Mais « l'église eut à souffrir d'une double agression normande » (P. 159). Comme les vikings faisaient table rase de ce bel édifice,

---

[117] https://fr.wikipedia.org/wiki/Plan_de_Saint-Gall
[118] Der St. Gallener Klosterplan – einmal anders gesehen; Zeitensprünge VII (2), P. 168, (1989).

[119] Illig, 1996, P. 262
[120] Le rôle de Wikipédia dans le contexte de l'histoire du haut moyen âge est peu élogieux. En effet la foi des auteurs de Wikipédia en Charlemagne et les carolingiens est inébranlable et c'est ainsi que dans tous les articles concernant cette période des textes et des illustrations dénués de tout fondement contribuent à cimenter la légende de Charlemagne. En Alemagne, Heribert Illig est sur la liste noire des auteurs de Wikipédia.

Charles le Simple dut la reconstruire. « Les fouilles de 1973 ont permis de retrouver une partie des fondations de cette église qui gisent à proximité de l'actuel hôtel de ville. » Ce n'était donc pas du solide. Des palais impériaux mérovingiens et carolingiens bâtis sur ce site « le plus cité de la Francie occidentale » (Illig), il ne reste aucune trace.

Corbeney (Hauts-de-France) n'est même pas mentionné par Heitz probablement parce que les éventuels restes du palais impérial ont disparu à jamais pendant les bombardements de la 1ère guerre mondiale. Pour une fois, ce n'étaient pas les Vikings !

Laon (Hauts-de-France) était considéré comme une des plus importantes résidences royales selon Illig. Heitz ne mentionne pas Laon, ce qui pourrait étonner car la mère du Grand Charles, Bertrada, serait originaire de Laon. Inutile de mentionner qu'il ne reste aucune trace des palais carolingiens.

Nimègue (Pays-Bas) « fut agrandie et embellie par Charlemagne, mais ravagée par les Vikings en 881 » selon Wikipédia. Encore les Vikings ! Heitz mentionne le nom de la ville dans une liste des églises polygonales construites à l'image d'Aix. Mais évidemment, il n'y a plus de traces.

Ponthion (Grand Est, 112 hab.) **:** Encore une fois, Wikipédia en sait des choses : « Haut lieu de l'époque carolingienne, Ponthion abritait un palais qui fut souvent occupé par les souverains carolingiens. C'est là que, le 6 janvier 754, Pépin le Bref, proclamé roi des Francs en 751, accueillit le pape Étienne II venu chercher l'alliance des Francs contre les Lombards qui menaçaient le pouvoir pontifical en Italie. Le sacre de Pépin par le pape, la même année, à Saint-Denis, préfigure celui de Charlemagne comme empereur en l'an 800. L'accord de Ponthion est à l'origine de l'ascension de la dynastie carolingienne.

Le 1er septembre 858 au palais de Ponthion, les grands du royaume franc jurent fidélité au roi Louis le Germanique à qui ils ont fait appel devant l'incapacité de Charles le Chauve à combattre l'envahisseur viking. ...

Un des évènements le plus marquants pour l'histoire de Ponthion est le concile de 876 qui dura près d'un mois avec la présence de 50 évêques, 7 archevêques et 4 légats du pape. Charles le Chauve s'y fit reconnaître empereur par les grands du royaume.

Ponthion, nommé alors *Pontgoin*, fut offert en avril 907 à Frédérunem lors de son mariage avec Charles le Simple.

En 952 le palais royal fut détruit lors des conflits qui opposaient Louis IV d'outremer et Hugues le Grand, père de Hugues Capet »[121] (cf. le joli dessin figure 24, P. **Fehler! Textmarke nicht definiert.** de ce livre)

---

[121] https://fr.wikipedia.org/wiki/Ponthion . La photo du superbe panneau est un travail personnel de MOSSOT, référence Wikimedia CC BY-SA 3.0. Elle n'est pas sans me rappeler les conseils de Marcel Gotlib aux maires désireux de faire rayonner leur ville ou village et d'y attirer les touristes (Dingodossiers tome 1, Dargaud 1967, P.48-49)

Illig remarque que les résidences royales et impériales de Ponthion n'ont vraisemblablement pas contribué à développer une grande agglomération ni d'augmenter le nombre de ses habitants. Heitz ne mentionne pas le village.

A **Quierzy** (Hauts-de-France, 428 hab.) le passé mérovingien et carolingien a été sculpté dans la pierre, probablement à défaut de vestiges archéologiques. Une stèle a été placé quelque part au milieu du village pour rappeler le passé glorieux évoqué en détails par Wikipédia: Conciles, réunions de hauts dignitaires de l'empire, traités, mariages, l'obligatoire destruction complète par les Normands, etc. En pleine 1ère guerre mondiale, un archéologue allemand, Georg Weise, aurait découvert les fondements du palais impérial carolingien, mais son rapport sur les fouilles a été vivement contesté par ses collègues français. Les fouilles n'ont jamais été reprises, D'ailleurs Wiese a reproché aux archéologues français leur manque d'enthousiasme pour faire des recherches sur la période carolingienne. Heitz ne mentionne pas Quierzy.

Saint-Denis (voir le chapitre consacré à St. Denis, P. 98) , le « panthéon des mérovingiens » (Heitz) a fait l'objet de fouilles importantes. Comme nous avons longuement parlé de ce lieu, inutile de nous répéter ici. Voyons seulement ce que Heitz nous dit à propos de ce joyau: La basilique fut « construite entre 768 et 775 par Carloman et Charles, fils de Pépin le Bref. » (P. 132) Mais hélas « de ce monument somptueux, il n'existe plus que quelques fondations sous la partie Ouest de la nef actuelle, mais la qualité des bases et des chapiteaux retrouvés montre le soin apporté par les bâtisseurs à cet édifice-phare de la jeune royauté carolingienne. » (P. 134). Pour Illig, il est évident qu'il n'y avait pas de basilique carolingienne, mais une église mérovingienne du VIe siècle suivie par des extensions normandes vers 1070 avant que l'abbé Suger ne commence avec son édifice gothique. Un palais impérial n'a pas été découvert.

Samoussy (Hauts-de-France, 376 hab.) ne semble pas non plus avoir pu profiter de son passé prestigieux. Charlemagne, Pépin le Bref et Carloman 1er y ont passé leur temps à chasser. Après le retrait des troupes allemandes de Quierzy, l'archéologue Wiese put continuer à faire des fouilles à Samoussy. Il avait identifié la salle du trône, un immeuble d'habitation, mais pas de dépendances ni d'église. Une tour avec une porte d'entrée au village d'origine carolingienne a été dynamitée par la Wehrmacht. Wikipédia confirme l'origine carolingienne, tandis qu'Illig en doute. Heitz ne mentionne pas Samoussy. A mon avis, le seul vestige carolingien est le restaurant « Relais Charlemagne»[122] avec une carte appétissante.

Ce qui est intéressant c'est que Quierzy, Samoussy et Laon réclament le privilège d'être le lieu de naissance de Charlemagne au détriment des 14 villes allemandes qui ont la même prétention.

---

[122] Voir leur site sur Internet: https://www.lerelaischarlemagne.fr/

Thionville (Moselle) a été selon Wikipédia une résidence royale carolingienne visitée régulièrement par Pépin le Jeune et Charlemagne. Heitz mentionne Thionville à deux reprises dans des énumérations des lieux visités par le Grand Charles. On cherche en vain des vestiges carolingiens et Illig pense que le Capitulaire de Thionville ne remplace pas la substance bâtie.

Toulouse (Haute Garonne) semble avoir été également le siège d'une résidence royale. Mais les fouilles n'ont pas encore abouti à un résultat. Heitz évoque « l'un des plus beaux monuments de l'Antiquité tardive en France, hélas détruit en 1761. L'église de la Daurade à Toulouse formait un décagone précédé d'un atrium qui disparut au 11e siècle pour adapter une nef unique au reste du décagone » (P. 51). L'église fut probablement bâtie au 5e siècle. Mais pas de traces de palais carolingiens …

Ver-sur-Launette (Hauts-de-France, 1183 hab.) semble également avoir été un haut lieu carolingien : Charles Martel, Pépin le Bref, Charles le Chauve et Carloman sont mentionnés dans les documents et Ver était le siège de deux conciles et d'un synode. Tant d'illustres personnages et évènements, mais aucune trace des lieux où ils se sont rencontrés.

Figure 38: Un des nombreux palais de Charlemagne

Verberie (Hauts-de-France) Ici, les fantasmes des Wikipédiens font des culbutes : « Charlemagne s'y fit construire un vaste palais allant de la chapelle Saint-Pierre jusqu'au château d'Aramont sur une longueur de 420 mètres. Il était flanqué de tours rondes en pierre de taille ; les murs étaient ornés de bas-reliefs et les frontons surmontés de statues colossales. Les portes étaient d'airain, les mosaïques de marbre, les meubles incrustés d'or. Les jardins très vastes formaient terrasse. Le parc s'étendait jusqu'à la forêt coupée de canaux et parsemée d'étangs. »

Quelle foule de détails pour une construction, dont il ne reste plus la moindre trace[123] !

Comme il se doit, Verberie a été saccagée par les Normands. La ville a connu les séjours de Charles Martel, du pape Grégoire III qui lui a remis les chaines de St. Pierre et la clef de sa tombe, de Pépin le bref, de Boniface et de Charles le Chauve qui y mariait sa fille Judith au roi Æthelwulf du Wessex.

Pour conclure ce chapitre, Illig cite une liste établie par Remmler[124] de 53 castra, « villae » et résidences impériales en France et en Belgique (Illig, P. 225/226) Parmi les plus connues sont Bourges, Cambrai, Chalon-sur-Saône, Chelles, Metz, Orléans, Paris et Soissons. La liste montre qu'il y a beaucoup plus de domaines impériaux du côté gauche du Rhin que de l'autre côté. Malgré cela, le résultat est si maigre, que le sous-titre du livre de Remmler s'explique : « Les palais disparus de Charlemagne ».

En effet – et Illig l'a souligné à propos de la Bavière – il faut toujours avoir en tête que face aux dizaines, voire centaines de millions d'objets trouvés datant de l'époque grecque, égyptienne, romaine et j'en passe, les objets attribués à l'époque carolingienne sont d'une quantité ridiculement basse, malgré le 'nouvel élan' et la reprise de la croissance dus à la renaissance carolingienne. Il en est de même pour les édifices de ces mêmes époques encore debout face aux vestiges inexistants de l'époque carolingienne.

6.2.3   Auxerre et Dijon : deux flambeaux de l'art carolingien

La vue sur Auxerre en Bourgogne est dominée par les trois églises St.- Germain, St. Etienne et St. Pierre.

St. Pierre a été construite au 11e siècle, donc pas de traces carolingiennes.

La première église sur le site de la cathédrale **St. Etienne** remonte au 5e siècle. Les deux églises qui lui succédèrent furent détruites par le feu. Une cathédrale romane, commencée en 1057 fut remplacée en 1215 par l'édifice gothique actuel.

La plus ancienne partie est la crypte romane construite en 1030. Donc rien de carolingien.

---

[123] https://commons.wikimedia.org/wiki/File:Palais.carolingien.png
[124] Bernd Remmler: Spurensuche: Die Karolinger – Die verschwndenen Paläste Karls des Großen, Berlin 2010; voir le chapitre "Remmler et les palais disparus de Charlemagne dans ce livre, P. 140 ff))

Il n'en est pas de même pour l'église de l'abbaye **St. Germain**. Commencée au début du 6e siècle, elle est transformée en basilique par un beau-fils de Louis le Pieux. Entre 841 et 856, on créa un système complexe de cryptes superposées à cause du terrain en pente à l'est.

« La crypte est un exemple particulièrement remarquable de l'architecture carolingienne et une des mieux conservées de France. Elle se présente sous la forme d'une confession centrale entourée d'un couloir de circulation rectangulaire. Elle présente un cycle de fresques absolument uniques et remontant au 9e siècle, ce qui en fait les plus antiques de France. Elles ont été découvertes en 1927. On peut grâce à elles étudier l'art pictural de cette époque, car les autres exemples de fresques murales carolingiennes sont beaucoup moins bien conservées, ainsi de celles de Malles Venosta, de Müstair, de Naturns ou de Castelseprio. »[125]

A propos des cryptes, un auteur allemand (Klaus Bußmann, 1972) parle même du « plus grand complexe d'architecture carolingienne en France » (cité d'après Illig, P. 227)

Illig conteste l'attribution de ces constructions à l'époque carolingienne : en comparant à des structures similaires (p. ex. Jouarre), il opte pour le 12e siècle. La citation de Wikipédia sur le cycle de fresques est pour lui la preuve, qu'il n'y a pas d'œuvres comparables en France puisque les exemples cités se trouvent aux Grisons et dans le Tyrol du Sud. En analysant le style des fresques, Illig les rapproche de l'art ottonien, comme il l'a déjà fait pour les fresques en Suisse et en Italie.

Wikipédia ne donne d'ailleurs pas beaucoup de précisions sur la vie à l'époque carolingienne à Auxerre : Trois siècles où il ne se passe rien sauf qu'un évêque parachève l'œuvre de ses prédécesseurs.

« A juste titre, l'église abbatiale de **Saint-Bénigne de Dijon** passe pour être l'un des monuments les plus remarquables de notre premier art roman. » (Heitz, P. 241).

« En 511 sous le règne du roi mérovingien Clovis Ier, l'évêque saint Grégoire de Langres fait construire la crypte pour y déposer le sarcophage de saint Bénigne de Dijon (martyr chrétien du 2e siècle). Une basilique consacrée à Saint Bénigne en 535, est construite sur la crypte.

En 871, l'évêque de Langres Isaac fonde l'abbaye Saint-Bénigne de Dijon régie par la règle de saint Benoît avec pour abbatiale l'église Saint-Bénigne de Dijon. Entre 1280 et 1393 l'église Saint-Bénigne de Dijon est construite en style gothique sur la précédente basilique effondrée avec pour crypte l'étage inférieur de la rotonde, détruite en 1792. »[126]

Vers l'an 1000, son bâtisseur, Guillaume de Volpiano « procéda à une refonte profonde du monastère carolingien dont l'architecture était vieille à peine de cent vingt ans.» (Heitz, P. 241)

L'élément-clé de l'ensemble est la rotonde Sainte-Marie, construction impressionnante soutenue par 121 colonnes, « point focal de la liturgie processionnelle

---

[125] https://fr.wikipedia.org/wiki/Abbaye_Saint-Germain_d%27Auxerre
[126] https://fr.wikipedia.org/wiki/Cath%C3%A9drale_Saint-B%C3%A9nigne_de_Dijon

monastique qui, au temps de Guillaume de Volpiano, avait reconquis la même grandiose ampleur que la liturgie carolingienne … » (Heitz, P. 244).

On trouve donc des références multiples à l'époque carolingienne, mais l'ensemble de la construction n'a rien de carolingien.

6.2.4   Les églises préromanes et romanes en France

L'historien d'Art Marcel Aubert[127] a publié une étude portant sur 365 églises romanes en France. Comme ces édifices sont supposées avoir des prédécesseurs à l'époque carolingienne, on devrait pouvoir retrouver leurs traces.

Saint-Philibert de Grandlieu (Loire-Atlantique) « La commune doit son nom actuel au fait que les moines de l'abbaye de Noirmoutier, fondée par Philibert en 675, décident de s'y installer en l'an 800. Ils construisent l'église de la nouvelle abbatiale en 815, et y déposent les reliques du saint en 836. Elle reste l'une des plus anciennes églises d'architecture romane de Bretagne et de France.

Lors des incursions normandes en 847, après le saccage de l'abbaye, les moines reconstruisent la nef de l'édifice, dans l'état où on peut la voir actuellement. En 858, les normands reviennent, mais cette fois-ci, les moines fuient, emmenant les reliques de saint Philibert jusqu'à Tournus. »[128]

C'est donc une église définitivement carolingienne, 'heureusement' saccagée à deux reprises par les Normands pour effacer les traces.

Quant à la datation de la belle nef[129] avec ses piliers au plan cruciforme complexe et aux alternances entre belles pierres blanches et couches de briques rouges, Heitz hésite entre le 9e et le 11e siècle. Illig rappelle que le plan cruciforme des piliers de l'église palatiale d'Aix-la-Chapelle (voir point 13, P.90) a pour lui été une raison de la dater au 11e siècle.

Il est effectivement difficile d'identifier sans équivoque la maçonnerie carolingienne. Le même problème se pose pour **Saint-Romain-le-Puy** (Loire-Atlantique) : Les décorations en entrelacs la rapprochent apparemment de l'art carolingien. « Son architecture témoigne de l'intensité artistique des environs de l'an mil, à la charnière de l'art carolingien et de l'art roman. Singulier et énigmatique, le prieuré couronne le sommet d'un cône basaltique de 80 mètres. Dominant la plaine et ses hommes par un panorama exceptionnel, il arbore avec fière allure les empreintes de sa splendeur passée. »[130]

[127] Marcel Aubert: Cathédrales et abbatiales romanes de France – Arthaud, Paris 1965
[128] https://fr.wikipedia.org/wiki/Saint-Philbert-de-Grand-Lieu
[129] Rehtse — Travail personnel ; GFDL; File:Abbatiale de Saint-Philbert-de-Grand-Lieu - Nef.jpg; Création : 31 août 2010
[130] https://fr.wikipedia.org/wiki/Saint-Romain-le-Puy

Figure 39: Piliers cruciformes de St. Philibert

Saint-Savin-sur-Gartempe (Vienne) a 'évidemment' été fondée par Charlemagne et a reçu des dotations de Louis le Pieux. Les fresques ornent des murs «éventuellement carolingiens».

La basilique **Saint-Just de Valcabrère** (Haute Garonne) a été bâtie au 11e et au 12e siècle au milieu d'une nécropole romaine. Il ne faut donc pas s'étonner d'y retrouver des plaques de sarcophage et des pierres travaillées d'origine romaine. Mais on cherche en vain des restes mérovingiens ou carolingiens.

186

Figure 40: Mosaïque de Germiny-les-Prés

La basilique de **Sainte-Madeleine de Vézelay** (Yonne)

« Vers 858 ou 859, un monastère de moniales est fondé par Girart de Roussillon et sa femme Berthe à l'emplacement actuel du village de Saint-Père ... Les privilèges de l'abbaye seront confirmés en 868 par le roi Charles le Chauve. En 873, l'abbaye de Saint-Père est dévastée par les Normands qui remontent la Seine, l'Yonne et la Cure. Les moines bénédictins s'installent au sommet de la colline de Vézelay. Le pape Jean VIII dédicace la première église carolingienne du monastère en 878, dont la crypte subsiste de nos jours. ... Un deuxième incendie de l'abbaye arrive entre 907 et 927.»[131]

Encore une fois, les Normands firent table rase de l'édifice carolingien, de sorte qu'il n'en subsiste aucune trace dans cette belle basilique qui fait partie du patrimoine mondial de l'UNESCO.

Le **cloître Saint-André le Bas** à Vienne (Isère) est un candidat potentiel pour le patrimoine carolingien : « Fondée au 6e ou au 7e siècle après J.-C., l'abbaye de Saint-André-le-Bas était l'un des monastères les plus importants du diocèse de Vienne durant le Moyen Age. Installée sur des soubassements romains imposants, elle dominait le confluent de la Gère et du Rhône. La donation d'Ancemond, datée de 543, longtemps considérée comme son acte de fondation, **s'est révélée être un faux** (*surlignage par l'auteur*), sans doute rédigée au 9e siècle pour défendre les droits de l'archevêque sur l'abbaye. Le monastère était particulièrement

---

[131] https://fr.wikipedia.org/wiki/Basilique_Sainte-Marie-Madeleine_de_Vézelay

florissant au 12ᵉ siècle et des travaux importants furent menés à cette époque. »[132] Wikipédia.fr le situe carrément au 12ᵉ siècle.

La **cathédrale Saint-Trophime** à Arles (Bouches-du-Rhône) a été construite au 12ᵉ siècle. Une basilique fut érigée entre 430 et 449 en l'honneur de St. Étienne. La cathédrale fut construite vers 1140, et selon Marcel Aubert, une partie de la façade et des murs latéraux font partie de la basilique carolingienne. Au 8ᵉ siècle, les inévitables Normands, accompagnés cette fois des Danois et des Sarrasins saccagèrent la ville en effaçant les traces des bâtisseurs carolingiens.

Mais il reste encore l'église de **Germigny-des-Prés** (Loiret), la figure de proue (Illig) de l'architecture carolingienne en France :

« L'église de Germigny-des-Prés est construite sur sa *villa* sous l'impulsion de l'évêque Théodulf d'Orléans, abbé de l'abbaye de Saint-Benoît-sur-Loire et fin lettré appelé par le roi des Francs Charlemagne pour faire renaître les études et les lettres.

La date de construction de l'édifice est antérieure à 806 si l'on en croit une inscription de l'inauguration de l'église mais surement avant 818, année durant laquelle Théodulphe tombe en disgrâce et ses biens confisqués.

Cette *villa* est située sur un domaine appartenant à la communauté de l'abbaye de Saint-Benoît-sur-Loire. Elle comprend l'église avec à l'Ouest les bâtiments d'habitation et les dépendances. Construite à l'époque où Charlemagne fait élever la chapelle palatine d'Aix-la-Chapelle, cette construction incite Théodulf à ne rien négliger pour la sienne. Couverte de voûtes et magnifiquement décorée, elle passe pour incomparable en Neustrie.

En 843 ou 844, les Grands du Royaume et les prélats tiennent les premiers *États généraux* français à Germigny, puis le roi des Francs Charles II le Chauve visite en 854 et 855 cette *villa* désigné sous le nom de *palais royal* dans les actes. Dans la première moitié du IXe siècle, un incendie endommage gravement le site. »[133]

La pièce maîtresse de l'église est la mosaïque sur fond d'or[134] représentant l'arche d'alliance entourée des deux anges d'or unique en France et certainement pour le IXe siècle. Illig, qui a déjà discuté la question des mosaïques dans son live sur le moyen-âge inventé, la date, par analogie avec la chapelle palatine d'Aix au XIIe siècle. Encore un monument carolingien qui tombe de son socle !

---

[132] http://www.musees-vienne.fr/page.php?page=DT1202144692
[133] https://fr.wikipedia.org/wiki/Oratoire_carolingien_de_Germigny-des-Pr%C3%A9s
[134] Gerd Eichmann — Travail personnel : Église de la Très-Sainte-Trinité de Germigny-des-Prés, CC BY-SA 4.0, File:Germigny-des-Pres-21-gje.jpg, Création : 29 septembre 2008

6.2.5   Les églises dans l'œuvre de Carol Heitz

Au début de ce chapitre, nous avons déjà cité Carol Heitz à propos des palais royaux et impériaux. Comme c'est un des rares livres qui traitent de l'architecture préromane, Illig lui dédie quelques pages dans son article consacré aux édifices religieux.

La crypte de l'abbaye Saint-Médard de Soissons (Hauts-de-France)

« Cette abbaye fut fondée en 557 par le roi des Francs Clothaire Ier, pour y recevoir les reliques de saint Médard. ... Sous les Carolingiens, l'abbaye continua de jouer un rôle déterminant dans les affaires du royaume. C'est ici qu'en 751 le dernier Mérovingien, Childéric III, reçut la tonsure, et c'est encore à Saint-Médard que se réunit le 13 novembre 833 le synode convoqué par Lothaire et présidé par l'archevêque Ebon de Reims, qui déposa pour la seconde fois l'empereur Louis le Pieux. Parmi les abbés laïcs de Saint-Médard, on trouve les Carolingiens Carloman, 860-870 et Héribert II, 907-943 »

Evidemment, « l'abbaye Saint-Médard fut détruite par les Normands et les Magyars, puis reconstruite au XIe siècle. L'abbaye fut détruite en 1567 au début des guerres de religions, reconstruite en partie en 1630 avant d'être rasée jusqu'à la crypte en 1793.

L'« Évangéliaire de Saint-Médard », un manuscrit préparé dans les dernières années du règne de Charlemagne à l'École palatine d'Aix-la-Chapelle, provient du scriptorium du monastère. »

Détail amusant qui confirme les théories – contre son gré - de H. Illig : « Otto von Corvin affirme dans son essai anticlérical intitulé « le Miroir des curés » (*Pfaffenspiegel*) que cette abbaye a été en son temps *une espèce d'atelier de faussaires, que l'Église aurait établi pour dresser des titres de propriété qu'elle n'avait pas* (*surlignage par l'auteur*) : « Le moine Guernon avoua sur son lit de mort qu'il avait parcouru toute la France pour fournir aux églises et monastères des actes falsifiés. Aussi n'est-il guère étonnant qu'on ait pu évaluer les biens du clergé en France à la Révolution à 3.000 milliards de francs !»[135] ».

Heitz constate à propos de la crypte : « Dans son étude sur la date de la crypte de Saint-Médard de Soissons, publiée par le Congrès archéologique de 1887, Eugène Lefèvre-Pontalis propose comme date de construction des *cryptae*, seules encore conservées, une période allant de 826 à 841 ! Toute l'érudition moderne a suivi cette proposition, étayée par de solides arguments historiques. Toutefois l'origine carolingienne des cryptes a été récemment contestée par M. W. Jacobsen qui croit pouvoir les dater de la fin du premier quart du 11e siècle. En les rapprochant des cryptes de la cathédrale de Spire (1030) ou de celles de la cathédrale d'Auxerre (1023). » (P. 197).

Comme d'ailleurs Heribert Illig.

---

[135] https://fr.wikipedia.org/wiki/Abbaye_Saint-Médard_de_Soissons

Les cryptes de Jouarre (Seine et Marne) : **Saint Paul et Saint Ébrégisile**

«Deux cryptes contiguës, construites sous l'église cémétériale Saint-Paul, disparue lors de la guerre de Cent Ans, contiennent les sépultures et certains cénotaphes des fondateurs et des premiers abbés et abbesses de l'abbaye encore conservés au 21ᵉ siècle. Ces cryptes, dont la construction initiale remonte au 7ᵉ siècle, ont connu de nombreuses évolutions et remaniements qui en rendent l'histoire difficile à lire. Dans leur architecture comme dans la décoration des tombeaux qu'elles renferment, elles combinent les influences de plusieurs époques (mérovingienne, carolingienne) et de plusieurs origines (Europe, bassin méditerranéen).»[136]

Il y a des ressemblances entre un décor mural dans la crypte St. Jean et celui de la *Torhalle* de Lorsch, ce qui amène Heitz à dater la crypte au 9ᵉ siècle, comme la *Torhalle*, construite, on le sait, par Charlemagne. Comme Illig a daté la *Torhalle* au 12ᵉ siècle, il propose la même datation pour la crypte St. Jean. Les sarcophages qu'elle contient sont bien de l'époque mérovingienne.

L'abbaye et l'église St. Pierre de Jumièges (Normandie)

« L'abbaye de Jumièges naît vers 654 dans une boucle de la Seine par une donation de Clovis II et de sa femme sainte Bathilde. Cette fondation à une époque où l'essor monastique en Gaule a été suscité par saint Colomban cinquante ans plus tôt, fortifiée par ses disciples atteint son degré le plus haut. ... Bien contrôlée par les carolingiens, elle devient un lieu d'exil pour les ennemis de la dynastie avec, sous Charlemagne, le duc Tassilon de Bavière et son fils.

Saint Philibert est formé par un disciple de Saint Colomban ... les 70 moines qu'il fait venir partagent leur vie entre la prière, l'apostolat et le travail. Après la mort de saint Philibert, vers 700, il y aurait eu 900 moines et 1 500 serviteurs. »

Fidèles au rendez-vous, « le 24 mai 841, les Vikings incendient le monastère carolingien avant de revenir et de le piller. Devant la menace scandinave, les moines s'exilent, emportant les reliques et les manuscrits les plus précieux reprenant l'exclamation déjà poussée à Lindisfarne « *A furore Normannorum libera nos Domine !* » (« De la fureur des Normands, libère-nous Seigneur ! ») et abandonnent l'abbaye »[137]

Heitz décrit l'imposant massif occidental (Westwerk) bâti au 11ᵉ siècle. Il considère l'alignement des parois intérieures comme typiquement carolingiennes.

Saint-Pierre-les-Églises près de Chauvigny « était une petite commune située au bord de la Vienne, près de Chauvigny à laquelle elle est rattachée de nos jours. Elle est remarquable par son église préromane contenant un ensemble de fresques, antérieures à l'an mil, mises au jour en 1850 et récemment reconnues comme peut-être les plus anciennes fresques d'Europe occidentale. » [138]

Le **baptistère St. Jean de Poitiers** (Nouvelle-Aquitaine) semble être une réaffectation d'un édifice civil romain du 4ᵉ siècle. C'est pourquoi il est souvent considéré le

---

[136] https://fr.wikipedia.org/wiki/Cryptes_de_Jouarre
[137] https://fr.wikipedia.org/wiki/Abbaye_de_Jumièges
[138] https://fr.wikipedia.org/wiki/Saint-Pierre-les-%C3%89glises

« plus ancien monument chrétien d'occident »[139] Heitz parle d'une deuxième réfection du baptistère à la fin du VIIe siècle où furent introduits « des beaux chapiteaux de marbre pyrénéen » (P. 69) ressemblant à ceux de la crypte Saint-Paul de Jouarre, datée fin du 7e siècle. Cette simple ressemblance donne lieu à une datation à la même époque ! Heitz relate une troisième phase de construction vers l'an 1000.

L'Hypogée des Dunes de Poitiers (Nouvelle-Aquitaine), classée au début du 8e siècle par Heitz, en partie dû au relief des deux larrons du cippe (daté au milieu du VIIe siècle) ne doit pas nous inquiéter outre mesure, car selon Illig, les sculptures de pierre restent très « primitives » jusqu'à la fin du 9e siècle pour « exploser » à ce moment tant du point de vue artisanal qu'artistique. « Une grande partie des sculptures retrouvées dans l'édifice pourraient provenir d'autres monuments poitevins du Haut Moyen Âge. D'une grande richesse, cet ensemble reste unique en Europe. On accède au lieu par quelques marches d'accès ornées d'emblèmes chrétiens tels que serpents, poissons ou lierre qui rappellent certains chancels. Nous ne connaissons pas aujourd'hui la provenance de ces pierres qui pourraient être des remplois. »[140]

La priorale St. Généroux (Nouvelle-Aquitaine) constitue selon Heitz « un jalon important de l'architecture carolingienne » (P. 202). Il n'entre pas dans les détails et date la nef, la plus ancienne partie de l'édifice au 9e siècle. Selon Wikipédia, « l'église est l'une des plus anciennes du Poitou puisqu'elle date du 10e siècle. C'est un ancien prieuré dépendant de l'abbaye Saint-Jouin de Marnes.»[141]

L'abbaye de St. Guilhem-le-Désert (Occitanie) est un haut lieu du tourisme dans le département de l'Hérault. « En 804, le comte de Toulouse et duc d'Aquitaine Guillaume (*Guilhèm* en langue d'oc) fonde une abbaye dans un lieu de la vallée de l'Hérault alors à l'écart de toute présence humaine, un "désert", le vallon de Gellone. La construction est appelée monastère de Gellone, ou, après son décès en 812, abbaye de Guillaume, et devient l'abbaye de Saint-Guilhem après sa canonisation en 1066. La relique d'un morceau de la vraie croix attire la dévotion de nombreux pèlerins et l'abbaye devient une étape très importante de pèlerinage. Une agglomération se développe autour de l'abbaye. » Le cloître de l'abbaye subit un triste sort : « une grande partie de ce cloître a fait les frais du commerce des vieilles pierres entraîné par la vente et le démantèlement des biens nationaux ; exporté aux États-Unis, il est l'un des chefs-d'œuvre du Musée des cloîtres de New York ; inscrit à l'UNESCO avec les chemins de Saint-Jacques-de-Compostelle.» [142] Heitz ne donne pas de détails sur ce site malgré son origine « carolingienne ».

[139] https://fr.wikipedia.org/wiki/Baptistère_Saint-Jean_de_Poitiers
[140] https://fr.wikipedia.org/wiki/Hypogée_des_Dunes
[141] https://fr.wikipedia.org/wiki/Saint-Généroux
[142] https://fr.wikipedia.org/wiki/Saint-Guilhem-le-Désert

Figure 41: L'abbaye St. Gellone à St. Guilhem-le-Désert

L'église **St. Vorles à Châtillon-sur-Seine** (Bourgogne-Franche-Comté) « La crypte de l'église Saint-Vorles contient encore un oratoire réputé fondé par Didier. Aux premiers siècles de notre ère et les premières "écoles" dateraient du 6ᵉ siècle. Au 8ᵉ siècle les populations se déplacent sur l'actuel site de la ville et fortifient la colline du Castel qui donne son nom à Châtillon. Sous les Carolingiens l'histoire de la région est marquée par la figure quasi-légendaire du comte palatin Girart de Roussillon. En 886 Gilon de Tournus, évêque de Langres fait transférer de Marcenay à Châtillon les reliques de Saint Vorles afin de les mettre à l'abri des invasions normandes qui ravagent une partie du pays »[143] Pour Heitz, « cette église, commencée en 980 … possède encore l'ancienne silhouette carolingienne » (P. 253). Donc malgré quelques ressemblances, pas de substance carolingienne !

Il en est de même pour **l'abbaye St. Pierre-de-Gigny** (Bourgogne-Franche-Comté) Heitz y trouve encore beaucoup de maçonnerie d'origine carolingienne, mais l'église a vraisemblablement été bâtie au 10ᵉ siècle. « Gigny peut … s'enorgueillir d'avoir, avec Baume-les-Messieurs, donné naissance à Cluny qui allait essaimer dans tout l'occident et contribuer activement à toutes les grandes entreprises de la Chrétienté, en particulier à la Reconquista et la Réforme grégorienne. »[144]

---

[143] https://fr.wikipedia.org/wiki/Châtillon-sur-Seine
[144] https://fr.wikipedia.org/wiki/Abbaye_Saint-Pierre_de_Gigny

St. Jean-de-Maurienne (Auvergne-Rhône-Alpes) : Sous la Cathédrale Saint-Jean-Baptiste se trouve une crypte, découverte seulement en 1958 qui a provoquée des discussions autour de sa datation. « Cette discussion entre l'architecte départemental des Monuments historiques M. Stephens qui avait fait déblayer la crypte et qui en attribuait la construction à la période préromane et l'historien Jean Hubert qui ramenait cette construction à la période comprise entre 1040-1075 … »[145]. Cette fois, ce n'étaient pas les Normands, mais les Sarrasins qui détruisaient en temps utile la basilique préromane et sa crypte pour effacer d'éventuelles traces permettant une datation exacte.

L'église Saint-Laurent et sa **crypte Saint-Oyand** de Grenoble : « L'ancienne église Saint-Laurent reconstruite sur les vestiges d'une nécropole gallo-romaine a été désacralisée en 1983 pour devenir un site archéologique puis un musée en 1986. Le site, étudié depuis le début du 19e siècle, a fait l'objet d'un classement au titre des monuments historiques le 10 août 1977, et se caractérise par un important empilement d'édifices et de structures, dont le joyau est une crypte datant du 6e siècle. »[146]

Heitz (P. 39-40) remarque à propos de cette crypte : « La cinquième phase de construction appartient à l'époque carolingienne (8e – 11e siècles), … Une colonnade, à registre double à l'entrée des absides Est et Ouest, allège les structures inférieures. Elle comporte vingt colonnes, dont seize originales, probablement des remplois antiques. Les chapiteaux, de taille irrégulière, sont en calcaire ou en marbre. Leur style corinthien annonce l'époque carolingienne : feuillages aux bords ondulés, rosettes de dés à fort relief, caulicoles courtes. … Un seul chapiteau déroge de ces motifs à consonance paléochrétienne : une coquille portant une chouette semble dater du 11e siècle qui vit les bénédictins restaurer cet insigne monument. La voûte en berceau plein Cintre coupée de chaînages de tuf et d'arases de briques date sans doute de cette période. »

Pour Illig, l'ensemble doit être considéré comme une construction de la fin du 10e siècle, surtout à cause des voutes.

Illig évoque encore la **cathédrale Notre-Dame de Vaison-la-Romaine**, le **baptistère de Venasque**, la **chapelle de la Madeleine de Bedoin** et la **chapelle Notre-Dame d'Aubune**. Tous ces édifices sont d'une manière ou d'une autre mis en relation avec l'époque carolingienne mais des preuves archéologiques indiscutables font défaut. De sorte qu'ils ne restent plus que des documents d'origine discutables ou des légendes comme celle qui veut que Charlemagne (ou son grand-père Charles Martel) ait fait construire la chapelle Notre-Dame d'Aubune pour célébrer une victoire sur les Sarrasins. Le champ de bataille où aurait eu lieu cette victoire porte le nom évocateur de *cimetière des Sarrasins* !

A la fin de son article, Illig ajoute une liste tirée du site de wikipedia.fr sur l'architecture carolingienne en France où sont mentionnés en quelques mots des édifices qui n'ont pas été présentés dans l'article :

---

[145] https://fr.wikipedia.org/wiki/Cathédrale_Saint-Jean-Baptiste_de_Saint-Jean-de-Maurienne
[146] https://fr.wikipedia.org/wiki/Musée_archéologique_Grenoble_Saint-Laurent

- cathédrale Notre-Dame de Verdun, avec ses deux chœurs est une véritable synthèse de l'architecture carolingienne et ottonienne,
- cathédrale carolingienne de Reims dans la Marne ayant brûlé le 6 mai 1210,
- abbaye de Saint-Riquier dans la Somme,
- église abbatiale Saint-Léger d'Ébreuil dans l'Allier,
- Notre-Dame dite de la Basse-Œuvre de Beauvais,
- église Saint-Étienne de Vignory en Haute-Marne,
- oratoire carolingien de Germigny-des-Prés dans le Loiret,
- Saint-Germain dans la Côte-d'Or,
- abbaye Saint-Philibert de Saint-Philbert-de-Grand-Lieu dans le département de la Loire-Atlantique,
- abbaye Saint-Pierre de Jumièges dans la Seine-Maritime,
- Église St. Pierre de Lemenc,
- Abbaye de Saint-Michel de Cuxa / Sant Miquel de Cuixà,
- abbaye de Flavigny (ancienne),
- abbaye Saint-Germain d'Auxerre,
- église de Labourse dans le Pas-de-Calais,
- aula de Doué-la-Fontaine,
- château de Mayenne,[147]

Cette liste « confuse » confirme que les carolingiens auraient gouvernés de ce côté du Rhin jusqu'à l'avènement de Hugo Capet en 987. Mais conclure de là que l'architecture carolingienne ait perduré jusqu'au 10e siècle en France est un jugement sans fondement.

En parlant des **constructions en pierre**, Illig s'étonne qu'Aubert admire le formidable enchevêtrement de la voute en berceau tournant et les voutes d'arêtes dans la rotonde **St. Philibert à Dijon** (11e siècle) en oubliant qu'une telle disposition se trouve dans la chapelle palatine d'Aix, construite apparemment 250 ans avant.

Dans la littérature, l'église d'**Ottmarsheim** en Alsace, construite au 11e siècle, est une « fidèle reproduction de la chapelle palatine » et selon Aubert « le plus vieux bâtiment du Haut Rhin où les trois formes de voutes sont rassemblées : Coupole, voute en tonneau et voute d'arrête ». (Illig, P. 245) mais comme la petite église a été construite en même temps que Spire I, Illig constate qu'Ottmarsheim n'es pas une copie de la chapelle palatine, mais un précurseur !

En résumant son aperçu sur les constructions carolingiennes en France, Illig constate que les autorités françaises ne semblent pas avoir un intérêt de retrouver les palais carolingiens. L'ironie du sort veut que les seules fouilles systématiques aient été menées par un allemand pendant la 1ère guerre mondiale. Sur la conférence annuelle des historiens en l'an 2000 à Aix-la-Chapelle, le prof. Michel Parisse a expliqué à l'audience que « Charlemagne est un îlot dans

---

[147] https://fr.wikipedia.org/wiki/Architecture_carolingienne

l'histoire. Déjà quelques années après sa mort, la formation de légendes a commencé. Ce mythe est pour les Français plus important que la réalité historique du personnage. Il y a un Charlemagne pour le peuple et un Charlemagne pour les historiens. » (Illig, P. 247)

Si on passe en revue l'extraordinaire richesse de l'architecture religieuse en France, le nombre des édifices carolingiens semble médiocre. Le livre de Carol Heitz est tout à fait représentatif, mais les preuves pour une architecture carolingienne sont dérisoires. Heureusement, les Vikings, Normands, Danois, Hongrois et Sarrasins sont toujours venus en temps utile pour en effacer toute trace.

6.2.6   Remmler et les palais disparus de Charlemagne

Le livre de Bernd Remmler, écrit en 2010 est symbolique pour l'incroyable naïveté – ou doit-on dire méchanceté - des historiens allemands. Cet auteur, qui a fait quelques recherches et s'est déplacé à travers toute la France pour trouver les vestiges des palais carolingiens ne mentionne pas une seule fois Illig ou un de ses collaborateurs. A partir des « documents » d'époque dont on sait que ce sont des faux produits au 10e et au 11e siècles et des quelques « vitae » de Charlemagne écrits par des personnages, dont on ne sait pas s'ils ont vraiment existé, également au 10e ou au 11e siècles, Remmler reproduit les légendes autour des rois et empereurs, leurs combats héroïques contre des adversaires féroces, leurs intrigues, amours et meurtres en famille, leurs constructions mirobolantes, dont – oh surprise, « il ne reste étonnamment peu de vestiges » tandis qu'il existent d'autant plus d'endroits – plus de 400 - où ça vaudrait la peine de chercher (P. 17)

Par exemple le champ de bataille de Fontenoy près de Poitiers, où Charles Martel aurait battu une armée d'invasion musulmane. Remmler s'étonne qu'on ne puisse pas localiser cet endroit où il devrait quand même rester quelques osselets des 40.000 Sarrasins massacrés ou quelques épées rouillées des 150.000 combattants. (P. 22). Un des nombreux chroniqueurs fantôme nommé Nithard a décrit la bataille et également la cérémonie des serments de Strasbourg prêtés par Charles le Chauve et Louis le Germanique. Ces serments sont considérés comme les premiers documents en langue romane et en langue tudesque. Malheureusement la texte original – souvent cité – semble néanmoins avoir été perdu et n'existe qu'en une copie datant du 6e siècle. Remmler pense même que le copiste « ne maîtrisait pas la langue allemande ». (P.36)

La recherche archéologique an France semble avoir largement négligé le patrimoine carolingien (P. 46)

Mais à quoi ressemblaient ces palais ? Remmler pense que ce n'étaient pas des châteaux forts mais plutôt des habitations de campagne ou des pavillons de chasse. « Nous ne pouvons pas nous faire une image de ces palais comme ils ont tous disparu. Au cours des siècles, ils ont tous été transformés, de nouvelles structures ont été superposées de sorte qu'il ne reste qu'au mieux quelques fondations. Pour la plupart de ces résidences royales, nous ne savons même pas les localiser avec précision. Elles ont tout simplement disparu à tout jamais, » (P. 60)

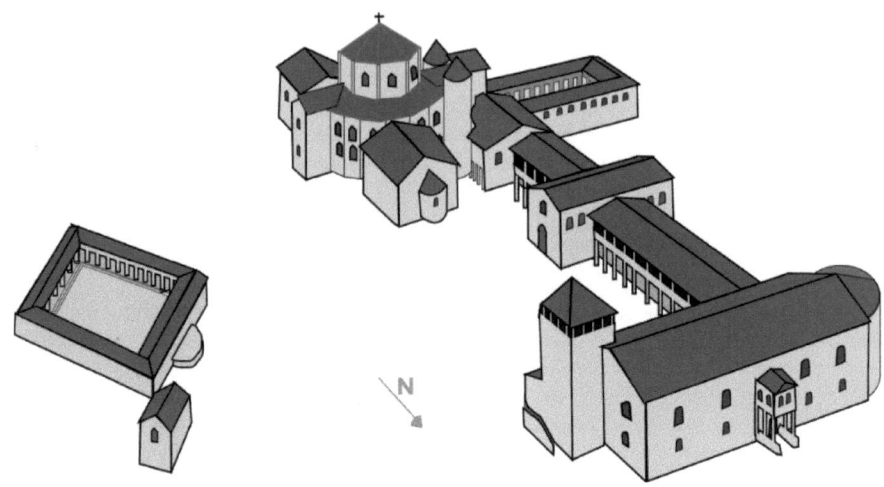

Figure 42: Palais de Charlemagne à Aix-la-Chapelle avec sa piscine

Une résidence royale typique selon Remmler comporte bien sûr une grande salle de trône, des appartements pour le roi et sa famille, une chapelle ou mieux, une église, une ferme pour nourrir le roi et sa suite, une réserve de chasse etc. Pour les pièces maitresses de la résidence, les salles de trône, pratiquement aucune n'a pu être identifiée avec certitude. (P. 64)

Aix-la-Chapelle : Détruit par les Normands en 881 (P. 80) lieu de résidence de l'empereur introuvable (P. 101). La piscine, où plus de 100 personnes pouvaient prendre un bain : introuvable (P. 102). Selon Éginhard le grand Charles choisit Aix comme résidence de vieillesse à cause des termes chaudes. La réserve de chasse d'Aix-la-Chapelle fut célèbre à cause de son hôte de marque, le fictif éléphant Abul Abbas, cadeau du non moins fictif Harun-ar-Rachid. De la réserve, il ne subsiste aucune trace, mais on a trouvé un gros os dans les alentours et d'aucuns pensent qu'il faisait partie du squelette d'Abul. (P. 105)

Altötting : Pas de traces du palais de Charlemagne ni de la résidence du duc de Bavière, Tassilon III.

Attigny : Impossible de localiser le palais royal faute de fouilles. Un des plus grands domaines carolingiens n'est même pas mentionné dans des « documents » d'époque, mais seulement du 11ᵉ siècle (P. 127)

Compiègne : Un des lieux de séjour favoris des mérovingiens, carolingiens et capétiens. Malgré les fouilles, on ne sait pas encore où les différents bâtiments surtout de l'époque mérovingienne se trouvaient. Les quelques découvertes archéologiques soulèvent « plus de questions que de réponses » (P. 146). Les destructions des Normands et les bombardements de la 2e guerre mondiale ne facilitent pas la tâche non plus.

A **Corbeny**, les bombardements de la 1ère guerre mondiale ont définitivement tout effacé – paraît-il – du site inconnu de la résidence royale et du monastère (P. 152)

Francfort : « Quand on ne connait rien, le chœur des opinions est polyphonique » (P. 178). Contrairement aux Français, les Allemands ont « profité » des bombardements de la 2e guerre mondiale pour faire des fouilles avant la reconstruction. Les quelques maigres découvertes ont néanmoins – je dirai faute de mieux – servis de base à une reconstruction virtuelle par ordinateur.

Ingelheim : Selon Remmler un des rares grands chantiers à côté d'Aix-la-Chapelle, où il n'y a « aucun doute quant à son emplacement ». (P. 183). Hélas, on ne sait pas exactement quels bâtiments ont été construits à l'époque carolingienne ou plus tard.

Laon : « On ne sait pas grand-chose de ce palais royal, des vestiges, il n'y en **Fehler! Textmarke nicht definiert.**a pas » (P. 224)

Pour le porche-entrée (Torhalle) de **Lorsch**, inscrit au Patrimoine Mondial de l'UNESCO, Remmler pense qu'elle a été construite du temps de Louis le Germanique et non de Charlemagne. Sacrilège ! (P. 306).

Éginhard mentionne **Nimègue** comme un des grands chantiers de Charlemagne sans donner des détails. Grace aux Normands, ils ne restent plus de traces des édifices carolingiens (P. 324)

Paderborn : 8 diètes de l'empire et plusieurs synodes ont apparemment eu lieu à Paderborn. « Il est d'autant plus étonnant, que le site du palais impérial a été complètement oublié au cours des siècles » (P.241)

Pavie : Du palais royal, qui a été pendant des siècles le plus important bâtiment de la ville, il n'existe depuis très longtemps plus aucune trace (P. 266).

Ponthion : On ne sait rien de l'aspect et du site du palais royal de Ponthion. Normalement, les destructions de l'an 953 devraient avoir laissé des traces, « mais si on ne sait pas où chercher … » (P. 272). Il faut conclure que l'on sait seulement « qu'il doit avoir existé » (P. 273). A Ponthion se trouve le joli panneau que vous trouvez sur la page (Figure 24: panneau indicateur)

Figure 43: Destruction du palais de Ponthion: dessin par Jean-Marie Whoerel dans:
Ponthion, histoire d'un palais royal au temps des carolingiens

Quierzy : Un des plus importants domaines royaux dans la partie ouest de la France. Malheureusement il n'y a aucune trace visible de ce palais et les « chercheurs » ne sont pas d'accord sur son site exact. Considéré comme le lieu de naissance de Charlemagne, Quierzy a également été le théâtre de la donation de Pépin, dont le texte original a disparu, de sorte que les promesses des carolingiens restent autant dans l'obscurité que ce qui en a été réalisé (P. 277)

Ratisbonne : Également une des résidences favorites de Charlemagne, dont le sol devrait grouiller de vestiges, d'autant plus que le territoire qui entre en considération est limité aux dimensions de l'ancien fort romain. Mais ni les découvertes archéologiques ni les documents anciens ne permettent de localiser le ou les palais. (P. 292) (cf. chapitre sur Ratisbonne, P. 116 de ce livre)

A **Saint-Denis**, du point de vue archéologique, on ne trouve aucune trace de Charlemagne et de sa famille ni de leurs prédécesseurs (P. 311).

198

Salz appartient à ce groupe de résidences carolingiennes dont on ignore leur position exacte voire même leur aspect extérieur. (P. 319)

Figure 1: la donnation de Pépin au pape Étienne (754)

Remmler s'est rendu à **Samoussy** mais à son grand regret, il n'a pas trouvé une trace des vestiges mentionnés par l'archéologue allemand Wiese (P. 336)

A **Thionville**, une des plus importants palais impériaux, Charlemagne tenait une diète et sa présence est documentée au moins sept fois. Il y aurait rédigé sa « divisio regnorum », le partage de son empire. Dommage, qu'il ne reste aucune trace de ce palais, même pas un encrier vide. (P. 342)

Aucune trace on plus des palais pourtant souvent fréquentés de **Trebur** en Allemagne (P.), ni de **Trèves** (P. 370) ni de **Verberie** (P. 373).

A **Worms**, pourtant un haut lieu du haut moyen âge, on peut seulement formuler des hypothèses sur la situation et l'aspect extérieur du palais. Remmler regrette qu'aucune chronique médiévale n'ait daigné perdre un mot sur la résidence impériale (P. 379).

Voilà pour les « palais disparus » de Remmler !

« Charlemagne a sa grande apparition : Chaque année, des anniversaires sont célébrés, des symposiums organisés, des expositions présentées, des discours commémoratifs prononcés. ». Quand Illig écrit ces lignes en 1999, il s'attendait à de grandes festivités pour l'anniversaire de la mort de l'empereur en 2014 mais plus encore pour le 1200e anniversaire de son couronnement à Rome. Cet anniversaire emblématique coïncide avec l'an 2000. Dans ce livre, Illig veut montrer que cette coïncidence n'était pas un hasard, mais d'un évènement inventé de toutes pièces. L'empereur ainsi couronné, le pape et tout le monde autour n'ont jamais existé.

Ici se pose le problème de la chronologie et du calendrier : Pourquoi comptons-nous les années à parti de la naissance du Christ, bien que cet évènement soit daté de manières différentes et même mis en cause quant à sa véracité.

7.1   DEUX MILLÉNAIRES, MAIS PAS 2000 ANNÉES ?

Une banalité : Nous comptons jusqu'à 10 en commençant par le plus petit nombre 1. Arrivés à 10, la dizaine est complète. Suivant cette même logique, un siècle se termine avec le dernier jour de la 100e année, un millénaire avec le dernier jour de la 1000e année. C'est pourquoi, le mathématicien n'aurait dû lever son verre de champagne qu'au dernier jour de l'an 2000. Pour le monde non-mathématique, le nouveau millénaire commençait dans la nuit du 31.12.1999 au 1.1.2000.

L'optique prime sur la logique. Bien que le « 0 » ne soit pas très populaire en général, il ne l'est encore moins chez les programmateurs : longtemps, on craignait un « crash » général des programmes d'exploitation tels que Windows 95, qui ne registre les dates que par les deux derniers chiffres de l'année. Heureusement pour nous tous, fervents utilisateurs des nouvelles technologies, ce crash n'a pas eu lieu.

7.1.1   L'énigme de la naissance du Christ

La naissance du Christ n'est pas rapportée par des chroniques mais par des écrits religieux. Un premier savant romain, Furius Dionysius Philocalus aurait établi le premier calendrier où les années étaient comptées à partir de la naissance de Jésus. Il fut oublié par l'histoire, et c'est pourquoi, on se réfère couramment à Denis le Petit , qui en l'an 525 aurait pour la première fois compté les années à partir de la naissance du Christ.

Lorsqu'en 274, le culte de Mithra fut déclaré religion d'état à Rome, la naissance du Christ fut fixée au 25 décembre, Rome et l'Église reprenant les croyances païennes, pour attirer le plus possible de fidèles.

Le juif Flavius Josèphe raconte au 1er siècle, que le recensement de la population sous Quirinus aurait eu lieu en l'an 6/7 après J.-C., insinuant que Jésus soit né 6 ans avant le Christ.

Il y a encore des théories divergentes sur la naissance de Jésus, mais l'année même de sa naissance a été oubliée ou exclus : Avant l'année 1 après J.-C. se trouve l'année 1 avant J.-C. ! Ainsi le début de notre chronologie est situé dans un espace temporaire fictif entre le 31.12.01 avant J.-C, et le 01.01.01 après J-C.

Si, à ce moment-là, le zéro était connu, on aurait pu désigner l'année de naissance par « 0 ». L'année « 0 » est une année imprécise, source de nombreuses erreurs. Ainsi, la différence entre l'année 4 avant J-C. et l'année 7 après J-C. n'est pas 11, mais seulement 10 ans. L'année 0 est donc fixée exactement comme non existante.

7.1.2   L'étoile de Bethlehem

La bible ne nous donne pas seulement des dates imprécises, mais aussi des évènements astronomiques imprécis. L'étoile de Bethlehem témoigne de la naissance du Christ tout comme les trois rois mages qui l'ont interprété correctement.

Johannes Kepler (1571-1630) avait proposé d'interpréter l'étoile comme la « Grande Conjonction », le rapprochement maximal apparent des planètes Jupiter et Saturne. Une telle constellation est extrêmement rare, elle n'arrive que tous les 854 ans. En l'an -7, une telle constellation a pu être observée dans le ciel de Jérusalem dans la constellation des poissons. Comme le poisson est depuis toujours le symbole du Christ, un lien « évident » a pu être établi avec l'histoire du salut. D'autres « explications » de l'évènement préconisent une comète, qui aurait apparu au-dessus de l'étable, même une supernova parait possible.

Figure 44: L'étoile de Betlehem

Il reste que naissance et vie du Christ ne peuvent pas être déterminées avec précision. Le manque de détails (documents et traces palpables) sur sa vie hors des évangiles fait que le personnage est souvent considéré comme fictif.

Les évangiles essayent de situer la vie de Jésus dans le contexte politique de l'époque. Le baptême du fils de Dieu est la seule date palpable puisqu'elle pourrait avoir eu lieu vers l'an 28/29 (« dans la 15e année du règne de Tibère » selon l'évangile de Luc).

Au moins la référence aux empereurs romains nous mène vers un territoire plus stable. Cependant, la lignée des empereurs s'éteint avec Syagrius vers 486, tandis que les empereurs byzantins sont documentés jusqu'en 1204 (avec aussi quelques lacunes). Heureusement, l'Église catholique nous fournit une liste complète des papes, de Pierre jusqu'à nos jours. Le problème semble donc être résolu cas des milliers de chroniqueurs s'efforçaient et s'efforcent encore d'ornementer les siècles passés avec des faits plus vrais que vrais.

Selon les évangiles, la naissance de Jésus peut être située entre l'an -2 et l'an 14. Jésus aurait donc pu être né avant ou après lui-même.

202

7.2 LE 1ᴱᴿ MILLÉNAIRE : BEAUCOUP TROP COURT ?

En l'an 1582, Grégoire XIII réalisait une réforme du calendrier. Le dénombrement des journées passait du 5 au 15 octobre, donc 10 jours de temps fictif. C'est la deuxième fois après la naissance du Christ que nous sommes confrontés à un espace de temps fictif.

7.2.1 La réforme de Jules César

Jules César voulait mettre fin au tohubohu des calendriers romains. Avec l'aide des astronomes de l'école d'Alexandrie, il attribuait 445 jours à l'an -46 pour remettre les équinoxes en place et dans une 2ᵉ phase, il définissait une année de 365 jours et un quart. Jules César introduisit les jours intercalaires en prolongeant une année tous les quatre ans d'un jour.

Au cours de l'histoire, les définitions de la longueur d'une année devinrent toujours plus précises :

Tableau 7: durée de l'année selon les différents calendriers historiques

Calendrier	Longueur de l'année	Déviation
Égypte	365 j	- 20926 sec.
Calendrier julien	365 j + 6 h	+ 674 sec.
Calendrier grégorien	365 + 5 h + 49 m + 12 sec	+26 sec
Année astronomique	365 + 5 h + 48 m + 46 sec.	

On voit que le calendrier julien diffère de l'année astronomique de moins de 12 minutes. Mais ces 12 minutes s'accumulent lentement et on peut calculer à quel moment, ces 12 minutes s'additionnent à un jour entier : 24 heures = 86000 secondes divisées par 674 (déviation du calendrier julien) donnent à peu près 128,2 années. Donc à peu près toutes les 128 années, cette imprécision minimale du calendrier julien s'accumule à un jour entier. 10 jours de trop sont accumulés après 1282 années. Or on sait que Grégoire XIII a éliminé 10 jours du calendrier.

7.2.2 La réforme de Grégoire XIII

Grégoire voulait également changer la règle bissextile. Selon le calendrier julien, un jour intercalaire est ajouté tous les 4 ans, donc 100 jours tous les 400 ans. Si on divise 400 par 128,2, on obtient un résultat de ± 3. Ça veut dire que dans le calendrier julien, tous les 400 ans,

203

3 jours intercalaires sont ajoutés de trop. La conséquence : L'année calendérique reste à la traîne de l'année astronomique. Ainsi, Noël, après 800 ans passe du 25 au 19 décembre.

Il fallait donc modifier la règle bissextile de sorte que tous les 400 ans, 97 au lieu de 100 jours soient introduits. Ceci réussit à l'aide de la règle suivante : Les siècles « entiers » comme 1700, 1800, 1900 ne sont pas considérés comme année bissextile mais par contre l'année 2000 en est une parce qu'elle est non seulement divisible par 4 mais également par 400.

Avec 365,2425 jours, l'année grégorienne ne dépasse que de 26 secondes l'année astronomique. Il faut donc attendre 2900 années pour ajouter un nouveau jour intercalaire.

7.2.3   Une réforme incomplète

Grégoire a donc en 1582 corrigé le calendrier de 10 jours. 10 jours correspondent à 1282 années. Mais entre la réforme de Jules César en -45 et la réforme de Grégoire en 1582, 1627 années se sont écroulées. Entre 1282 et 1627 il existe un intervalle qui pose problème : plusieurs hypothèses ont été formulées et rejetées :

- La longueur de l'année astronomique a changé au cours des siècles
- La terre a été jetée de sa trajectoire par un cataclysme cosmique
- L'empereur Auguste a changé le calendrier de César
- Les solstices ont été fixés différemment
- Le temps entre César et Grégoire est plus court

Ici, le problème le plus intéressant est lié aux solstices. Un des seuls instruments pour mesurer le temps était le cadran solaire. Ce cadran est « déboussolé » par la précession qui change l'angle d'incidence du soleil. Auguste fit ériger au champ de Mars un gigantesque cadran solaire de 30 mètres de haut. D'autres instruments de mesure furent les constructions mégalithiques tels que Stonehenge, et les obélisques égyptiens. La précession est à l'origine de l'imprécision de ces grandes installations. C'est probablement pourquoi le « cadran » fut réajusté sous Domitien et puis abandonné. Avec un tel obélisque, on n'échappe pas aux effets de la précession.

Mais il y a aussi la possibilité de s'orienter aux constellations des étoiles. Chaque mois, une autre constellation est visible le soir. Malheureusement, les constellations sont des produits de la fantaisie humaine et ne présentent que très peu de points fixes. Seul, les astrologues ont remédié à cet état de choses en fixant définitivement les constellations telles qu'elles se présentaient au 1er siècle avant notre ère.

Figure 46: Christophorus Claudius préparait les bases du nouveau calendrier

Les solstices étaient connus en l'an 1582, spécialement le solstice de printemps. Le souci de Grégoire était de replacer cet évènement de nouveau au 21 mars, car il s'était déplacé au 10 mars. Pour l'Eglise catholique, il était désormais impossible de calculer correctement la date exacte de Pâques. La vieille règle a toujours cours : Pâques tombe sur le 1er dimanche après la première pleine lune après le début du printemps, théoriquement donc entre le 22 mars, si c'est un dimanche et le 25 avril au plus tard. Les paysans d'avant la réforme de Grégoire durent constater, que les saisons et les fêtes liturgiques ne coïncidaient plus.

L'équinoxe d'automne est fixée au 23 septembre et coïncide avec la naissance d'Auguste. Nous pouvons supposer que les mêmes dates repères étaient valables le 23 septembre -63, comme le 23 septembre -9, date de l'inauguration du cadran solaire d'Auguste et au 1er janvier - 45, date de la réforme de César. Le pape aurait donc rétabli la situation telle qu'elle était au temps de César. La conséquence est claire : entre César et Grégoire il n'y a pas 1627 années, mais beaucoup moins. Cet axe de temps contient des siècles fictifs.

Illig présente un tableau résumant les dates repères de l'année du -6e au 16e siècle. (p. 52-53). De ce tableau, il ressort que les dates s'éloignent de plus en plus des dates supposées fixes. Au 13e siècle, la situation est telle que Robert Grosseteste et Roger Bacon demandent des réformes du calendrier. Depuis, le problème était connu, mais les théologiens ne voulaient pas fausser la volonté de Dieu, les commerçants craignaient des problèmes pour la durée de leurs crédits. La réforme fut finalement réalisée par un groupe d'experts sous la direction de Christophorus Clavius et annoncée par une bulle du 24 février 1582.

Dans la littérature sur la réforme, on trouve l'indication qu'on aurait voulu rétablir l'équinoxe de printemps du concile de Nicée. Ce concile aurait eu lieu en 325 près de

Constantinople. 1582 – 325 = 1257 années, le résultat escompté : Si sous Constantin le Grand, président le concile, le 21 mars était la date correcte, Grégoire n'aurait que rétabli la chronologie exacte à la plus grande gloire de la foi catholique et de l'empereur.

Mais qu'en est-il du temps écoulé entre César et Nicée ? D'aucuns prétendent que le concile de Nicée doit être considéré comme première tentative de réformer le calendrier en définissant à nouveau le 21 mars comme l'équinoxe de printemps. Ainsi Grégoire n'aurait dû corriger que dix jours, les trois restants ayant déjà été corrigés au concile. Mais le concile ne prenait que deux décisions d'importance : la fixation de Pâques à un dimanche et la définition de ce dimanche au premier dimanche après la première pleine lune du printemps. Il n'a *pas* défini la date du commencement du printemps. On peut donc exclure avec certitude que le concile de Nicée a contribué à une réforme de calendrier julien.

Rappelons que le débat n'est pas clos : la Russie a seulement changé de calendrier en 1918, de sorte que la glorieuse révolution d'octobre n'est commémorée qu'en novembre et que l'église orthodoxe grecque ne suivait qu'en 1923.

7.3   LES SIÈCLES NOIRS

Comment vérifier, s'il y a du temps vide entre César et Grégoire ? Il y a certainement les listes de souverains et de papes bien documentées et soutenues par l'histoire de nombreux pays. Mais il y a de nombreux documents de toutes formes qui ne témoignent que du moment de leur production.

Comme Illig l'a déjà montré dans son livre résumé plus haut, il y a 300 années au moyen âge peu ou pas documentés par des sources dignes de foi, surtout archéologiques. Le papier est patient mais il ne dure pas éternellement, les tableaux en bronze avec leurs inscriptions peuvent être fondues, les pierres portant des inscriptions peuvent être détruites … Mais là, ou vivent les hommes, ils restent des traces, de l'humble tesson au bâtiment en ruines. La stratigraphie peut examiner les strates provenant de diverses époques consécutives d'habitation. Les sciences naturelles ont développé des méthodes pour dater les témoins du passé : la dendrochronologie et la méthode au radiocarbone, malheureusement pas toujours exactes.

Les empereurs romains et byzantins essayaient de s'éterniser sous toutes les formes et si ce n'était pas par désir de gloire, c'était pour des raisons pratiques : Un aqueduc, des fortifications, des termes etc. garantissaient la survie des agglomérations au-delà de la vie de leur promoteur. Jusqu'au 7ᵉ siècle, on trouve un grand nombre de constructions de ce genre. Mais du 7ᵉ au 10ᵉ siècle, on ne trouve plus de vestiges archéologiques. L'envie de construire semble reprendre au 10ᵉ siècle où on trouve de nouveau de nombreux témoignages du passé. En effet, nous tombons sur les « dark ages », les âges sombres du haut moyen-âge.

Les ténèbres se dissipent avec l'apparition de Charlemagne. Tel un éclair, il illuminait cette période sombre pour s'éteindre après 40 ans. Ainsi on pourrait diviser le haut moyen âge en trois phases :

- 560-774 1ère période sombre
- 774- 820 « renaissance carolingienne »
- 820-955 2e période sombre

Dans l'empire byzantin, les activités de construction semblent durer jusqu'au début du 7e siècle : On bâtit des églises e. a. à Nicée, Antalya, Myra, Césarée. Mais après, les activités s'arrêtent complètement pour 300 ans. La première construction byzantine est réalisée ères de l'an 900, probablement le monastère de Studios. On parle de palais splendides sortis tout droit des 'mille et une nuits' mais qui n'ont laissé aucune trace. Les bâtiments encore debout peuvent clairement être datés avant et après les âges sombres. Illig conclut que les évidences archéologiques laissent supposer une période pour les âges sombres allant de ± 610 à ± 910.

7.3.1   Charlemagne le fictif

Dans son livre « Le moyen-âge inventé » Illig a cumulé les indices qui soutiennent la non-existence de l'empereur. Néanmoins, les historiens s'appuient sur un nombre entre 7.000 et 10.000 documents qui décrivent la vie à cette époque tout en négligeant les témoignages en provenance des fouilles archéologiques qui pourraient soutenir l'histoire écrite. Dans les débats très animés qui suivirent la publication du livre, les représentants de la science historique académique ont défendu le primat des documents écrits sur les évidences archéologiques qui sont considérés comme un enrichissement gratifiant, mais rien de plus.

Si par exemple, Charlemagne consacre une église en 775 à Saint-Denis, on devrait trouver des restes archéologiques remontant à cette fondation. Saint-Denis n'était pas moins que la nécropole des mérovingiens et des carolingiens ! Sous le site de la cathédrale gothique on devrait trouver des restes des fondements, des tombes etc. Confrontés au fait qu'il n'y a rien, les historiens académiques, coincés dans leur argumentation, s'excusent en disant qu'ils ne sont pas des historiens d'art ou que ce n'est pas leur spécialité. Ce qui amène Illig à reformuler sa thèse générale : Le haut moyen-âge est en grande partie une invention du moyen-âge proprement dit, les années entre 614 et 911 sont fictives, une époque fantôme.

En effet, l'époque carolingienne avec ses formidables développements sur le plan architectural, scientifique, politique, religieux et artistique n'a laissé aucune trace là où on supposerait une foule de vestiges.

Illig énumère quelques arguments pour motiver le choix des dates 614 et 911 : Les normands qui ne vivaient certainement pas pendant des siècles en Normandie avant de conclure des accords avec le souverain « français » ; l'apparition des Saxons dans les territoires de l'est, où normalement les Francs, héritiers de l'empire romain, auraient dû régner et dont la présence est documentée par de nombreuses tombes ; les nombreuses légendes tissées autour des souverains mérovingiens et Pippinides qui amène Illig à supposer l'identité entre Clotaire II, seul survivant des massacres fratricides, et Conrad 1er roi franc et ainsi le dernier des mérovingiens ; la perte en 614 et la reconquête des croix de Golgotha en plein territoire perse ressemblerait plutôt à un conte de fées qu'à de l'histoire réelle.

7.3.2   La Franconie fictive

Charlemagne aurait réalisé, selon les documents, 313 grandes constructions, dont il ne subsiste presque rien. Nous avons déjà évoqué le problème de la cathédrale d'Aix-la-Chapelle qui n'a jamais pu être construite en l'an 800. Mais avec l'élimination du palais impérial et l'église du couronnement, l'empire carolingien perd son cœur.

D'autres énigmes font surface : pourquoi ne constate-t-on pas de continuité dans les villes romaines existantes, pourquoi la population régresse-t-elle en pleine période de croissance, ou sont les témoignages des raids vikings, pourquoi les enluminures disparaissent pour 300 ans ?

L'historien allemand Arno Borst a consacré deux volumes imposants[148] à l'évolution scientifique sous Charlemagne. En se basant uniquement sur des documents d'origine douteuse, il avance le début de la documentation écrite dans les sciences vers 800. Ivan Illich a par contre développé l'idée que cette documentation n'est apparue qu'au 12e siècle[149].

7.3.3   Des lacunes dans la chronologie du vieux monde

Les critiques de Heribert Illig grognaient que même si on admettait un « trou » dans l'histoire médiévale européenne, rien ne prouverait que ce trou puisse être constaté ailleurs dans l'histoire mondiale. Illig répond que le « vieux monde », l'Europe, l'Afrique du Nord et une grande partie des pays asiatiques, sont parfaitement synchronisés mais que pour tous les territoires découverts par les explorateurs, leur histoire a été « adaptée » à la chronologie chrétienne et, s'il le fallait, en ajoutant par ci et par là quelques détails pour combler les lacunes, même les calendriers ont été pressés dans le schéma européen.

En **Islande** et en **Norvège** du nord, les traces d'une vie humaine avant le 11e siècle sont très rares. On a essayé de dater les vestiges de deux fermes au début du 7e siècle mais curieusement, la vie semble avoir cessé pendant plus de trois cents ans avant de reprendre au 10e siècle. Cette argumentation se retrouve souvent lorsqu'il s'agit d'expliquer le manque de découvertes archéologiques sans pour autant donner des raisons pour ces lacunes.

En **Grande Bretagne**, les romains furent présents jusqu'au 5e siècle. Après, son histoire grouille de conquêtes, royaumes et batailles entre Celtes, Saxons, Vikings, Pictes et autres obscures tribus jusqu'en 1066, où eut lieu la conquête normande. Les archéologues

---

[148] Arno Borst: „Das Buch der Naturgeschichte", Heidelberg 1995 et „Die karolingische Kalenderreform", Hannover 1998.
[149] Ivan Illich : Du lisible au visible, la naissance du texte, Cerf, Paris, 1991

« profitèrent » des destructions de la 2nde Guerre Mondiale pour faire des fouilles dans les villes. Mais s'il était facile de trouver les restes de la civilisation romaine, la période entre 500 et 1000 est très mal documentée. Ni à Londres, ni à Chester, ni à York on trouve des restes de vie ou de civilisation datant de cette époque. Des personnages comme Alfred le Grand rejoignent donc Charlemagne dans le royaume des ténèbres. Cet Alfred semble d'ailleurs avoir réalisé les mêmes performances que son copain fictif du continent, dont évidemment ils ne restent plus de traces[150].

On a déjà parlé des **Vikings**, un peuple qui ne cesse d'étonner Illig : « Avant qu'ils ne s'installent en Normandie comme de paisibles paysans, il n'y a pratiquement pas de traces archéologiques de leur existence. Un peuple de guerriers féroces, qui après chaque bataille ramassait ses pointes de flèches, entassait ses morts dans leurs bateaux et quittait le lieu de dévastation propre comme avant ? » (p. 98). Des attaques d'Aix-la-Chapelle en 881, de Trèves en 882 de Paris en 885 ne subsistent pas de traces, ni de la triple invasion de Cologne au 9e siècle.

La légende du **Royaume des Khazars** a été inventée de la même manière : Les premiers essais historiques (A. Koestler, 1977)[151] se basent sur des témoignages rédigés au 10e siècle: Ibn Fadlan, al-Masudi, al-Bakra. Les Khazars étant essentiellement un peuple nomade, ils ne subsistent évidemment pas de traces de leurs légendaires capitales comme Samandar, Itil ou Sarkel. En plus ils ne nous ont pas laissé de témoignages écrits de leur civilisation. Koestler lui-même met en doute la façon dont les historiens arabes de l'époque ont composé leurs récits.

En **Espagne**, les témoignages d'une colonisation arabe lors des années sombres font défaut. Illig consulte le « Oxford Archaeological Guide » et énumère 11 sites où les vestiges attribués aux 7e – 10e siècles sont sans exception datés au 11e siècle : Les remparts de Balaguer, de Cordoba, de Fontanarejo au sud de Tolède, la mosquée de Guardamar, les fortifications de Huesca, de Madrid, de Mérida, de Monte Marinet et d'Olmos. Illig révèle encore quelques incongruences dans les évènements historiques pour conclure que la péninsule ibérique ne contient que très peu de vestiges prouvant l'existence d'une civilisation arabe qui aurait duré 200 ans avant le 10e siècle. D'où la suspicion que la civilisation arabe en Europe occidentale avant le 10e siècle est purement fictive.

L'architecture visigothe et asturienne font le lien entre architecture romaine et romane et leurs églises sont souvent appelés pour témoigner de l'intense activité de construction lors des années fantôme. A l'aide de nombreux exemples et de détails architecturaux, Illig montre qu'il y a eu effectivement abandon de la maçonnerie romaine (pierres de taille) et l'utilisation fréquente de moellons, parfois avec des pierres de taille comme renforts. Peu de constructions, hélas, peuvent être datées avec certitude entre le 7e et le 11e siècle. Le développement de la construction des voutes en tonneau étant définitivement attribué au 11 siècle, les églises en question le sont également.

---

[150] Voir absolument à ce sujet : Arthur, l'invention d'un roi dans la médiathèque d'ARTE : https://www.arte.tv/fr/videos/076843-000-A/arthur
[151] Arthur Koestler : „La treizième tribu", Vienne 1976

Gunnar Heinsohn a relevé l'existence de 25 strates sur le **site de Byblos** au nord de Beyrouth. Curieusement, il n'y a pas de traces pour la période entre 673 et 1098[152]. Les croisés auraient-ils attaqué des villes fantôme abandonnées ?

Aux **Indes**, ils existent de nombreuses chronologies se contredisant parfois, notamment en ce qui concerne la vie de Bouddha. Les dates de son entrée au Nirvana varient sur un espace de 250 ans : 544, 486, 480, 453, 368, 348, 328 ou encore 290 avant notre ère. Claus Dieter Rade (Zeitensprünge X, 1999) a développé une nouvelle chronologie de l'Inde en la comparant son histoire à celle de Ceylan. Le même auteur a trouvé des phases non documentées dans l'histoire de différentes parties de l'**Indonésie**, la durée d'une d'entre elles étant d'exactement 297 ans.

Pour la **Chine**, l'affaire est plus compliquée : La période définie par Illig (614-911) est bien documentée dans ce pays avec la dynastie des Tang (618-907) une période de grande prospérité pour la Chine. Les chinois n'avaient pas beaucoup de contacts avec les civilisations européennes A partir du 13e siècle, des missionnaires se rendaient en Chine pour y répandre la foi catholique, mais les quelques dates que nous possédons ne permettent pas une synchronisation. Ainsi, Illig conclut que l'axe du temps en Chine reste inchangé, il est réduit en Europe, de sorte que l'histoire chinoise avant 911 vieillit relativement, comme c'est aussi le cas pour la culture Maya.

La thèse du moyen âge inventé fournit donc des explications plausibles pour les lacunes dans la chronologie de beaucoup de pays dans le monde. Il est évident, qu'avec les conquêtes et la colonisation par les Européens, le calendrier européen a été imposé sans délicatesse à ces peuples, ce qui a mené à des rejets et conflits divers.

---

[152] Gunnar Heinsohn : „Byblos de 637 à 1098", 1998

Figure 45: Le purgatoire dans les Très Riches Heures du Duc de Berry

Il semble clair, que l'Europe (chrétiens et juifs) a donné la mesure pour développer une histoire mondiale ininterrompue depuis la création. Le monde arabe se réfère à l'Hégire mais a oublié de créer un système de référence historique avant Mahomet. Mais quand les calendriers les plus importants ont-ils été introduits en Europe ?

7.4.1   La référence à la naissance du Christ

Apparemment, le premier à avoir introduit cette référence serait Furius Philocalus en l'an 354, le deuxième Denis le Petit en 525. Presque 200 ans après, le bénédictin Bède (672-735) l'utilisait dans son « Histoire ecclésiastique du peuple anglais » une douzaine de fois. Après lui l'habitude se serait répandue chez les chroniqueurs et notaires. Mais Bède introduisit également les notions « avant » et « après » Jésus Christ et considérait donc sa naissance pas comme le début de l'histoire du salut, mais comme une date charnière sur l'axe du temps. Cette manière de compter à rebours ne réapparaît néanmoins qu'en 1070 dans la chronique de Marianus Scotus. Est-ce que Bède était tellement en avance de son temps ?

Le purgatoire et l'enfer n'existaient pas dans l'imagination des premiers chrétiens. Ils existaient bien des notions de « feu purifiant », mais la notion du purgatoire ne fut officialisée dans la foi chrétienne qu'en 1563 lors du concile de Trente. C'est seulement qu'à partir de ce moment, que le purgatoire fut considéré comme un lieu réel comme l'enfer et le ciel. Selon Jacques Le Goff, Bède aurait donc déjà développé cette pensée dans le premier tiers du 8ᵉ siècle !

En 703, Bède fixait la date de la naissance du Christ au 18 mars 3952 après la création contrairement à l'opinion dominante qui voulait que le Christ fût né 5200 années après la création. Dans les écrits attribués à Bède, il y a aussi de nombreuses autres incongruences défiant la chronologie. Tout amène Illig à croire que Bède n'est pas un personnage du 8ᵉ mais du 11ᵉ siècle.

211

7.4.2   Les chronologies byzantines et juives

Les romains comptaient à partir de l'an -753, date de la création de leur capitale – une date avancée pour la première fois sous Auguste. Après la chute de Rome, les byzantins cherchaient d'autres références. Byzance acceptait la chronologie de la bible selon laquelle le monde fut créé il y a à peu près 5900 ans. Comme nouvelle date de départ fut fixée le 25 mars 5493 av. J.-Chr., la « chronologie alexandrine ». Cette date fut légèrement changée après, mais ne fut que rarement utilisée comme cadre de référence.

Pour les juifs, le monde existe depuis le 7 octobre 3761. Les opinions divergent en ce qui concerne l'introduction « officielle » de cette date : 500 après J. Chr. selon l'Encyclopedia Judaica de Jérusalem, 921 selon l'Encyclopedia Judaica de Berlin et vraisemblablement au 12ᵉ siècle selon Arno Borst, connaisseur en la matière. Au 12ᵉ siècle fut officialisée également la date du 7 octobre 3761.

Illig conclut : « Il n'existe en Europe aucun calendrier qui présente une continuité à travers les temps. Toutes les ères, l'ère chrétienne, les trois ères byzantines et l'ère juive avec ses variantes surgissent à un moment donné – mais sans début palpable. Les sources disponibles mènent à des constatations contradictoires. » (P. 132).

7.4.3   Charlemagne

Les premiers chrétiens croyaient en une fin du monde imminente, annoncée par le retour du Christ, la parousie. Comme le seigneur tardait à venir, le moment du retour fut reporté toujours plus loin dans l'avenir. A la base de ce raisonnement se trouve la théorie des jours de la création. Comme le monde fut créé en 6 jours et que pour Dieu, un jour est comme mille ans, la fin du monde aura lieu en l'an 6000.

Comme Adam fut créé vers le milieu du 6ᵉ jour, Hippolyte, le premier à introduire le Christ dans ses calculs, datait la naissance du Christ vers l'an 5500 après création. La fin du monde aura donc lieu 500 ans après sa naissance. Eusèbe de Césarée faisait une nouvelle estimation et prolongeait la durée du monde de 300 ans, de sorte que la naissance du Christ fut déplacée vers l'an 5200 après la création et la fin du monde était programmée pour l'an 800. Il va sans dire que les chrétiens de l'époque se souciaient fort peu de dates ; mais la date du jugement dernier est une des rares dates connues au moyen-âge. Or selon la chronologie traditionnelle un personnage non des moindres, Charlemagne, fut couronné empereur à Rome le jour de Noël. Comme la date du début de l'année avait été fixée en même temps au 25 décembre, les « annales regni francorum » datent le couronnement en l'an 801 et ceci est selon Illig « le plus formidable accomplissement d'une prophétie que le monde a connu ». (P. 135). Plus tard, un nouveau revirement fixait la date de la naissance du Christ 200 années plus tard, c.à.d. l'an 5000/5001. L'année 1000 après J. Chr. fut donc la nouvelle date de la fin du monde ou du dernier jugement, la même année ou Othon III ouvre la tombe de Charlemagne qui reste introuvable depuis. En résumé :

- Début du 6e jour de la création : 5201 après la création = naissance du Christ
  - 800 après J. Chr. = Début du 7e jour de la création sous Charlemagne
- Début du 6e jour de la création : 5001 après la création = naissance du Christ
  - 1000 après J. Chr. = Début du 7e jour de la création sous Othon III

Le choix du 1er jour de l'an 801 comme journée du couronnement devient d'autant plus invraisemblable quand on pense à la légende qui veut que la fin du monde arrive avec la fin de l'empire romain. Avec le couronnement de Charlemagne, le pouvoir des empereurs romains est prolongé au jour près. Le jugement dernier, prévu pour le 1er jour de l'an 801 devient donc caduc.

Les historiens ignorent sciemment ces coïncidences fantastiques mais Illig est d'avis qu'ici on a ajusté l'heure, une fois avec force, l'autre fois avec plus de décence.

7.4.4   Hégire et Islam

Lorsque Mahomet quitta La Mecque pour aller vers Médina en 622, cette date fut considérée (à un moment étonnamment tôt) par le calife Omar I comme le début de l'ère islamique. Mais il y a de nombreuses énigmes dans l'histoire de l'Islam : Pourquoi par exemple le poète perse Ferdowsî (939-1020) dans ses 60000 couplets décrivant l'histoire de l'Iran ignorait-il les conquêtes arabes de 651 et ne fait-il aucune mention de l'Islam et d'Allah ? Les historiens islamiques du 11e et du 12e siècle ne font de leur part aucune mention de l'envoi de délégations des Francs à Bagdad, ni du couronnement de l'empereur à Rome, ni des cadeaux de Hâroun ar Rachîd (un éléphant et un orgue) à Charlemagne. Ils ne mentionnent pas non plus la sanglante victoire de Charles Martel au sud de la Loire qui aurait coûté la vie à plus de 200.000 Sarrasins.

Illig plaide pour une révision complète de l'histoire de l'Islam. L'expansion de l'hégémonie arabe de l'Inde à la France, donc sur un front de 7500 kilomètres dans une période de crises intérieures perpétuelles (les 4 premiers califes furent apparemment assassinés) est strictement inexplicable. Selon le théologien et fin connaisseur de l'Islam, Günther Lüling, l'Islam est né d'un amalgame entre éléments juifs et chrétiens et que le Coran actuel est un produit du 10e siècle. Mais comme le Coran selon la croyance officielle a été révélé à Mahomet par Dieu lui-même au 6e siècle, on constate une lacune de 400 années entre ces dates. Illig conclut que les débuts de l'Islam se situent donc avant l'année 614 et son expansion par les perses après 911.

On se trouve sur un terrain miné : Lüling ne voulait certainement pas réviser la chronologie. Pour lui, le processus de rédaction du Coran semble avoir abouti au 10e siècle. L'école de Sarrebruck, opposée à ses théories, ne voit pas de Coran avant l'an 800. Pour cette école, qui n'admet pas non plus de révision chronologique, l'islam commence à se développer pendant cette période. Les adversaires de ces théories ont publié des extraits du Coran apparemment rédigées peu après l'sn 630. Un champ de bataille apparemment disputé avec un enjeu idéologique considérable.

213

7.4.5   Le rôle des sciences naturelles

L'histoire traditionnelle se base surtout sur des documents, annales, chroniques. Le mécontentement chez les historiens était grand lorsqu'Illig a introduit systématiquement des éléments architecturaux et archéologiques dans ses recherches. L'**astronomie** joue également un rôle important comme elle permet de retracer le passé par l'étude des positions des planètes, des comètes et des éclipses. Mais il y a des divergences entre par exemple les éclipses de soleil observées et documentées par les auteurs de l'antiquité et du moyen âge et ces mêmes éclipses datées par un recalcul scientifique. Illig décrit les controverses entre astronomes contemporains sur les observations de Ptolémée. D'éminents représentants de l'archéoastronomie en Allemagne se sont efforcés de réfuter la théorie d'Illig en montrant par la même occasion les lacunes et les insuffisances de leur propre science pourtant considérée comme extrêmement précise.

Un autre apport des sciences exactes aurait pu être la datation par le carbone 14. Mais dans l'entourage de Heribert Illig, un physicien et un historien spécialisé ont montré que la méthode ^{14}C présente beaucoup de faiblesses et n'est pas en mesure – tout comme la dendrochronologie – de fournir des dates précises[153]. De la dendrochronologie, on s'attendait à des résultats précis comme le bois fut toujours un matériel de construction de premier choix, surtout au moyen âge. Mais hélas, on peut reconstruire sans grands problèmes une chronologie sur la base des cernes des arbres jusqu'au 10ᵉ siècle et également pour l'époque romaine mais quant au haut moyen-âge, ils n'existent pas d'échantillons de bois utilisables. Des dendrochronologues allemands ont essayé de combler la lacune de quelques 400 ans en doublant des séquences et créant ainsi des « dates magiques basées sur rien d'autre que leurs propres convictions », comme le notaient leurs collègues français Georges Lambert et Catherine Lavier (Archéologie de la France : 30 ans de découvertes, 1989). Il faut également noter que les méthodes et les résultats de ces procédés sont étalonnés réciproquement, source permanente de nouvelles fautes ou erreurs qui atteignent des ordres de grandeur massifs. (voir le mur païen du Mont Sainte Odile. P.30 dans ce livre)

---

[153] Christian Blöss/Hans-Ulrich Niemitz: Der Selbstbetrug von C14-Methode und Dendrochronologie. Dans: Zeitensprünge VIII (3), p. 390 et: C14-Crash. Das Ende der Illusion, mit Radiokarbonmethode und Dendrochronologie datieren zu können. Gräfelfing 1977

Figure 46: Atelier de dendrochronologie

7.5 LA MANIPULATION DU TEMPS DANS LES PAYS DE L'EST

On a déjà constaté qu'au 10e/11e siècle, une nouvelle notation du temps avec référence à la naissance du Christ a été introduite dans les pays de l'ouest. Nous savons également que Frédéric Barberousse a instrumentalisé son Charlemagne à outrance : Dans sa lutte contre Rome et l'église, il désigne un antipape qui canonise Charlemagne, Aix-la-Chapelle devient le grand mémorial de Charlemagne, dont le squelette va être sorti de sa tombe introuvable pour être replacé dans le sanctuaire présent depuis et dont la décoration extérieure illustre le légendaire voyage de Charles à Santiago de Compostelle pour dévier les pèlerins de Rome vers le chemin de St. Jacques.

Il faut donc chercher les responsables d'une manipulation de la chronologie dans les plus hautes sphères du pouvoir. Le plus grand centre du pouvoir du 10e siècle se trouve à Constantinople, dont le patriarche est le plus puissant de la chrétienté. En 610, Héraclius devient le successeur du tyran Phokas dont le territoire est menacé sur toutes ses frontières. Les Perses conquièrent Jérusalem et volaient la Sainte Croix. Constantinople est attaqué de tous les côtés mais Héraclius part en guerre et bat les Perses près de Ninive. Il ramène la croix à Jérusalem où elle est divisée en petites parties qui sont distribuées partout comme reliques. Illig considère ces évènements come fictifs et saute trois siècles pour constater que la Byzance du 10e ressemble étrangement à la Byzance du 6e siècle.

7.5.1   Constantin VII Porphyrogénète

Meurtres et intrigues caractérisaient la cour impériale jusqu'au moment où Constantin VII Porphyrogénète vint au pouvoir après avoir déjoué une conspiration contre l'usurpateur du trône, Romanos Lakapenos. Comme il était âgé de 41 ans au moment de monter sur le trône, l'empereur avait beaucoup de temps pour se consacrer aux études. Porphyrogénète fut un des souverains les plus éduqués de l'empire byzantin. Il termina les guerres avec ses voisins et fut à l'origine d'une ère de prospérité politique et culturelle.

Entre 600 et 800, il n'y avait pas de témoignages sur l'histoire de Byzance. Seulement au 9e siècle, l'énigmatique Georgio et Théophane le Confesseur apparaissent comme auteurs de chroniques. Porphyrogénète fait réunir tous les manuscrits anciens et commence à réécrire l'histoire de Byzance dans une optique favorable à la dynastie impériale. Ceci était nécessaire pour cacher ses origines sombres. Les anciens textes furent copiés par des moines avec des consignes précises, p. ex. l'élimination de passages entiers, voire des documents entiers. Les originaux furent détruits, de sorte qu'on ne pouvait plus comparer les copies avec l'original. Le résultat était un ensemble de 5 livres appelé « Continuation de Théophane ». Il écrivit également un livre appelé « Vie de Basile » sur le fondateur de la dynastie pour éviter tout malentendu. L'empereur a encore écrit trois encyclopédies sur les domaines politique, moral et scientifique. Intéressant dans ce contexte est qu'il ne cite que des œuvres parues avant 614. Il semble donc avoir ignoré toute la littérature contemporaine de l'époque !

7.5.2   Les reliques chrétiennes

Mais pourquoi Constantin avait-il un intérêt à inventer du temps, à ajuster l'heure ? Les reliques chrétiennes y sont pour quelque chose ! Dans les pays de l'ouest, on créait la tradition d'attribuer à tout lieu saint un morceau d'un personnage tout aussi saint pour être adoré par les fidèles. On allait même jusqu'à voler les dépouilles mortelles de ces saints pour les importer en Europe, comme les reliques se vendaient à un bon prix. A l'est, on était moins porté vers les cadavres mais vers la tradition antique du palladium, une

Figure 47: Le roi Adgar recevant le mandylion

statuette ou une effigie à l'image d'un dieu. Constantinople possédait de telles « reliques », comme le manteau de la sainte Vierge ou le voile de Manopello qui aurait pu être vénéré à Edesse comme le « manylion ». Ces reliques furent emportées par les armées byzantines pour leur assurer la victoire. Au 10ᵉ siècle, une vraie campagne militaire fut organisée pour récupérer une relique très connue à l'époque, le mandylion d'Édesse, ramené triomphalement à Constantinople après avoir été acheté au calife de Bagdad. Cette relique fut volée par les croisés au 13ᵉ siècle et d'aucuns prétendent qu'il s'agit du suaire de Turin (Ian Wilson, p. ex.)

La relique principale de la chrétienté est sans doute la croix de Golgotha. Helena, la mère de Constantin trouvait la croix à Jérusalem qui faisait preuve de son pouvoir divin en réveillant un mort. Constantin fit ériger l'église du St. Sépulcre où la croix fut vénérée jusqu'en 614, date du pillage et de la mise à feu de l'église par les perses. La reconquête de la croix par Héraclius n'est pas certaine. Apparemment, les musulmans voulaient la garder (pourquoi ?) mais avant, la relique fut divisée en plusieurs parties qui allaient à Jérusalem, à Constantinople et à Rome, sans compter les nombreux éclats qui se trouvent dans de nombreuses églises en Europe, sans compter également les nombreux clous qui portaient le poids de la croix à plusieurs tonnes. On a donc déploré la perte de la croix une deuxième fois en l'an 637. Et ceci donne un motif pour réformer la chronologie : Un état byzantin regagnant son pouvoir est le lieu idéal pour imposer la nouvelle chronologie aux chrétiens de l'ouest tout comme aux musulmans de l'ouest.

7.5.3 Pourquoi 297 années?

Pourquoi 297 années ? Le texte original de la bible était en hébreu. Comme on ne parlait plus l'hébreu chez les grecs, on travaillait sur une traduction. Apparemment il s'agissait de la « Septuaginta », une œuvre collective de 70 savants travaillant chacun pour soi, probablement pour avoir une traduction uniforme. En 370, St. Jérôme faisait une traduction de l'hébreu en latin, la « vulgata ». Or dans la version de St. Jérôme, l'histoire du monde dure 270 années (9 générations) de plus que dans la version grecque. La différence est due au fait que les computistes calculaient avec des générations vivant en moyenne 30 ans, âge supposé de Jésus au moment de sa mort. De savants calculs - dont la logique nous échappe – menèrent à la conclusion que Jésus a passé 12.145 jours sur terre, donc 33 ans (Arno Borst 1990). Cette nouvelle estimation de la durée de vie d'une génération porte à 297 années la différence entre les deux versions de base de la bible, exactement la même durée des années fantôme préconisées par Illig.

La conclusion de H. Illig sur la manipulation de la chronologie à Constantinople (p. 184)

En résumé : Qui, où, quand, quoi, comment, pourquoi, combien

- Qui :   L'empereur Constantin VII Porphyrogénètes avance
- Où :   à Byzance
- Quand :   au 10ᵉ siècle
- Quoi :   l'heure
- Comment :   et comble le temps ainsi gagné
- Pourquoi :   avec la récupération fictive de relique impériale.
- Combien :   L'heure est avancée de 297 ans pour des raisons bibliques, dynastiques et/ou chronologiques.
-

7.6 LA MANIPULATION DU TEMPS À L'OUEST

Les byzantins pouvaient toujours déduire leur légitimité d'une liste ininterrompue de souverains qui remonte en passant par Auguste et César et les rois étrusques jusqu'aux rois du mythique Troie, Aeneas et Priam. En Europe de l'ouest, tel ne fut pas le cas. Malgré le couronnement de Charlemagne comme empereur, cet empire ne paraissait pas bien ancré dans l'histoire.

Othon I fut couronné roi en 912 mais avait du mal à être reconnu par Byzance. Il guerroyait contre ses voisins et il fallait attendre la victoire dans la bataille du Lechfeld pour que le pays retrouve la paix. Il fallait attendre 972 pour obtenir la reconnaissance de Byzance lorsque le fils d'Othon, Othon II se mariait à la princesse Théophano qui donnait naissance à Othon III. Ce roi, dans sa courte vie réussit à rapprocher les pouvoirs religieux et profane, améliorer les relations entre empereurs germanique et byzantin et la christianisation « définitive » de l'Europe.

7.6.1   Othon III

Othon III fut couronné empereur par le pape Grégoire V, un parent proche qui l'avait oint auparavant. C'était le premier pape allemand sur te trône de St. Pierre. Grégoire V mourut empoisonné. Le 9 avril 999, Othon III fit élire son conseiller Gerbert d'Aurillac, premier pape français sous le nom de Sylvestre II. Gerbert d'Aurillac était un des plus grands savants de son époque. Son savoir était tel que ses contemporains le soupçonnaient d'être un magicien. La légende de Faust remonte à sa personne et selon une légende romaine, ses ossements claqueraient dans sa tombe à l'église du Latran chaque fois qu'un pape meurt. Comme les papes avec leurs États pontificaux ne voulaient plus se référer à Constantin I, ils imaginaient un baptême tardif sur son lit de mort par un évêque arien et imaginaient ensuite la donation des territoires par Pépin le bref lors de l'Assemblée de Quierzy.

Sous Othon fut instauré une « Renovatio Imperii Romanorum », un programme visant le partage du monde connu à l'époque. Le passé romain devenait un élément essentiel pour la justification des droits de l'empire occidental. Othon entrait ouvertement en concurrence avec l'empereur byzantin qui portait depuis toujours le titre « Imperator Romanorum ». Othon II le portait occasionnellement mais son fils le portait officiellement depuis 996. Il fallait donc pouvoir se référer à un glorieux passé.

Les sceaux et monnaies furent remodelés selon des modèles antiques Outre les titres portés par les empereurs byzantins, Othon s'appropriait le titre « Servus Jesu Christi » depuis le mois de janvier de l'an 1000. Comme décrit dans le chapitre : Charlemagne, super-empereur, P. Othon ouvrait la tombe de Charlemagne et s'appropriait la croix que l'empereur portait autour du cou ainsi que des lambeaux de ses vêtements, reliques dont Othon III ne va plus se séparer (comme décrit dans le chapitre : Charlemagne – Super Empereur, P. 77). Othon multipliait les références au Grand Charles et essayait de l'élever au niveau d'un saint, soutenu par Gerbert d'Aurillac, plus tard Sylvestre II.

Figure 48: Le roi Othon III

Tous les deux semblaient avoir accompli la mission du Christ : « Allez, faites de toutes les nations des disciples ». Non seulement, ils avaient christianisé l'Europe mais encore divisée en « églises d'état ». Leur but était d'unifier tous les pays sous la foi chrétienne avec Rome comme centre, Gallia, Germania et Sclavinia. Othon voulait même créer un lien entre les deux dynasties les plus puissantes de l'époque en mariant la fille de Basileus II. Mais il s'éteint le 24 janvier 1002, peu avant l'arrivée de sa promise.

7.6.2   L'an mille et l'apocalypse

L'apocalypse de Jean ne prédit pas seulement mort et décadence. Après la chute de Babylone un ange enchaine le diable pour l'empêcher de séduire les humains. S'en suit un millénaire de paix et de prospérité, décrit aussi comme la « première résurrection ». Après seulement, Satan réussit à séduire et combattre les peuples (Gog et Magog) avant qu'il ne soit définitivement vaincu pour faire place au Jugement Final et la « deuxième résurrection ».

Un mélange de telles visions apocalyptiques chrétiennes et judaïques mena à un consensus sur l'évolution de l'histoire depuis la création : Comme l'histoire de la création, l'histoire du monde se divise en 6 jours : Chaque jour comporte mille ans et le jour du repos du Seigneur correspond ce millénaire de paix gouverné par le Christ. Le bref intermezzo satanique marque le début du 8ᵉ jour, le monde nouveau et éternel.

Ces théories furent discutées avec véhémence parmi les Pères de l'Église et se mélangèrent avec « l'Empereur de la fin du Monde » et l'Antéchrist. Les spéculations eschatologiques à Byzance voyaient dans ce souverain un empereur romain résidant à Constantinople. A l'ouest, il y avait une lacune de 300 ans depuis la destitution du dernier empereur romain, lacune qui s'apprêtait à être comblée avantageusement avec Charlemagne, couronné à Rome en 800. Depuis il devenait possible d'imaginer un souverain résidant à l'occident comme empereur des derniers jours.

Il semble donc qu'à cette époque deux expectations contraires coexistaient : D'une part la peur de la fin du monde dominé par la peur et la terreur et d'autre part l'espoir d'un nouveau monde de paix et de prospérité. Les visions de la fin du monde peuplaient les écrits théologiques jusqu'à nos jours. Bien avant l'heure, Ortega y Gasset écrivit en 1904 que la légende de l'apocalypse en l'an mille soit fausse et ne repose sur aucune évidence. Mais encore en 1982, le Vatican s'accrochait à l'image d'une foule terrorisée se rassemblant la nuit de la St. Sylvestre autour du pape Sylvestre II dans l'attente de la fin du monde.

On doit parler d'un effet de dynamique de groupe, car encore de nos jours des astrologues ne se lassent pas d'inventer presque chaque année de nouveaux scénarios apocalyptiques de sorte que leurs adeptes se retrouvent dans un état de peur grelottante permanente.

Othon III (et ses proches) semble s'être considéré comme cet empereur de la fin des temps avec qui commence l'empire millénaire (« Das tausendjährige Reich »). En effet, après sa mort, une vague de constructions et de rénovations d'églises s'empare de l'Europe et des constructions gigantesques voient le jour. Ces réalisations furent achevées dans l'idée de la « reconstruction du nouveau Jérusalem ».

7.6.3   Le motif et sa réalisation

Comme nous l'avons vu avant pour l'Europe de l'Est, Illig est maintenant en mesure de répondre à ces questions pour l'Europe de l'Ouest :

- Qui :   L'empereur Othon III et le pape Silvestre II avancent
- Où :   à Rome et à Cologne
- Quand :   probablement en 999
- Quoi :   l'heure de manière

- Pourquoi :   à ce que le règne de l'empereur de la fin du monde puisse commencer et créent un « Super-Empereur » pour combler le temps inventé.
- Combien :   L'heure est réglée sur l'an mille.

Comme Sylvestre II a été élu pape - d'après le calendrier actuel - le 2 avril 999, il avait plusieurs mois pour faire en sorte que son pontificat tombe en pleine année eschatologique, une escroquerie pieuse, une « pia fraus » qui en ce moment n'inquiétait personne. Mais à l'époque, ils subsistaient de nombreux problèmes de datation : La notion de « Anno Domini » ne commençait que très lentement à s'imposer, elle ne fut adoptée définitivement par la curie romaine en l'an 1431. A Byzance, les dates furent fixées comme dans la Rome antique d'après les années de règne du souverain en place.

7.6.4   Christologie – Eschatologie – Hérésiologie

La pensée religieuse chrétienne fut à l'époque dominée par des peurs diffuses : Du côté byzantin on déplorait la perte de la Sainte Croix tandis que l'État connût les pires difficultés. A l'ouest, on attendait la deuxième résurrection. Les nombreuses constructions d'édifices religieux parfois démesurés – comme Cluny III – accompagnèrent une nouvelle effervescence religieuse, bien que la terrible peur de la fin du monde évoquée par beaucoup d'historiens ne soit nullement documentée. La papauté passait de nouveau et pour de longues années aux mains de la noblesse romaine et les relations étroites entre papes et empereurs s'effritaient.

Figure 49: Persécution des sorcières

Une autre conséquence de cette période d'insécurité est l'apparition d'hérésies et bientôt les bûchers commençaient à brûler à travers toute l'Europe. L'histoire des hérésies est encore un argument pour les âges fantôme de H. Illig : L'historien Arno Borst trouve

222

d'étonnantes ressemblances entre les cathares, le valdéisme, les albigeois et d'autres formes d'hérésie beaucoup plus anciennes allant jusqu'aux débuts du christianisme.

Le millénarisme – ou chiliasme – continuait pourtant à hanter les esprits. L'année 1300 fut particulièrement propice pour les hantises millénaristiques. Le pape Boniface VIII proclamait une « année sainte » avec des promesses d'indulgences généreuses ce qui attirait une foule de pèlerins à Rome. Mais comme la fin du monde n'avait pas lieu en 800, ni en 1000 ni en 1300, on adaptait le calcul avec les « jours mondiaux » pour fixer définitivement l'année 5001 comme début du 6e jour mondial. Avec le temps, on se rendait compte de l'absurdité de prévoir ainsi le cours de l'histoire et la notion d'années mondiales fut définitivement abandonnée.

7.7   DU TEMPS INVENTÉ SUR PARCHEMIN

7.7.1   La correspondance

On a vu dans les chapitres précédents, combien il était simple d'avancer l'heure si les détenteurs du pouvoir, à savoir l'empereur et le pape avec leurs services administratifs respectivement avec les scriptorium dans les cloitres, soutenaient l'idée.

Illig se défend avec véhémence contre ceux qui ne voient en lui qu'un piètre adepte d'une des théories de conspiration « usuelles ». Les médiévistes prétendent qu'il n'est pas possible d'inventer 300 années. Dans ce dernier chapitre, Illig tend de répondre à ces reproches.

Charlemagne aurait instauré une administration tellement parfaite qu'aucun homme ne pouvait se soustraire du service militaire. Mais du temps des ottoniens, tout avait disparu : pas d'administration, pas d'institutions et pas de correspondance dans les domaines de la vie publique. Logiquement, il n'y avait que très peu de documents. Cela ne changeait que graduellement du 11e au 13e siècle. La ville d'Aix-la-Chapelle – la capitale de Charlemagne – ne commençait à se développer que vers le 11e siècle et ne pouvait par conséquent ne pas figurer comme centre administratif au temps du Grand Charles.

Un mythe très répandu est celui de l'isolement des monastères. Comme les moines n'avaient pas de contact entre eux, leurs écrits devaient nécessairement être authentiques et vrais. A l'aide de quelques exemples, Illig démontre le contraire (pages 220-223).

D'autres preuves que la communication entre les monastères fonctionnait sont les témoignages écrits sur les éclipses solaires. Robert R. Newton[154] analysait 2000 témoignages écrits entre 400 et 1250 à travers toute l'Europe selon des critères astronomiques et de critique textuelle. Pour 60 éclipses transmises, Newton trouva seulement 379 témoignages indépendants les uns des autres qui à leur tour ont été repris en moyenne quatre fois par d'autres annales. Selon Illig, ceci jette une lumière éclairante sur l'interdépendance des sources entre l'Islande et

---

[154] Robert R. Newton (1992): Medieval Cronicles and the Rotation of the Earth; Baltimore

Jérusalem. En plus, beaucoup des évènements relatés ont été écrits dans une optique rétrospective, allant parfois jusqu'à 500 ans de différence.

7.7.2   Les documents

Ils existent beaucoup de documents du haut moyen-âge, mais certainement pas des centaines de milliers. En plus, un grand nombre ont été identifiés comme des copies tardives. La question se pose pourquoi, de tels documents ancrés dans leur temps ont été copiés des centaines d'années plus tard…

Comme exemple, Illig cite les actes royaux lombards. Carlrichard Brühl[155] a étudié en détail 70 documents. Il pouvait dès le début éliminer 24 falsifications. Dans son livre, il éditait 46 documents : 11 furent identifiés comme falsifications totales, 5 comme falsifications grossières, 10 documents faussés et interpolés ainsi que 6 documents qui durent être éliminés pour d'autres raisons. Ainsi subsistaient 14 actes pouvant être considérés comme authentiques et rendant les textes avec fidélité. Ce qui saute aux yeux est qu'à une exception près, tous ces actes datent d'un temps où le royaume lombard avait cessé d'exister, donc ce ne sont pas des originaux. En même temps il faut considérer que de nombreux actes privés d'époque sont connus. Comment se fait-il que les documents « officiels » aient disparus ? Comme il s'agit sans doute de falsifications, Brühl va même jusqu'à identifier la « touche » des contrefacteurs et réussit à situer quelques « ateliers » dont l'un des plus célèbres est Monte Cassino.

7.7.3   Les dilemmes des études médiévales

Le professeur Johannes Fried, médiéviste, est un des adversaires les plus acharnés de Heribert Illig. Il a décrit ses thèses comme négatives, destructives, voire dangereuses. En même temps, face aux discussions autour des documents falsifiés – surtout depuis le congrès de Munich – il admet certains faits postulés par Illig tout en prenant soin de ne pas mentionner l'auteur.

Mais le doute commence à se répandre dans le monde des médiévistes : Il y a des disputes véhémentes sur la question qui est finalement autorisé à déclarer un document un faux et les médiévistes s'opposent à toute ingérence des sciences apparentées comme l'histoire du droit, de l'économie, sans parler de l'histoire de l'art et de l'archéologie : la diplomatique doit toujours garder le dernier mot. Les influences des écoles américaines et françaises de l'histoire sociale se font ressentir quand Patrick J. Geary considère les sources historiques comme des hypothèses théoriques qui créent une image du monde qui ne correspond pas du tout la réalité et provoquent même une image de la réalité telle qu'on finit par y croire.

Fried développe une nouvelle perspective pour l'étude de l'histoire en cinq points, cinq « fenêtres ». Malheureusement ces fenêtres ne donnent que sur les documents sous leurs

---

[155] Carlrichard Brühl (1970): Studien zu den langobardischen Königsurkunden; Tübingen

différentes formes. Illig propose par contre d'ajouter d'autres fenêtres : Architecture, histoire de l'architecture, archéologie, ouverture d'esprit et échanges avec les disciplines voisines.

7.7.4   Histoire et histoires

Comment les siècles « vides » ont pu être « meublés » par la suite ? La lutte entre les deux pouvoirs au moyen âge, la papauté et les empereurs culminait en 1075 dans la querelle des investitures. A ce moment, les deux camps se référaient à Charlemagne pour légitimer leur pouvoir. Le couronnement de Charles par le pape devint la pierre angulaire de ce débat.

Ce couronnement est, on l'a vu, très nébuleux : Éginhard parle d'un couronnement préparé de longue date par Charlemagne et le pape Léon III: Il se contredit même en affirmant que Charlemagne, s'il avait su que le pape allait le couronner et même malgré ce grand jour de fête, ne serait pas entré dans l'église. Mais à Jérusalem et à Bagdad, on était informé ! Les clefs de Jérusalem et l'orgue hydraulique, cadeau de Hâroun ar-Rachîd ont dû être acheminés vers Rome, pas facile sur la Méditerranée hivernale. D'autre part, ils n'existent pas de témoignages contemporains sur cet acte de couronnement. Illig pense que l'histoire du couronnement a été développée au 11e siècle lors de la construction de la chapelle palatine à Aix-la-Chapelle, destinée à devenir le cœur d'une deuxième Rome, contre-pouvoir séculier face à la papauté.

En France, Suger de Saint-Denis développait de son côté le mythe de Charlemagne : Sous le drapeau mythique de Charles, l'oriflamme, il organisait une vraie campagne de propagande pour l'empereur, faisant des capétiens les rénovateurs de l'idée de l'empire carolingien. La naissance de la nation française fut ainsi indéniablement liée au mythe de Charlemagne.

Frédéric I et Frédéric II contribuaient à leur tour de développer le mythe : Illig pense que la chapelle palatine a été ornée sous le règne de Barberousse avec une coupole en mosaïques s'inspiration byzantine. Sous cette coupole devait être exposé l'écrin de Charlemagne commandé par Frédéric I et installé cérémonieusement par son petit-fils. Sur fond de toile de l'âpre lutte entre empereurs et papes, Frédéric I dût introniser un antipape pour sanctifier le Grand Empereur.

Ainsi le mythe de Charlemagne développe peu à peu des cernes de croissance pour devenir de plus en plus important et de faire de lui le personnage mythique dominant du moyen-âge.

Au 12e siècle, les documents se développaient : Ils obtenaient des intertitres, des notes marginales et des index facilitant la lecture. En même temps, on assistait à une vague de production de documents, spécialement aussi dans le domaine de la fixation des droits de propriété. Avant, la propriété immobilière était définie par droit coutumier. On assistait en même temps à une vague de falsifications et de production de faux se référant souvent à de mystérieuses donations par l'empereur et qui, à l'époque, osait mettre en question un tel acte ?

7.7.5   Digression : Thomas Kuhn et les révolutions scientifiques

Puisque Heribert Illig défend une conception de l'histoire fondamentalement différente des théories dominantes, son ami Gerhard Anwander (✝) a décrit dans un article du bulletin « Zeitensprünge » les thèses de l'historien des sciences américain Thomas Kuhn qui avait publié en 1962 un essai sur « la structure des révolutions scientifiques »[156].

(Kuhn) « y développe la thèse d'une science progressant de manière fondamentalement discontinue, c'est-à-dire non par accumulation mais par rupture. Ces ruptures, appelées révolutions scientifiques, sont selon Kuhn analogues à un renversement des représentations des savants … Pour illustrer ce basculement, il emprunte entre autres l'exemple du «canard-lapin » à Wittgenstein. Selon le regard posé sur ce dessin, on y reconnaît alternativement le profil d'un canard ou d'un lapin. Kuhn transpose ce phénomène à la science. À un instant, correspondant à un état particulier des croyances sociales porteuses d'un point de vue sur la nature, le scientifique a une représentation théorique particulière du monde. Celle-ci change dès que le point de vue se modifie car on ne peut plus revenir en arrière. Kuhn nie l'existence d'un point de vue neutre ou objectif car le paradigme est incommensurable. Les facteurs influençant les points de vue des scientifiques peuvent être modélisés et analysés par l'épistémologie: il s'agit essentiellement des crises résultant d'une mise en échec fondamentale du cadre scientifique en place, incapable de fournir les outils théoriques et pratiques nécessaires à la résolution d'énigmes scientifiques. En somme, l'évolution de la science selon Kuhn peut être modélisée par une boucle : l'adoption d'un paradigme par la communauté scientifique dure tant qu'il n'y a pas d'obstacle (anomalie) externe qui le contredise. Lorsque cette anomalie se manifeste, une crise s'établit parmi les scientifiques, et perdure jusqu'à la résolution du problème et adoption d'un nouveau paradigme. Poursuit alors un retour à la science normale, et ainsi de suite.

---

[156] Gerhard Anwander: Nachrichten aus der Geschichte der Naturwissenschaften nebst kritischen Anmerkungen zum Paradigma-Begriff bei Thomas Kuhn; Zeitensprünge 2/2003, p. 349 ff.

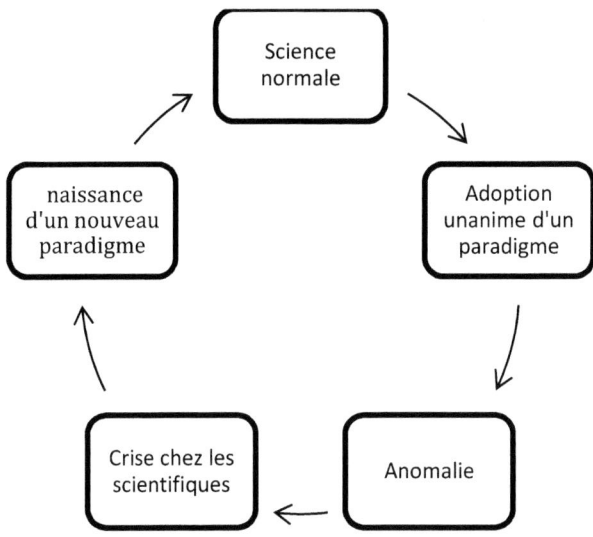

Tableau 8 : evolution cyclique des paradigmes scientifiques

Les concepts de paradigme, de «science normale» et de «science révolutionnaire» forment la base du modèle kuhnien de l'évolution de la science.

De façon générale, en s'appuyant ainsi sur une théorie des révolutions scientifiques, Kuhn défend contre *Popper* l'idée que les théories scientifiques ne sont pas rejetées dès qu'elles ont été réfutées, mais *seulement quand elles ont pu être remplacées*. Ce remplacement est pour **partie un phénomène social** (et donc imitatif), dans le sens où il engage une communauté de scientifiques en accord sur un agenda centré sur l'explication de certains phénomènes ou de certaines expériences. Cette communauté est dotée d'une structure qui lui est propre (conférences, publications...). Il n'est pas rare dans l'histoire que plusieurs écoles coexistent pour une même discipline scientifique, éventuellement dans une relation d'opposition et d'ignorance réciproque relatives, chacune abordant des problématiques communes à travers des paradigmes différents. » Wikipédia : [157]

Anwander cite Kuhn qui constate que les scientifiques qui ont créé un nouveau paradigme ont été soit très jeunes ou très nouveaux dans le domaine qu'ils ont changé. Il parait que ceux qui ne sont pas liés par une longue pratique aux règles traditionnelles de la science normale sont capables d'inventer un nouveau jeu de règles qui remplacent l'ancien.

---

[157] https://fr.wikipedia.org/wiki/Thomas_Samuel_Kuhn

Ne serait-il pas plus intéressant d'investir des moyens financiers dans les projets des groupes de chercheurs créatifs dans un contexte sociétal où il est communément admis que la capacité d'innovation d'une société est vitale. Probablement, on gaspille aujourd'hui plus d'énergies pour combattre les idées nouvelles que de les promouvoir.

Mais les scientifiques ne sont pas les seuls à considérer l'évolution de leur discipline comme immuable. La tentation de réécrire l'histoire à reculons est omniprésente et permanente. Le dénigrement des faits historiques est profondément ancré dans la profession scientifique qui pourtant accorde la plus haute valeur aux questions de détail.

Comment peut-on motiver les scientifiques à accepter un changement de paradigme ? Pour les historiens autour de H. Illig, la réponse de Kuhn est peu encourageante : Un siècle après la mort de Copernicus, quelques rares astronomes seulement acceptaient sa théorie. Les travaux de Newton furent ignorés plus de 50 ans sur le continent. Darwin anticipait à la fin de « l'origines des espèces » que ses savants collègues, figés dans des théories contraires aux siennes, n'apprécieraient pas son approche nouvelle. Max Planck constatait à la fin de sa carrière scientifique qu'une nouvelle théorie ne s'imposerait pas en convainquant ses adversaires, mais en attendant patiemment leur disparition.

On peut, en ce qui concerne les idées de Heribert Illig parler d'une révolution copernicienne dans les théories de l'histoire. Ce qui me frappe, c'est qu'avec quelle haine et quel dédain, elles sont reçues chez les historiens, bien que la plupart d'entre eux/elles n'ait jamais lu aucune ligne dans un de ses livres.

Anwander, Gerhard: «Nachrichten aus der Geschichte der Naturwissenschaften - Paradigma-Begriff bei Thomas Kuhn.» *Zeitensprünge*, 2002 (2): 349-375.

—. «Nachrichten aus der Geschichte der Naturwissenschaften - Paradigma-Begriff bei Thomas Kuhn.» *Zeitensprünge*, 2003/2: 349-375.

Aubert, Marcel: *Cathédrales et abbatiales romanes de France.* Paris: Arthaud, 1965.

Becher, Mathias: *Merowinger und Karolinger.* Darmstadt: issenschaftliche Buchgemeinschaft, 2009.

Blöss, Christian & Niemitz, Hans-Ulrich: *C 14-Crash: Das Ende der Illusion, mit Radiokarbonmethode und Dendrochronologie datieren zu können.* Gräfelfing: Mantis-Verlag, 1977.

—. «Der Selbstbetrug von C14-Methode und Dendrochronologie.» *Zeitensprünge VII/3*, o.D.: 390 f. .

Borst, Arno: *Das Buch der Narturgeschichte - Plinius und seine Leser im Zeitalter des Pergaments* . Heidelberg: Universittsverlag C. Winter, 1995.

—. *Die karolingische Kalenderreform.* Hannover: Hahnsche Buchhandlung, 1998.

Brühl, Carlrichard: *Studien zu den langobardischen Königsurkunden.* Tübingen, 1970.

Bruhns, Annette & Stoldt, Hans-Ulrich. *Karl der Große - der mächtigste Kaiser des Mittelalters.* Hamburg: Der Spiegel - Geschichte, 2012/6.

Cartocci, Alice & Rosati, Gloria: *L'Art égyptien.* Florence: Scala, 2008.

Chiesi, Benedetta: *L'art roman (en 4 langues) - Visual Encyclopedia of Art.* Florence: Scala, 2009.

De Tours, Grégoire: L'histoire des rois francs, folio histoire, Gallimard, Paris 2012

De Sarre, François: *Mais où est donc passé le Moye-Âge? - Le récentisme.* Rouen: Hades Éditions, 2013.

Delorme, Philippe: *Théories folles de l'histoire.* Paris: Presses de la Cité, 2016.

Duby, Georges: *History of Medieval Art.* Genève: Éditions d'Art Albert Skira, 1986.

Fabian, Franck: *Die grössten Lügen der Geschichte.* Güllesheim: Silberschnur, 2007.

Favier, Jean: *Charlemagne.* Paris: Éditions Tallandier, 2013.

Eginhard: Vie de Charlemagne, FV Éditions., Amazon, Pologne 2016

Erlande-Brandenburg, Alain: Le roi est mort - Étude sur les funérailles, les sépultures et les tombeaux des rois de France jusqu'à la fin du XIIIe Siècle, Droz, Genève 1975

Friedell, Egon: *Kulturgeschichte Ägyptens und des alten Orients.* München: Verlag C.H. Beck, 1988.

—. *Kulturgschichte der Neuzeit.* München: Verlag C. H. Beck, 2008 (2e édition).

Fries, Anja & Trenkle, Victoria: *Karl der Große und das Reich der Deutschen 800-1806.* Hamburg: Gruner & Jahr, 2014.

Gotlib, Marcel: *Les Dingodossiers, tome 1.* Paris: Dargaud Éditeur, 1967.

Hägermann, Dieter: *Karl der Große - Herrscher des Abendlandes.* erlin: List Taschebuch - Ullstein-Verlag, 2006 (3e édition).

Heckner, Ulrike (Hg.): *Die karolingische Pfalzkapelle in Aachen - Material - Bautechnik - Restaurierung.* Worms: Wernersche Verlagsgesellschaft, 2012.

Heinsohn, Gunnar & Illig, Heribert: *Wann lebten die Pharaonen - Archäologische und technologische Grundlagen für eine Neuschreibung der Geschichte Ägyptens und der übrigen Welt.* Gräfelfing: Mantis-Verlag, 2003 (5e édition).

Heinsohn, Gunnar: *Biblos, de 637 - 1098.* 1998.

—. *Die Erschffung der Götter - Das Opfer als Ursprung der Religion.* Gräfelfing: Mantis-Verlag, 2012.

—. *Die Sumerer gab es nicht - Von den Phantom-Imperien der Lehrbücher zur wirklichen Epochenabfolge in der "Zivilisationswiege" Südmesopotamien.* Gräfelfing: Mantis-Verlag, 2007 (2e édition corrigée).

—. «Withdrawal of Support for Velikovsly's date of the Amarna Period.» *GRMNG-Bulletin IV,* 1987.

—. *Wer herrschte im Industal?* Gräfelfing: Manzis, 1997 (2e édition).

Heitz, Carol: *La France pré-romane.* Pars: Editions Errance, 1987.

Helck, Wolfgang & Otto, Eberhard: Hrsg. von Wolfgang elck und Wohlfahrt Westendorff. *Lexikon der Ägyptologie Bd. 1-7.* Wiesbaden: Harrassowitz, 1975 - 1992.

Illich, Ivan: *Du lisible au visible: la naissance du texte.* Paris: Cerf, 1991.

Illig, Heribert & Anwander, Gerhard: *Bayern und die Phantomzeit - Archäologie widerlegt Urkunden des frühen Mittelalters - Eine systematische Suche (2 Bände).* Gräfelfing: Mantis Verlag, 2002.

Illig, Heribert & Löhner, Franz: *Der Bau der Cheops-Pyramide - Nach der Rampenzeit.* Gräfelfing: Mantis-Verlag, 2003 (6e édition).

Illig, Heribert: *Aachen ohne Karl den Großen. Technik stüzt sein Reich ins Nichts.* Gräfelfing: Mantis-Verlag, 2011.

—. *Die Chiemseeklöster - Neue Sicht auf alte Kunst.* Gräfelfing: Mantis-Verlag, 2008.

—. *Die veraltete Vorzeit - Eine neue Chronologie der Prähistorie.* Gräfelfing: Mantis-Verlag, 2005 (2e édition).

—. *Geschichte, Mythen, Katastrophen.* Gräfelfing: Mantis-Verlag, 2010 (2e édition).

—. *Gräfelfing & Passing 1250 Jahre?* Gräfelfing: Mantis-Verlag, 2013.

—. *Hat Karl der Große je gelebt? - Bauten, Funde und Schriften im Widerspruch.* Gräfelfing: Mantis-Verlag, 1996 (3e édition).

—. *Wer hat an der Uhr gedreht? Wie 300 Jahre Mittelalter erfunden wurden.* München: Econ, 1999.

---. *Das erfundene Mittelalter - Die größte Zeitfälschung der Geschichte.* Düsseldorf: Econ, 1996.

Koestler, Arthur: *La treizième tribu.* Vienne: Tallandier, 2008.

Krause, Robert u.a: *Karl der Große - Der erste Kaiser.* DVD, Hamburg: taglicht media - geo epoche, 2013.

Lavenu, Mathilde & Mataouchek, Victorine: *Dictionnaire d'Architecture.* Bordeaux: Éditions Jean-Paul Gisserot, 2015.

Mann, Albrecht: «Großbauten vorkarlischer Zeit und aus der Epoche von Karl dem Großen bis zu Lothar I.» An *Karl der Große - Lebenswerk und Nachleben, 3. Band (von 5): Karolingische Kunst,* vum Wolfgang & Schnitzer, Hermann (Hgg) Braunfels, 320 f. Düsseldorf: Schwann, 1965.

National Geographic: *Die Wikinger.* Hamburg: Guner & Jahr, 2014/09.

Newton, Robert R: *Medieval Cronicles and the Rotation of the Earth.* Baltimore, 1992.

Otte, Andreas: *Zeitenspringer - Heribert Illig zum 60. Geburtstag.* Oerlinghausen: Andreas Otte Verlag, 2007 .

Périn, Patrick, et Ducht-Suchaux, Gaston: Clovis et les Mérovingiens, Tallandier, Paris 2002

Pérouse de Montclos, Jean-Marie: *Architecture - méthode et vocabulaire.* Paris: Imprimerie Nationale Éditions, 2002.

Rawlinsohn, George: *Ancient History - From the Earlies Times to the Fall of Erstern Empires.* New York, 1900.

Remmler, Bernd: *Spurensuche: Die Karolinger - Die verschwundenen Paläste Karls des Großen.* Berlin: Pro BUSINESS, 2010.

Sand, Shlomo: *Comment la terre d'Israël fut inventée - De la Terre sainte à la mère patrie.* Paris: Flammarion coll. "Champs", 2014.

—. *Comment le peuple juif fut inventé.* Paris: Flammarion, collection "Champs", 2010.

—. *Die Erfindung des jüdischen Volkes - Israels Gründungsmythos auf dem Prüfstand.* Berlin: Propyläen, Ullstein-Verlag, 2010 (4e édition).

—. *Die Erfindung des Landes Israel - Mythos und Wahrheit.* Berlin: Propyläen, Ullstein-Verlag, 2012.

Scott, Emmet: *A Guide to the Phantom Dark Age.* New York: Algora Publishing, 2014.

—. *Mohammed & Charlemagne Revisited - The History of a Controversy.* Nashville : New English Review Press, 2012 (2e édition).

—. *Te Impact of Islam.* Nashville/London: New English Review Press, 2014.

Ullrich, Uwe: «Die Erfindung des Landes Israel - Buchbesprechnung.» *Zukunft braucht Erinnerung - Onlineportal*, 20 Februar 2013: 1.

Velikovsky, Immanuel: *Theses for the Reconstruction of Ancient History from the end of the middle kingdom in Egypt to the advent of Alexander the Great.* New York: Scripta Hierosolymitana, 1945.

Weissgerber, Klaus: «Die Hethiter.» *Zeitensprünge*, 2006/2: 328-359.

Wolff, Gerta: *Das römisch-germanische Köln.* Köln: J.P. Bachem Verlag, 2005.

Sources des illustrations :

Fig. 1   . Collection privée

Fig.2   . https://www.babelio.com/auteur/Henri-Morisset/174379 ISBN : 2234001382   Éditeur « Stock: » 30/11/-1)

Fig. 3: https://fr.wikipedia.org/wiki/Peuples_de_la_mer

Fig. 4: gravure parue dans Illig 2010 « Geschichte, Mythen, Katastrophen », p. 29

Fig 5: https://commons.wikimedia.org/w/index.php?curid=3374142 Von Jeff Dahl - Eigenes Werk, GFDL

Fig 6: https://fr.wikipedia.org/wiki/Hattusa: Porte des Lions, Hattusa, Turquie, 19 mai 2014 Travail personnel Bernard Gagnon

Fig 7 : http://antikforever.com/Egypte/rois/hyksos.htm Ahmosos, (Ahmose ou Ahmes) en guerre contre les Hyksos

Fig. 8 : http://antikforever.com/Egypte/Divers/listes_royales.htm: Pierre de Palerme ; 2010-02-02 13 :28 Nephiliskos

Fig. 9 : dessin de Heribert Illig, dans Heinsohn/Illig: Wann lebten die Pharaonen, P. 10

Fig 10.:dans: Illig/Löhner, op. cit. P. 128 https://www.cheops-pyramide.ch/image/schlitten-geleise/seilrollenstation-erklaerung.gif

Fig. 11: dans : https://www.cheops-pyramide.ch/loehner-seilrollenbock/pyramidion.html

Fig 12 : https://fr.wikipedia.org/wiki/Ku%C3%A9lap

Fig. 13 : : https://commons.wikimedia.org/w/index.php?curid=680837 - Camille Flammarion (1842-1925). - L'atmosphère : météorologie populaire, Hachette, Paris, 1888, p. 163, CC BY-SA 2.5,

Fig. 14: https://www.lesechos.fr/medias/2017/08/02/2105737_le-deluge-cataclysme-ecologique-web-tete-030476461304.jpg

Fig. 15: https://www.pinterest.com/pin/454863631089867938/

Fig. 16 : Charlemagne : https://fr.wikipedia.org/wiki/Buste_de_Charlemagne

Fig. 17 : Cavalerie de Charlemagne poursuivant les Avares - https://commons.wikimedia.org/w/index.php?curid=22212686

Fig. 18 : Les voyages de Charlemagne – dans. : Illig 1996. P. 53 ; d'après Bullough, 1966, P. 50

Fig. 19 : Les raids normands : dans : Illig 1996, P. 159, d'après Pörtner, 1971

Fig. 20 : Grandes constructions : dans : Illig, 1996, P. 206 ; d'après Koch, 1990, P. 73

Fig. 21 : anneaux de fer: https://commons.wikimedia.org/w/index.php?curid=35485785 - Von ACBahn - Eigenes Werk, CC BY-SA 3.0,

Fig. 22 : Charlemagne par Dürer: GNMonline: online database: entry Gm16

Fig. 23: Basilique St. Denis. Office du tourisme, St. Denis

Fig. 24 : https://fr.wikipedia.org/wiki/Ponthion

Fig. 25: Marcel Gotlib : Les dingodossiers 1, Dargaud 1972, S.

Fig 26 : https://fr.wikipedia.org/wiki/Clovis_Ier

Fig. 27: https://fr.wikipedia.org/wiki/Chilp%C3%A9ric_Ier_(roi_des_Francs)

Fig. 28: https://fr.wikipedia.org/wiki/Dagobert_Ier

Fig. 29: https://fr.wikipedia.org/wiki/N%C3%A9cropole_royale_de_la_basilique_de_Saint-Denis

Fig. 30: https://historizo.cafeduweb.com/lire/11829-charlemagne-est-il-enterre-aix-la-chapelle.html

Fig. 31: https://de.wikipedia.org/wiki/Ludwig_III._(Ostfrankenreich)

Fig, 32: http://saintdenis-tombeaux.forumculture.net/t143-baignoire-romaine-baptistere-de-clovis-ou-sarcophage-de-charles-le-chauve

Fig. 33: Clôture de chœur d'Ilmmünster (Foto : GFreihalter - Eigenes Werk, CC BY-SA 3.0)

Fig. 34: https://de.wikipedia.org/wiki/Kloster_Frauenchiemsee

Fig. 35 : https://de.wikipedia.org/wiki/Sola-Basilika

Fig. 36: Regensburg: CC BY 3.0 File:Regensburg – pont de pierre - Panorama I.jpg Erstellt: 11. Juli 2013

Fig. 37 : Plan ideal de St. Gall

Fig. 38 : https://commons.wikimedia.org/wiki/File:Palais.carolingien.png

Fig. 39 : https://fr.wikipedia.org/wiki/Saint-Philbert-de-Grand-Lieu

Fig. 40 : https://fr.wikipedia.org/wiki/Oratoire_carolingien_de_Germigny-des-Pr%C3%A9s

Fig. 41 : Abbaye de Gellone à St Guilhem le Désert © OTI SGVH

Fig. 42 : Aix-la-Chapelle : user:Aliesin - [1] et [2], CC BY-SA 3.0, https://commons.wikimedia.org/w/index.php?curid=1697682

Fig. 43 :https://goo.gl/images/jcpkdm ; dessin par jean-Marie Whoerel dans: Ponthion, histoire d'un palais rooyal au temps des carolingiens.

Fig. 44 : Par notstated — fr:États pontificaux, Domaine public, https://commons.wikimedia.org/w/index.php?curid=1724944

Fig. 45 : Étoile de Betlehem : https://goo.gl/images/JrQjHe

Fig. 46: https://commons.wikimedia.org/wiki/File:Christophorus_Clavius_AtWork.jpg

Fig. 47: https://fr.wikipedia.org/wiki/Purgatoire#/media/File:Folio_113v_-_Purgatory.jpg

Fig. 48: http://www.ne.ch/autorites/DJSC/SCNE/archeologie/Pages/Laboratoire-de-dendrochronologie.aspx

Fig. 49: https://fr.wikipedia.org/wiki/Mandylion

Fig. 50: https://fr.wikipedia.org/wiki/Otton_III_du_Saint-Empire#/media/File:Meister_der_Reichenauer_Schule_002.jpg

Fig. 51: https://fr.wikipedia.org/wiki/Chasse_aux_sorci%c3%A8res#/media - persecution of witches

Illustrations pages de couverture:

- http://common.wikimedia.org/wiki/File:Charlemagne_Louvre_OA8260_n1.jpg?uselang=fr
- http://common.wikimedia.org/wiki/File:Aachen_Domschatz_Bueste1.jpg?uselang=fr
- http://www.zi.fotothek.org/obj/obj19002000/006/8450_0001/Einzelbild

240

241

244

245